A TIRANIA DO SIGNIFICADO

Editora Appris Ltda.
1.ª Edição - Copyright© 2020 dos autores
Direitos de Edição Reservados à Editora Appris Ltda.

Nenhuma parte desta obra poderá ser utilizada indevidamente, sem estar de acordo com a Lei nº
9.610/98. Se incorreções forem encontradas, serão de exclusiva responsabilidade de seus organi-
zadores. Foi realizado o Depósito Legal na Fundação Biblioteca Nacional, de acordo com as Leis nos
10.994, de 14/12/2004, e 12.192, de 14/01/2010.

Catalogação na Fonte
Elaborado por: Josefina A. S. Guedes
Bibliotecária CRB 9/870

A345t
2020
	Albuquerque, Mário Pimentel
	    A tirania do significado / Mário Pimentel Albuquerque.
	    1. ed. - Curitiba : Appris, 2020.
	        257 p. ; 23 cm – (Artêra)
	
	    Inclui bibliografias
	    ISBN 978-65-5523-556-2
	
	    1. Ficção brasileira. I. Título. II. Série.
	
	                                                    CDD – 869.3

Appris
editora

Editora e Livraria Appris Ltda.
Av. Manoel Ribas, 2265 – Mercês
Curitiba/PR – CEP: 80810-002
Tel. (41) 3156 - 4731
www.editoraappris.com.br

Printed in Brazil
Impresso no Brasil

Mário Pimentel Albuquerque

A TIRANIA DO SIGNIFICADO

FICHA TÉCNICA

EDITORIAL
Augusto V. de A. Coelho
Marli Caetano
Sara C. de Andrade Coelho

COMITÊ EDITORIAL
Andréa Barbosa Gouveia (UFPR)
Jacques de Lima Ferreira (UP)
Marilda Aparecida Behrens (PUCPR)
Ana El Achkar (UNIVERSO/RJ)
Conrado Moreira Mendes (PUC-MG)
Eliete Correia dos Santos (UEPB)
Fabiano Santos (UERJ/IESP)
Francinete Fernandes de Sousa (UEPB)
Francisco Carlos Duarte (PUCPR)
Francisco de Assis (Fiam-Faam, SP, Brasil)
Juliana Reichert Assunção Tonelli (UEL)
Maria Aparecida Barbosa (USP)
Maria Helena Zamora (PUC-Rio)
Maria Margarida de Andrade (Umack)
Roque Ismael da Costa Güllich (UFFS)
Toni Reis (UFPR)
Valdomiro de Oliveira (UFPR)
Valério Brusamolin (IFPR)

ASSESSORIA EDITORIAL
Renata Miccelli

REVISÃO
André Luiz Cavanha

PRODUÇÃO EDITORIAL
Gabriella Saboya

DIAGRAMAÇÃO
Daniela Baumguertner

CAPA
Eneo Lage

COMUNICAÇÃO
Carlos Eduardo Pereira
Débora Nazário
Kananda Ferreira
Karla Pipolo Olegário

LIVRARIAS E EVENTOS
Estevão Misael

GERÊNCIA DE FINANÇAS
Selma Maria Fernandes do Valle

COORDENADORA COMERCIAL
Silvana Vicente

À minha esposa, Luciana, como penhor do meu amor e reconhecimento.

AGRADECIMENTOS

Agradeço imensamente a Deus, por ter me concedido saúde, força e disposição para escrever este ensaio. Sem Ele, nada disso seria possível.

Agradeço à minha mulher, Luciana Farah Albuquerque, por ser tão atenciosa e por entender minha ausência em muitos momentos.

O bone Jesu, qui verus fons luminis et sapientiae diceris, et linguas infantium facis esse disertas, linguam meam erudias, atque in labiis meis gratiam tuae benedictionis infundas.

SUMÁRIO

INTRODUÇÃO 13

1
BREVE HISTÓRIA DA FILOSOFIA DA LINGUAGEM 17
1.1 Os Pré-Socráticos..17
1.2 Platão 18
1.3 Aristóteles 18
1.4 Os Estoicos 20
1.5 Santo Agostinho..21
1.6 Santo Anselmo de Cantuária................................22
1.7 Pedro Abelardo..23
1.8 São Tomás de Aquino...25
1.9 Guilherme de Ockham 27
1.10 Épocas Moderna e Contemporânea....................28
1.11 Noam Chomsky..31
1.12 John Austin..35
1.13 John Searle..36

2
O GIRO LINGUÍSTICO...39
2.1 Wilhelm von Humboldt..39
2.2 A Hermenêutica Filosófica 47
   2.2.1 Heidegger...47
   2.2.2 Hans Georg Gadamer.....................................59
   2.2.3 Habermas...70
   2.2.4 Wittgenstein 89
   2.2.5 A tese da preeminência do significado sobre a referência 104

3
A CONSTITUCIONALIZAÇÃO DO DIREITO. TRIBUNAL CONSTITUCIONAL. ARGUMENTO METONÍMICO. A LITERALIDADE DA METÁFORA................................... 115
3.1 A Constitucionalização do Direito........................116

3.2 O Tribunal Constitucional...123

3.3 Raciocínio Metonímico..126

3.4 A Literalidade da Metáfora..135

3.5 Preeminência do Significado sobre a Referência.
Consequências Práticas. Demagogia. Espírito Totalitário..............139

4

A LIBERDADE DE INFORMAÇÃO...147

4.1 O Politicamente Correto..154

4.2 Versões Fantasiosas..158

4.3 Manipulação Jornalística..161

4.4 O Sensacionalismo..163

4.5 Direito Subjetivo à Informação Veraz................................169

5

O ABORTO...173

5.1 A Dissintonia com a Moral Média do Povo Brasileiro............174

5.2 A Imprecisão Técnica...183

5.3 A Individualidade do Nascituro.......................................205

6

MULHERES VÍTIMAS E HOMENS AGRESSORES?.....................213

CONCLUSÃO..239

REFERÊNCIAS...251

INTRODUÇÃO

Desde o alvorecer do século XIV, e a partir das grandes sínteses realizadas nesse período, começou a germinar e a se difundir no Ocidente uma nova maneira de pensar, radicalmente oposta à forma pela qual os mestres da escolástica concebiam o pensamento filosófico. Não era só uma mudança de método, era também um novo jeito de apreciar a vida e avaliar o homem. Sob a influência do nominalismo, mais particularmente com as ideias de Guilherme de Ockham, pode dizer-se que a humanidade abriu caminhos cada vez mais vastos por entre as grandes construções da *Via Antiqua*[1], contra as quais dirigiu suas apóstrofes e construiu seus sistemas. Com efeito, se a modernidade se define pela ruptura com o passado; pela alforria da razão em relação à fé, e mais significativamente ainda, pela negação do realismo em favor de um nominalismo radical, esses traços, porém, não bastam para satisfazer inteiramente a sua definição e, em todo caso, não aclara o que ela contém de essencial e verdadeiramente novo. A ideia original que se acha, ao menos em germe, nos pensadores do século XVI, na Reforma, em Descartes e em Kant, não é só o predomínio da experiência sobre a autoridade, mas também o do sujeito sobre o objeto.

Com efeito, priorizando o sujeito, Descartes desterrou do objeto suas qualidades sensíveis, reduzindo-o à figura e extensão; Kant e seus sucessores foram mais longe: suprimiram o objeto e converteram o sujeito em legislador do real. Eis aí as primícias do idealismo moderno sob cuja égide vão se inscrever numerosas tendências filosóficas, dentre as quais a que constitui o tema do presente ensaio. Ao longo deste, procuramos demonstrar os pressupostos

---

[1] Cf. ALFÉRI, Pierre. *Guillaume d'Ockham le singulier*. Paris: Les Éditions de Minuit, 1989.

Mário Pimentel Albuquerque

básicos da nova concepção da linguagem, ela também forjada pelo idealismo filosófico de vertente alemã. Para se avaliar a relevância desses pressupostos e dessa concepção, convém situá-los no contexto das transformações próprias da mudança de paradigma que o *giro linguístico* trouxe consigo. O denominador comum do novo paradigma constitui a crítica da concepção tradicional da linguagem como um instrumento para a designação de entidades independentes dela ou para a comunicação de pensamentos pré-linguísticos. Só depois da superação dessa compreensão da linguagem, ou seja, depois de se reconhecer que à linguagem corresponde um papel constitutivo em nossa relação com o mundo, pode falar-se em sentido estrito de uma mudança de paradigma da filosofia da consciência para a filosofia da linguagem, com os consectários anexos a essa mutação paradigmática, dentre os quais avultam o do caráter transcendental da linguagem e a tese da preeminência do significado sobre a referência.

Com o primeiro, passou-se a atribuir à linguagem a capacidade constitutiva da experiência, que anteriormente cabia ao *Eu transcendental*: a linguagem, com sua função de abertura do mundo, é agora, como pretende a hermenêutica filosófica, a instância determinante de toda experiência intramundana possível. A partir daí, não é difícil concluir-se pela supremacia do significado sobre a referência, na conformidade do segundo consectário relevante. Segundo essa tese, a linguagem cumpre a função de constituição ou de abertura do mundo a partir da outorga de sentido ou, o que dá no mesmo, por meio dos significados linguísticos que os falantes compartilham após a aprendizagem de uma língua. Significados que garantem a identidade da referência dos signos utilizados por eles. O significado supõe, pois, tanto um saber disponível para todos os falantes, quanto um mecanismo garantidor da referência dos termos. Na medida em que esse saber do significado proporciona o marco de referência unitário para tudo aquilo que pode aparecer intramundanamente, os falantes, que compartilham essa abertura do mundo linguística, podem referir-se a um mundo unitário.[2]

De fato, na concepção da linguagem que Aristóteles expõe no primeiro livro d'*A Interpretação*, pode ver-se o caráter que o estagirita atribui à linguagem como instrumento mediador entre dois polos fixos: as coisas externas e as impressões da alma. Essa concepção inaugura uma tradição que chega até Kant e que explica o funcionamento da linguagem com base no modelo da designação de objetos por meio das palavras.

Contra a redução da linguagem à sua dimensão instrumental, isto é, à sua função de designação – pela qual a linguagem é entendida como um instrumento intramundano, representando objetos existentes com independência dela –, alguns autores alemães buscaram soluções para o problema que a tradição filosófica parecia ignorar, na medida em que definia a linguagem segundo considerações simplistas e arbitrárias, com o que se deixava na sombra o seu caráter fundamental, que não consiste em um mero instrumento para o estabelecimento e comunicação da experiência do mundo, pois aquilo que experimentamos está determinado, constituído pela própria linguagem, já que é em si mesma razão linguística, daí a censura dirigida a Kant pelos arautos do *giro linguístico*, por este se deter na razão pura, autônoma em relação à linguagem.

Tendo em conta essa temática, os três primeiros capítulos deste livro se destinam a demonstrar que o *giro linguístico* introduziu uma nova forma de se pensar a linguagem, indissociável de um vício que contamina toda a cultura contemporânea: *a preeminência do significado sobre a referência*. Expomos resumidamente as doutrinas de pensadores germânicos, como Humboldt, Heidegger, Gadamer, Habermas e Wittgenstein, que contribuíram decisivamente para alastrar aquele vício, sobre o qual des-

---

[2] LAFONT, Cristina. *La razón como lenguaje*. Madri: Visor, 1993, p. 16.

cansa a cultura contemporânea. Nos demais é avaliada a importância desse movimento filosófico, seu legado, suas consequências e sua influência sobre a contemporaneidade, principalmente sobre questões de direito, em que os protagonistas dos atos jurídicos, a exemplo de M. Jourdan em relação à prosa, aplicam os princípios do *giro linguístico* sem se darem conta disso.

Dito isso, passemos ao assunto desse ensaio, inaugurando-o com uma breve exposição sobre a história da filosofia da linguagem.

BREVE HISTÓRIA DA FILOSOFIA DA LINGUAGEM

1.1 OS PRÉ-SOCRÁTICOS

Entre os pré-socráticos, aparecem esporadicamente algumas reflexões sobre a linguagem; mas as mais importantes foram as dos sofistas. Como não poderia deixar de ser, os sofistas adotaram o ponto de vista arbitrarista ou convencionalista da linguagem, a ponto de enxergá-la como "uma grande dominadora, que, com um corpo pequeníssimo e invisível, realiza obras por demais divinas".[3] Esses pensadores errantes atribuíam ao significado uma preponderância absoluta sobre a referência, donde extraíam a máxima de que o homem é a medida de todas as coisas: das que existem como existentes; das que não existem como inexistentes.[4] Supunham que o sujeito da proposição entra com uma parte diminuta na consideração da verdade, de modo que esta deve ao predicado (estado de coisas) sua consistência e razão de ser. Os principais sofistas foram Protágoras de Abdera e Górgias de Leontini.

---

[3] BEUCHOT, Maurice. *Historia de la filosofía del lenguaje*. Fondo de Cultura Económica, México, 2011, p. 13.

[4] FRAILE, Guillermo. *Historia de la filosofia*. Madri: B.A.C., 1965, p. 270-271.

1.2 PLATÃO

Platão foi um estudioso da linguagem. Em seu diálogo *Crátilo*, este e Hermógenes discutem sobre a correção das denominações, em que esta deriva da adequação do nome à coisa. Crátilo defende uma adequação natural e Hermógenes uma convencional. O primeiro representa o naturalismo de Pitágoras e de Heráclito; o segundo, o artificialismo de Demócrito e dos sofistas. Aquele sustenta que "há uma atribuição natural das denominações, a mesma para todos, tanto para gregos quanto para bárbaros".[5] Este pensa que "A denominação que alguém atribui a algo é a correta; e se alguém, por sua vez, a troca por outra e já não usa aquela, a posterior não é menos correta que a anterior... O nome mudado não é menos correto que o anteriormente dado."[6]

Na crítica feita à teoria de Hermógenes, afirma-se que há denominações falsas; havendo-as, cai por terra a argumentação de Hermógenes, pois segundo ele todas as afirmações são corretas. Isso indica que todas as coisas têm uma essência imutável, e as palavras têm uma referência que delimita o significado delas. Sócrates convence Hermógenes de que o homem não é a medida de todas as coisas e que tampouco é a medida de todas as denominações.

1.3 ARISTÓTELES

A palavra ou signo linguístico (símbolo) tem como designado final e principal as coisas da realidade, mas tem com designado direto e imediato o conceito mental, pois o conhecimento vai primeiro à realidade enquanto captada pela mente, e depois, à realidade enquanto tal. Numa situação simples, em que uma palavra designa uma coisa, a palavra tem uma primeira e imediata relação com

---

[5] PLATÃO. *Cratilo*. México: Unam, 1988, 383a.
[6] PLATÃO, *op. cit.*, 384 c-d.

o conceito dessa coisa (a coisa enquanto pensada) e uma segunda e mediata relação (por meio dele) com a coisa real. Se quiséssemos expressar essa dúplice relação com uma terminologia bem recente, diríamos que a palavra se relaciona primeiro com seu significado e depois com sua referência.

As palavras faladas e escritas são diferentes nas distintas sociedades humanas, já que são produto da convenção, da cultura. Não assim as palavras mentais (conceitos), que são iguais em todos os homens, por serem signos naturais. "As afecções mentais em si mesmas, das quais as palavras são primariamente signos, são as mesmas para toda a humanidade, como o são também os objetos dos quais essas afecções são representações, semelhanças ou cópias".[7]

Atualmente, é objeto de discussão que os conceitos sejam iguais para todos. Afinal, onde as essências não existem, não há lugar para referências fixas e significados equivalentes. Mas a igualdade que estabelece Aristóteles se fundamenta em sua teoria do conhecimento, segundo a qual as coisas, que são as mesmas conforme as suas essências, passam no conhecimento a ter a mesma essência com uma diferente existência. Conservando sua mesma essência, passam a ter uma existência mental por meio do conhecimento abstrativo, uma existência intencional, pois "é impossível que sejam os próprios objetos, visto que não é a pedra que está na alma, mas a sua forma".[8] Aqui há uma declaração expressa da preeminência da referência sobre o significado: da mesma maneira que a essência, como natureza, limita a existência da coisa na realidade, a própria essência, como referência, dá limites ao significado (conceito) da coisa, na sua existência intencional.

---

[7] ARISTÓTELES. *De interpretatione*. v. 1. Oxford: Clarendon Press, 1961, 16-68.

[8] ARISTÓTELES. *De anima*, III, 8, 431b 24 e ss.

1.4 OS ESTOICOS

Os estoicos construíram uma teoria eclética da linguagem, mediante a junção de elementos platônicos e aristotélicos. Longe de representar uma debilidade teórica em relação a Platão e a Aristóteles, essa junção constituiu uma terceira via, rica e interessante, notadamente no que concerne à análise da lógica aristotélica.

No âmbito da teoria da linguagem, os estoicos elaboraram uma teoria muito interessante e original do significado, que os credencia como legítimos precursores do movimento linguístico moderno. Com efeito, reuniam no ato semiótico três elementos: o significante (*semainon*); o objeto ou referente (*tynjánon*) e o significado ou sentido (*lektón*), que não tinha o estatuto ontológico do conceito aristotélico, mas se identificava com as ideias platônicas (subsistentes e separadas). Sobre esses elementos, diz Sexto Empírico: "Destes, dois terão que ser corporais, a saber, o som e o objeto, e um não corporal, a saber, a coisa significada, o *lektón*, que será verdadeiro ou falso."[9]

Pode-se dizer que tomam de Aristóteles a tríade de signo, ideia e objeto; mas a ideia é de índole platônica, não mental, por outras palavras, com elementos aristotélicos e platônicos, os estoicos fazem uma síntese diferente: em lugar de entender a ideia em sentido aristotélico de conceito, a definem como entidade subsistente e separada tanto da coisa quanto da mente.

Além disso, e aqui reside a originalidade e a atualidade dos estoicos, sua semântica está mais baseada no significado que na referência. Inclusive a referência dos nomes que figuram como sujeito é determinada por meio do predicado, quando entram no enunciado e esse é verdadeiro de algo. Sua metafísica do lektón levou-os a essa

---

[9] *Against the grammarians*. OUP, Oxford, VIII, 11, 2016.

posição que faz dos nomes algo do lado do significado (predicado) mais do que da referência (sujeito).[10]

1.5 SANTO AGOSTINHO

Esse doutor da Igreja expôs em várias obras suas reflexões sobre a linguagem. Em *A Doutrina Cristã*, tratou de semiótica; em *O Mestre*, aprofundou esse estudo, e em sua *A Trindade* aborda várias questões sobre a relação entre o pensamento e a linguagem. Mas é, sobretudo, em suas *Confissões* que o autor oferece uma teoria da origem da linguagem, que se tornou uma obra de referência sobre o tema, graças à crítica que dela faz Wittgenstein.

Em *O Mestre*, Santo Agostinho propôs a hipótese semântica inicial de que todas as palavras da proposição tinham significado. Mas ao examinar cada elemento proposicional, encontrou dificuldades que o levaram a postular diferentes tipos de significado. Por exemplo, no verso da *Eneida*: "*Se nada de tão grande cidade agrada aos deuses deixar*" (*si nihil ex tanta superis placet urbe relinqui*), começa examinando o "se", e constata que não pode significar uma coisa física, mas denota algo que está na alma: uma dúvida. O mesmo vale para outra palavra do verso: "nada", não significa algo do mundo físico, mas algo mental. Por isso distingue entre significados intramentais e extramentais.[11]

Em *A Trindade*, Santo Agostinho atribui um papel relevante à mediação do pensamento entre a palavra e a coisa, na mesma linha de Aristóteles. A palavra significa a coisa porque antes significa o conceito ou ideia. A palavra significa primariamente a ideia e, a partir dela, a coisa designada.[12] O conceito é a palavra interior ou verbo interno. Na realidade, o que se quer comunicar é o verbo interior, para

---

[10] BEUCHOT, *op. cit.*, p. 38-39.

[11] BEUCHOT, *op. cit.*, p. 53.

[12] Cf. S. Agostinho. *De Trinitate*, B.A.C., I, IX, c. 10, n. 15, p. 563, 1956.

isso usamos os verbos exteriores, orais ou escritos.[13] Assim, o pensamento é a condição de possibilidade da linguagem e o conceito é causa da linguagem nesse sentido.[14] Em lugar de se dizer, como muitos na atualidade, que não há pensamento sem linguagem, Agostinho sustenta que não há linguagem sem pensamento. O verbo interior é o mesmo para todos os homens, e o exterior é distinto, segundo a diversidade das línguas, como já dizia o estagirita.[15]

A despeito de ter em tão alta conta o conceito ou verbo interior (significado), este, segundo Agostinho, deriva da coisa (referência) e é limitado por ela.

1.6 SANTO ANSELMO DE CANTUÁRIA

Santo Anselmo dá continuidade à tradição agostiniana de uma linguagem interior e outra exterior. Em sua época, os conceitos fundamentais da semântica eram os de significação (*significatio*) e apelação (*appellatio*) dos termos. Para Santo Anselmo, a apelação é a referência ou denotação de um termo, pois chama nome apelativo (*nomen appellativum*) àquele "pelo qual (a coisa) é designada no uso corrente da linguagem.[16] A significação, ao revés, é o sentido ou conotação, o conceito que a mente se forma da coisa significada ao captar a palavra.

A significação pode ser *per se* ou *per aliud*, isto é, por si ou por outra, direta ou indireta.[17] A primeira é o conteúdo significativo com o qual se relaciona imediatamente a palavra; a segunda é o conteúdo significativo ao qual remete de .maneira mediata a palavra. Por exemplo: *hodierno* significa diretamente a propriedade inerente ao transcurso do dia de hoje, e indiretamente o tempo, a temporalidade.

---

[13] Cf. S. Agostinho, *op. cit.*, 1, IX, c. 7, n. 10, p. 559.

[14] Cf. S. Agostinho, *op. cit.*, 1, XIV, c. 7, n. 10, p. 787.

[15] Cf. S. Agostinho, *op. cit.*, 1, XIV, c. 10, n. 17, p. 865.

[16] S. Anselmo, *De Grammatico*, B.A.C., Madri, p. 465.

[17] S. Anselmo, *op. cit.*, p. 471.

Bom significa diretamente a propriedade de ser bom, e indiretamente a substância à qual a bondade inere.

Santo Anselmo estende essa reflexão ao substantivo e ao adjetivo. O substantivo apela (denota) e significa (conota) diretamente uma substância. *Homem* significa como um todo os constitutivos do homem, entre eles, de modo eminente, ser uma substância. O homem é uma substância que tem racionalidade. Pelo contrário, o adjetivo significa diretamente uma qualidade ou propriedade, e indiretamente uma substância na qual aquela está presente. *Gramático* significa diretamente a gramática (como qualidade) e indiretamente o homem que a possui; além disso, é apelativo do homem, mas não significativo deste; como também é significativo da gramática, mas não apelativo da mesma. Significa o acidente (qualidade) e apela à substância na qual reside. Santo Anselmo dá como exemplo o caso em que, num estábulo, estão juntos um cavalo branco e um boi negro. Quando se diz "pega o branco", "branco significa a qualidade da brancura e apela ao cavalo, que é o que se deve pegar, e não o boi.[18]

Com esses exemplos, Santo Anselmo deixa clara a preeminência da referência sobre o significado, na medida em que a referência (substância) se identifica com a essência, que contém, *in potentia*, todos os constitutivos (significados) do ente respectivo.

1.7 PEDRO ABELARDO

Esse grande dialético e hábil manejador da lógica é, sem favor, o precursor dos atuais idealizadores da tese da preeminência do significado sobre a referência.

Abelardo inova os estudos linguísticos por meio da análise da significação tanto nos termos quanto nas proposições. Em vez de dividir, como Anselmo, significação (sentido) e apelação (referência), divide a significação em

---

[18] BEUCHOT, *op. cit.*, p. 63.

duas, cada uma das quais corresponde a um aspecto: a) como produção da intelecção na alma do ouvinte, e b) como denotação das coisas externas à alma. A primeira função é significação de conceitos ou *significatio intellectuum* (sentido) e a segunda é significação de indivíduos ou coisas ou *significatio rerum* (referência). Diz que a segunda é chamada de apelação, nominação, demonstração ou designação. De fato, afirma que da *significatio rerum* derivam as noções de apelação (*appellatio*) e denominação (*nominatio*).[19]

É evidente a preocupação de Abelardo de suprimir o sujeito como substância, essência ou natureza, fazendo da referência uma derivação do significado (predicado, estado de coisa). Como se verá, a seu tempo, essa preocupação é compartilhada pelos autores filiados ao giro linguístico.

Nessa linha dissolvente da substância, Abelardo utiliza duas noções de predicação, uma como inerência e outra como identidade, que é a que vai predominar, uma vez que um predicado (significado) não pode inerir a algo que não existe (substância) nem a outro significado. Esta última diz que a predicação significa a identidade, entre o significado por *S* e o significado por *P*. "*S* e *P* não significam intelecções, não têm *significatio intellectuum*, pois isso significaria atribuir-lhes essências; ambos possuem apenas *significatio rerum*, isto é, significam as coisas que existem, os indivíduos concretos. Mas as próprias coisas são entendidas por ele, Abelardo, como coisas pensadas, isto é, tendo uma existência lógica. Por isso chega a estranha teoria de que o significado das proposições não é uma coisa, mas uma quase-coisa (*quasi res*), o conteúdo objetivado do ato mental. Assim, a referência da proposição é uma "essência" contida numa intelecção objetivada, e a existência que a proposição enuncia é só pensada ou lógica".[20] Suprime-se, desse modo, a substância como referência; esta doravante

---

[19] BEUCHOT, *op. cit.*, p. 66; cf. ABELARDO, P. *Traité des intellections*. Paris: Vrin, 2002, *passim*.

[20] BEUCHOT, *op. cit.*, p. 67.

corresponde a um ato mental, tão fluído e instável como o próprio pensamento.

Seguindo o mesmo raciocínio, a cópula "é" significa a identidade, da mesma forma que os demais verbos, que implicam todos o verbo "ser". Qualquer atributo que se predique do *S*, esse atributo não é constitutivo da substância, senão que identifica a própria substância. Dessa maneira, ainda que pareça que se predique a inerência de propriedades numa substância, se predica, na verdade, a identidade entre elas. "Sócrates é homem", diz simplesmente que a substância de Sócrates é a substância de homem.[21]

1.8 SÃO TOMÁS DE AQUINO

O aquinatense recepciona a tradição aristotélica do verbo ou conceito como o intermediário entre o signo linguístico exterior (oral ou escrito) e o objeto. A palavra é signo do conceito e esse é signo da coisa, de modo que a palavra nos faça compreender o conceito, como seu sentido, e este nos conduza ao objeto, como à sua referência. Diz São Tomás:

> Segundo o filósofo, as vozes são signos dos conceitos e os conceitos são semelhanças das coisas. E assim faz-se patente que as vozes se referem às coisas que é mister significar, mediante a concepção do intelecto. Portanto, dado que algo possa ser conhecido por nós pelo intelecto, segue-se que pode ser nomeado por nós.[22]

Dessa maneira, o conceito é causa do significado da palavra,

> "porque o verbo proferido exteriormente, já que é significativo por convenção, seu princípio é a vontade, como também de todos os artificiados (obras dos artífices); e por isso, assim como na mente do artífice preexiste certa imagem da

---

[21] ABELARDO, P. *Traité des intellections, passim*; BEUCHOT, *op. cit.*, p. 67-68.
[22] *Suma teológica*, I, q. 13, a. 1, c., B.A.C., Madri, 1954.

> obra exterior, também na mente do que profere o verbo exterior preexiste certo exemplar do verbo exterior".[23]

Em outro lugar, afirma São Tomás que os modos de significar correspondem ao modo de entender e estes ao modo de ser.[24] Há modos de significar e de co-significar, já que há termos categoremáticos e sincategoremáticos, isto é, significativos e co-significativos; os primeiros significam por si mesmos, como o nome e o verbo; os segundos só significam em companhia destes últimos, e são as restantes partes da oração (advérbios, preposições, conjunções etc.).[25] Os verbos, além de significar ação, paixão e movimento, co-significam também o tempo.

Ademais da significação que os termos têm fora do contexto da proposição, há outras propriedades que estes adquirem dentro desse contexto proposicional: a suposição, que pertence aos substantivos, e a copulação, que pertence aos adjetivos. Ensina São Tomás: "A diferença entre os substantivos e os adjetivos consiste em que os substantivos comportam seu suposto, enquanto os adjetivos não o comportam, mas o situam na substância da coisa (por eles) significada. Daí dizerem os lógicos (*sophistae*) que os substantivos supõem; os adjetivos, ao revés, não supõem, mas copulam".[26] Assim, a suposição é a relação dos nomes com as coisas que designam. A copulação do adjetivo é sua capacidade de ser predicado, porque consiste em acrescentar a significação de um adjetivo à de um substantivo. Por isso, o substantivo é mais propriamente sujeito e o adjetivo predicado.

Nesse pensamento realista, em que os *modi essendi*, as essências, determinam os *modi significandi*, não podia haver espaço para teses idealistas, como a que proclama a preeminência do significado sobre a referência. Só um

---

[23] *De Pot.*, q. 7, a. 6, c.

[24] *Suma teológica*, I, q. 45, a. 2, ad 2.

[25] Cf. *In Peri Herm*, lect. 4 e 5; BEUCHOT, *op. cit.*, p. 77.

[26] *Suma teológica*, I, q. 39, a. 5; cf. *Comentário a las sentencias de Pedro Lombarbo*, Eunsa, Pamplona, d. 6, q. 1, a. 3, c., 2004.

século mais tarde é que o veio d'água aberto por Abelardo se transformará no rio caudaloso do nominalismo ockhamista, cuja torrente inundará toda a Europa moderna, principalmente pela força incontrolável que recebeu do Renascimento.

1.9 GUILHERME DE OCKHAM

O franciscano inglês Ockham sustenta que os universais são apenas concepções da mente que se expressam na linguagem. Como genuíno nominalista, não lhes concede fundamento na realidade, mas somente os vê como obra do entendimento. De acordo com São Tomás, põe muita ênfase na teoria do conceito como signo, mas, diferentemente do aquinatense, o vê mais como um signo do que como um objeto mediador do conhecimento ou *species* (espécie). Rejeita a suposição simples do termo pela essência, contra o realismo de São Tomás, e destaca a suposição pessoal do termo pelos indivíduos, mais conforme com seu nominalismo.

Como bom nominalista, tem a ideia da cópula como signo de identidade, a exemplo de Abelardo, por meio da qual o *S* e o *P* são só dois nomes distintos para a mesma coisa, com o que reduz a significação a uma relação de identidade entre sujeito e predicado, suprimindo a de inerência deste último no primeiro.

No que diz respeito à suposição simples, para afastar a possibilidade de que o termo que a possua possa referir-se a uma essência, diz que ela "ocorre quando um termo supõe por uma intenção e não funciona significativamente"[27], isto é, não significa uma coisa real, mas mental: um conceito. Assim, "homem", na frase "o homem é uma espécie", nominalisticamente, se refere a um conceito, não a uma essência. Doutro modo, ou seja, ao se considerar a essência como *supposito*, ter-se-ia uma relação de

---

[27] OCKHAM, G. de. *Ockham's theory of terms*. Parte I da *"Summa Logicae"*, University of Notre Dame Press, 1974, p. 190.

significação baseada na inerência, em que o predicado é um constitutivo do sujeito e não mais um outro nome atribuído a este.[28]

Guilherme de Ockham ao espiritualizar a referência, dilui a consistência desta como delimitadora do significado, ao mesmo tempo em que atribui a este uma clara preeminência em relação àquela.

1.10 ÉPOCAS MODERNA E CONTEMPORÂNEA

A época que se inicia com Descartes se caracteriza, em relação à filosofia da linguagem, pela adoção de um viés mais gramatical e filológico, em que o estudo da lógica, tema preferido dos medievais, deu lugar à epistemologia, ou seja, ao interesse maior pela origem e limite do conhecimento.

Pouco ou quase nada há aqui que interesse ao tema que nos ocupa, a não ser a manifestação crescente da tendência nominalista, impulsionada pelo empirismo inglês e pelo pensamento de Nietzsche, cuja extrema atualidade poderia, sem favor algum, situá-lo na época contemporânea. Vejamos o que nos diz Nietzsche sobre a linguagem.

Nietzsche afirma que a filologia e a filosofia devem estudar a linguagem, que é o instinto mais profundo no homem, de modo a buscar suas origens instintivas, rastreá-las na interioridade mais profunda do ser humano. A linguagem não é produto da consciência, individual ou coletiva, já que o pensamento consciente depende dela, a pressupõe: ela nasce do instinto dos homens, e se plasma por convenção.[29] As palavras não nos dão diretamente a realidade, daí a insistência na origem e na natureza metafóricas da linguagem. Entre o sujeito e o objeto há só uma relação estética, por isso a linguagem não pode representar com adequação a realidade. Nietzsche usa as imagens de

---

[28] ALFÉRI, *op. cit.*, p. 215.

[29] NIETZSCHE, F. *"Del origen del lenguaje"*, *El libro del filósofo. Seguido de retórica y lenguaje*. Madri: Taurus, 1974, p. 177-180.

Apolo e Dionísio. Ao contrário do perfeito, do acabado nas formas, da claridade e da medida das formas do modelo apolíneo, a linguagem é dionisíaca, ou seja, tem a ver com a força indefinível, amorfa, pujante, sempre ansiosa de viver, sentir e expressar-se vitalmente, sobretudo no rítmico e no musical. Na época grega havia um equilíbrio entre essas duas tendências, que foram se distanciando pouco a pouco, de modo que há que se reuni-las de novo, principalmente por meio da filologia, porquanto só uma análise ou história das palavras, para saber como surgiram e se utilizaram na sociedade, poderá restituir seu significado originário e próprio.[30]

Tal é o método genealógico, que consiste em descobrir o momento e o modo em que se puseram em uso as palavras e o significado que o uso lhes deu. É o que Nietsche propôs em *Além do bem e do mal*: "[...] Não basta para entender-se que se usem as mesmas palavras; é necessário também usar as mesmas palavras para a mesma espécie de vivências internas, e é necessário, por último, ter uma experiência *comum* recíproca."[31]

Há que se descobrir, por trás do uso que de uma palavra faz uma sociedade, seus interesses inconscientes ou inconfessados, sua *vontade de poder*. O abandono sistemático que se fez do lado dionisíaco leva-o a crer que se perdeu a origem instintiva da linguagem, mas que há que se recuperá-lo.[32]

Toda sua obra é uma interpretação filosófica da cultura. Em razão disto, Nietzsche tem um lugar tão privilegiado na história da hermenêutica, como um de seus avatares mais importantes.[33]

A genealogia da linguagem foi descrita por Nietzsche em sua obra *Sobre a verdade e a mentira no sentido extramoral*. A linguagem provém do instinto e do incons-

---

[30] BEUCHOT, *op. cit.*, p. 158.
[31] *Más allá del bien y del mal*. E.M.U., México, § 268, 1993.
[32] BEUCHOT, *op. cit.*, p. 159.
[33] BEUCHOT, *op. cit.*, p. 160.

ciente, e se manifesta como força figurativa, pois todas as palavras são originariamente *tropos* (sobretudo metáfora e metonímia).[34] O esquecimento dessa origem metafórica da linguagem faz que se chegue a hipostasiar os significados e a vontade de verdade e de ter acesso ao conhecimento da coisa em si. Somos, na verdade, enredados nas malhas da linguagem, que necessariamente tudo mascara e a todos engana. O próprio pensamento depende da linguagem. Embora o autor alemão não chegue a conceber a tese da abertura linguística do mundo, na linha dos hermenêuticos modernos, se aproxima, porém, destes ao sustentar que a diversidade de linguagens responde pela diversidade de pensamentos, pelas diversas concepções do mundo das variadas comunidades linguísticas. Daí a consequência inevitável de seu exagerado relativismo: a linguagem não pode capturar o devir, que é a autêntica realidade do ser. Deveria fazê-lo, mas não pode. Como a verdade é mutável, a linguagem, que só alcança o que é permanente e fixo, não pode exprimi-la. Por isso, a linguagem nos engana, confundindo o acontecer com o efetuar, e o efeito com o ser numa palavra: põe essências, coisas e referências em que só existem acontecimentos, estados de coisas, predicados e significados. Tomemos um exemplo: "Quando digo "o relâmpago brilha", ponho uma vez o brilhar como atividade e outra vez como sujeito: assim, pois, suponho no acontecer um ser, uma substância, que não forma uma unidade com o acontecer, mas que *permanece*, é, e não *devém*".[35]

Como fica claro, é a tese dos dois nomes, ou da identidade, tão cara a Abelardo e a Ockham, em que não há lugar para substâncias ou essências, só para estado de coisas e predicados, motivo pelo qual pode afirmar-se que Nietzsche perfilha a tese da preeminência do significado sobre a referência, e com ela procura sentar as bases

---

[34] Cf. CONILL, J. *El poder de la mentira. Nietzsche y la política de la transvaloración.* Madri: Tecnos, p. 35-54. s.d.

[35] BEUCHOT, *op. cit.*, p. 161-162.

de uma linguagem universal, não como a postularam os linguistas anteriores, mas como um instrumento para a construção do homem novo.

"Qual é a finalidade de toda *ciência linguística*, senão a de encontrar uma *linguagem universal*? Assim, chegaremos ao homem europeu universal."[36]

1.11 NOAM CHOMSKY

Noam Chomsky revolucionou o estudo da linguística, na medida em que se dá conta de que há que se buscar o funcionamento da língua nas regras sintáticas, sobretudo nas estruturas profundas, que subjazem na capacidade linguística do falante para compreender e produzir orações em quantidade praticamente infinita.[37]

Numa época em que é um lugar comum, entre os estudiosos, a estrita interação da linguagem com os fatores externos, Chomsky abre mão desse externalismo linguístico e elabora uma concepção da linguagem centrada nos estados mentais e ideias inatas, de modo que "nada mais definido é exigido para manter a integridade da empresa científica ou de uma noção respeitável de progresso em direção à verdade sobre o mundo, na medida em que ela está inserida na capacidade cognitiva humana".[38]

Trata-se do internalismo linguístico, que explica as relações internas de uma oração, ou seja, entre seus elementos, e a externa, com outras orações, a partir de estruturas profundas, que estão relacionadas com os usos do falante (pragmática) e com os significados (semântica), a indicar que seu objeto de estudo consiste não somente na classificação de estruturas, mas também na apropriação e enriquecimento que delas faz o falante.

---

[36] Cf. NIETZSCHE, F. *Escritos sobre retórica*. Madri: Trotta, 2000, p. 217-224. Há ressonância dessa tese sobre a ideia da esquerda de construir o homem comunista a partir da cultura.

[37] BEUCHOT, *op. cit.*, p. 185.

[38] CHOMSKY, Noam. *Novos horizontes no estudo da linguagem e da mente*. São Paulo: Unesp, 2002, p. 94.

Por meio das estruturas sintáticas profundas, Chomsky intenta abordar o aspecto semântico da língua. Por exemplo, interessou-lhe muito o problema dos universais linguísticos. De fato, as regras das estruturas profundas são universais. O seu funcionamento é explicado por certas disposições internas do falante, isto é, por algo que é inato e inconsciente, de modo que, com um número finito de elementos, a criatividade do falante consegue elaborar uma infinidade de composições ou combinações.[39] "Chomsky causou numerosas discussões por sustentar essas teses tão fortes, que recuperavam o mentalismo (em tempos dominados pelo conductismo), as ideias inatas (em meios sumamente empiristas) e os universais linguísticos (em contextos de muito relativismo linguístico)".[40]

Uma dessas grandes discussões girava em torno da semântica. Há quase unanimidade entre os filósofos da linguagem no sentido de que esta, mais particularmente os fatos semânticos, pode ser explicada a partir de fatores externos. Na concepção de Chomsky, o fenômeno linguístico é determinado por estados mentais específicos, categorizados, dir-se-ia, como quase transcendentais. Daí que, exemplifica Chomsky, a língua materna é aprendida sem que ninguém a ensine, a demonstrar que há uma estrutura linguística, profunda e fundamental, encerrada no âmago da mente humana. Desse postulado ao outro, que sustenta a existência de uma gramática universal, não é dar senão um passo mais: há princípios que regem a operatividade das línguas naturais. Por outro lado, a linguagem não pode ser considerada um produto social. O que é compartilhado entre os membros de uma comunidade, ao modo quase transcendental, é a matriz dela, o arcabouço gramatical originário, responsável pela interpretação dos *inputs*.[41]

---

[39] BEUCHOT, *op. cit.*, p. 187.
[40] BEUCHOT, *op. cit.*, p. 187.
[41] "Acessadas pelos sistemas de desempenho, as representações internas da linguagem entram em interpretação, pensamento e ação, mas não há razão para procurar qualquer outra relação com o mundo, como talvez sugerido por uma tradição filosófica bem conhecida e por analogias inapropriadas de uso informal". CHOMSKY, *op. cit.*, p. 275.

A TIRANIA DO SIGNIFICADO

De acordo com o ponto de vista chomskiano, duas pessoas não podem jamais falar a mesma língua, conquanto possuam idêntica estrutura linguística. A linguagem é privada, ou seja, é o resultado de interpretações que cada indivíduo, ao gerenciar sua própria fala, elabora a partir dos estímulos externos e *inputs* que lhe chegam a partir dos sentidos. São esses dados, implicados na linguagem, que devem ser interpretados à luz do funcionamento da capacidade linguística, não o contrário.[42]

Chomsky rejeita também a tese de que as palavras denotam coisas no mundo. A noção de *denotar* não pode ser empregada para explicar o papel das propriedades semânticas das palavras, precisamente porque as palavras possuem feições de dois tipos: feições fonéticas (som das palavras) e feições semânticas (significado das palavras). É da natureza das palavras oferecer essas feições para que elas sejam interpretadas pelos falantes. A essas feições correspondem universais linguísticos, que são tanto substanciais quanto de forma. Os universais substanciais são elementos estruturais que se encontram na maioria das línguas, sem perder universalidade pelo fato de que faltem em algumas. Por exemplo, no componente fonológico há características fonéticas comuns a todas as línguas, como as qualidades que se denominam vogal, consoante, nasal, surda, sonora etc. No componente semântico há categorias designadoras que caracterizam os lexemas, como descrição de pessoas, sentimentos, formas de conduta, classes de objetos etc. Os universais formais são regras gramaticais abstratas que se acham em todas as línguas. Por exemplo, no componente fonológico há exigências de que algumas regras fonológicas se apliquem ciclicamente, desde os elementos mais simples até os mais complexos, na oração. No componente semântico, há exigência de regras que determinem os nomes próprios como designadores de objetos individualizados e permanentes no espaço-tempo.[43]

---

[42] Cf. CHOMSKY, N. *Reflections on language*. Glasgow: Fontana/Collins, 1976, p. 180.

[43] BEUCHOT, *op. cit.*, p. 190-191.

Dessa forma, fica claro que, de alguma maneira, os entes do mundo se reduzem às nossas representações; por outras palavras, o significado das coisas não é o resultado da relação da mente com o mundo, pelo menos não diretamente, é antes o produto do processamento da feição semântica, cuja estrutura é inata. Resumidamente, pode-se dizer que o significado de uma palavra sempre depende de como ela é interpretada e sempre há tantas formas de interpretação quantos são os indivíduos intérpretes. Ou ainda: interpretações diferentes respondem a diferentes aspectos das feições dadas pelas palavras. "Suponhamos, por exemplo, que Pedro e João peguem exemplares de *Guerra e Paz* numa biblioteca. Uma pergunta que se pode levantar aqui é: eles pegam o mesmo livro ou livros diferentes? Essa pergunta, naturalmente, pode ser respondida de mais de uma forma. Tudo depende da propriedade semântica que é enfocada quando interpretamos a palavra "livro". Podemos enfocar as propriedades materiais ou o componente abstrato. Seja como for, somos nós que escolhemos um foco. A palavra "livro" em si não refere nada. Um livro não tem propriedades de identidade em virtude de sua constituição interna, mas "em virtude do modo como as pessoas pensam, e dos significados dos termos nos quais estes pensamentos são expressos".[44] Desse modo, uma semântica internalista parece mesmo o único modo de explicar como uma palavra pode ser usada para falar de algo no mundo".[45]

Quando propõe a constituição interna da referência, o internalismo chomskiano opta abertamente pela tese da preeminência do significado sobre a referência, com todas as consequências nefastas que essa tese implica nos planos epistemológico, jurídico e moral.

---

[44] BARROSO, Cícero Antônio Cavalcante. *O internalismo semântico de Chomsky*. Dissertatio, UFPEL, p. 79. s.d.

[45] BARROSO, *op. cit.*, p. 79.

1.12 JOHN AUSTIN

John Langshaw Austin adota uma postura pragmática ante o estudo da linguagem. Considera que as palavras têm significado somente dentro dos enunciados. Segundo o autor, o correto seria perguntar pelo significado dos enunciados, embora, por condescendência, se possa perguntar pelo significado das palavras. Entretanto não se deve pensar que se pergunta por um objeto (físico ou mental), porque não há nenhum que lhe corresponda[46], de modo que a resposta que se costuma dar em termos de objetos (físicos ou mentais) é, na verdade, uma pseudoresposta, pois envolve, em regra, uma contrapartida ontológica ao perguntado.[47]

Sendo o enunciado a "casa" do significado, fica claro que este depende do uso, que é algo próprio das expressões enquanto se refiram a atos: daí a propensão do autor pela pragmática. A originalidade de Austin, porém, está na noção de ato linguístico, que surge da equação segundo a qual dizer algo é fazer algo. Sua teoria geral se baseia na distinção entre atos locucionários e ilocucionários, ou seja, toda manifestação linguística é um ato que envolve outros atos como dimensões suas: é ao mesmo tempo um ato locucionário, um ato ilocucionário e um ato perlocucionário. O ato locucionário se dá na expressão linguística, enquanto esta tem um certo sentido e certa referência. O ato ilocucionário, que é mais elaborado, se dá na expressão linguística, enquanto esta tem uma força característica, segundo o tipo de intenção que a anima: asseverar, ordenar, desejar, advertir etc. Finalmente, o ato perlocucionário se caracteriza pela expressão linguística, enquanto ela produz um certo efeito psicológico no ouvinte: destina-se a

---

[46] BEUCHOT, *op. cit.*, p. 249.
[47] Cf. AUSTIN, J. L. *Como hacer cosas con palabras*. Buenos Aires/Barcelona: Paidós, 1982, *passim*.

informá-lo, persuadi-lo, dissuadi-lo, inclusive surpreendê-lo e desconcertá-lo.[48]

Todo ato fonético, fático (sentido mais referência) dá origem a um ato locucionário.[49] O modo concreto de realizar o ato locucionário é precisamente um ato ilocucionário; por exemplo, na forma de uma pergunta, de uma ordem, uma sugestão, um conselho.[50] Realizar um ato ao dizer algo é coisa diferente de realizar o ato de dizer algo. Quando se cumpre a condição relativa à produção de um efeito, o ato ilocucionário ter-se-á realizado de forma feliz ou satisfatória. O efeito consiste em provocar a compreensão do significado e a força da locução.[51] O significado depende, portanto, da conjunção de um ato locucionário com um ato ilocucionário; não se trata, pois, de algo que pertença a uma essência, como descrição definitória da referência. Por essa razão, a doutrina de Austin é tributária da tese da preeminência do significado sobre a referência.

1.13 JOHN SEARLE

Searle propõe uma teoria dos atos de fala, muito semelhante ao pragmatismo de Austin. Searle parte da hipótese de que falar é realizar atos conforme a regras. Ao se emitir um ato de fala, se fazem três coisas: a) emitem-se certas palavras; b) refere-se a algo e se predica, e c) enuncia-se, manda-se, promete-se etc. De acordo com esses segmentos, tem-se, respectivamente: atos de emissão, atos proposicionais e atos ilocucionários.

Searle se apropria também da noção austiniana de ato perlocucionário, que tem por fim produzir um determinado efeito no ouvinte, por exemplo: persuadi-lo, assustá-lo, informá-lo, convencê-lo etc. A referência só se dá como

---

[48] Cf. AUSTIN, *op. cit.*, p. 153-154.

[49] Cf. AUSTIN, *op. cit.*, p. 138.

[50] Cf. AUSTIN, *op. cit.*, p. 142-143.

[51] BEUCHOT, *op. cit.*, p. 252.

parte de um ato ilocucionário; a oração completa seria algo assim como a sua própria roupagem gramatical.[52]

Por sua vez, a predicação consiste em se atribuir uma expressão a um objeto, representado pelo sujeito da oração. Mas Searle elude o problema dos universais e se limita a dizer que só se predica uma expressão (não um ente universal) de um objeto. De sua parte, a referência consiste em que uma expressão selecione ou identifique um objeto ou um indivíduo.

> A emissão de uma expressão referencial serve caracteristicamente para isolar ou identificar, separadamente de outros objetos, um objeto particular.[53]

É o que se convencionou chamar o uso atributivo das expressões designativas, que consiste na conversão dos nomes em atributos inerentes à análise lógica das orações designativas, mediante a fórmula "existe um objeto e só um objeto que satisfaz a condição de ser X e ser Y". É evidente que, nesses casos, não nos referimos a algo concreto e determinado no mundo, mas nos limitamos a fazer afirmações gerais sobre possíveis estados de coisas do mundo, que prescindem da dimensão designativa do sujeito da oração, assimilando-o ao predicado.

É a expressão mais palpável da tese da preeminência do significado sobre a referência.

---

[52] Cf. SEARLE, John. *Actos de habla.* Madri: Cátedra, 1990, p. 34.
[53] SEARLE, *op. cit.*, p. 37.

2

O GIRO LINGUÍSTICO

O problema da linguagem constitui um dos temas principais, uma das questões mais controvertidas, com as quais o pensamento filosófico se ocupou no século XX. Com razão se fala de um verdadeiro *giro linguístico* na filosofia daquela centúria, um giro que não foi só objeto de interesse por parte da reflexão da corrente anglo-americana, mas também, e de um modo igualmente decisivo, da chamada tradição continental. O problema da linguagem pode ser considerado como o território verdadeiramente comum, embora diversamente tematizado, no qual, de fato, vêm-se enfrentando os dois movimentos de investigação que dominaram o debate filosófico do século passado e orientaram toda discussão posterior, a saber: o pensamento analítico e a reflexão hermenêutica. Dessa última, este segundo capítulo tratará primeiramente, em ordem a destacar as doutrinas de seus principais expoentes: Humboldt, Heidegger, Gadamer; o pensamento analítico será tratado posteriormente, mediante a análise das construções doutrinárias de Wittgenstein e Habermas. Cumpre ainda registrar que, no final do capítulo, será analisada a crítica de Donnellan e Putnam ao *giro linguístico*, relacionada à concepção do significado.

2.1 WILHELM VON HUMBOLDT

A importância atribuída à obra de Humboldt deve-se menos à influência que esse autor exerceu sobre o pensamento alemão posterior, do que, muito mais, pelo novo tratamento teórico dispensado ao estudo da linguagem, por meio do qual sentou-se o fundamento desta não mais na intermediação (instrumento) entre o sujeito e o objeto, mas como uma instância *a priori* constituidora do mundo.

Vejamos como isso ocorreu.

A LINGUAGEM COMO CONSTITUTIVA DO MUNDO VS. A LINGUAGEM COMO INSTRUMENTO

A crítica da filosofia da consciência, exemplificada pelo pensamento kantiano, teve o mérito de deixar clara, segundo esses críticos, a conexão interna entre a linguagem e a nossa compreensão do mundo, conexão que eleva a linguagem de seu anterior *status* – o de um objeto de estudo entre outros – à categoria de paradigma, sob a égide do qual é possível a abordagem dos problemas filosóficos. A tese central dessa crítica é assim resumida por Humboldt:

> Que a diversidade das linguagens consiste em mais que uma mera diversidade de signos; que as palavras e sua sintaxe ao mesmo tempo conformam e determinam os conceitos e que, considerados em sua sistematicidade e sua influência no conhecimento e na sensibilidade, as distintas linguagens são de fato distintas perspectivas do mundo.[54]

Nessa passagem, há uma tríplice articulação de razões que separam claramente nosso autor da tradição filosófica anterior:

I. Em primeiro lugar, a rejeição da linguagem como um sistema de signos, ou seja, como um "instrumento" para a transmissão de pensamentos pré-linguísticos ou para a designação de objetos dados independentemente desse instrumento.

II. Em segundo lugar, Humboldt sustenta que as palavras e sua sintaxe conformam e determinam os conceitos, ou melhor,

---

[54] HUMBOLDT *apud* LAFONT, C. *La razón como lenguaje*. Madri: Visor, 1993, p. 32.

traduzem a identidade do falar e do pensar. Vê-se aqui, como sugere Cristina Lafont, uma referência indireta a Kant, na medida em que "O homem não vem ao mundo como um espírito puro, que reveste os pensamentos preexistente com meros sons, mas como um ser terreno, que desenvolve a partir de seus próprios sons... toda grandeza, pureza e espiritualidade."[55]

Assim, na visão de Humboldt, frente a todo purismo da razão – que deseje explicá-la como surgida do nada, num ato de autoprodução – são a tradição, a experiência e a linguagem as únicas bases de nossa racionalidade.

III. Em terceiro lugar, dessa crítica à concepção tradicional da linguagem se deduz que as distintas linguagens, de fato, são distintas perspectivas do mundo.[56]

Estas são, em linhas gerais, as características da mudança de paradigma, que afeta não só a linguística, mas igualmente a filosofia, pois, para essa a linguagem, enquanto instrumento ou sistema de signos, embora fosse tematizável pela gramática, não apresentar nenhum interesse do ponto de vista filosófico. Essa mudança de paradigma não incide diretamente sobre a linguagem como objeto da gramática, mas se realiza em duas frentes, segundo considerações estritamente filosóficas, a saber:

Na dimensão cognitivo-semântica, a mudança consiste em considerar a linguagem não como mero sistema de signos, objetivável (intramundano), mas como constitutivo da atividade de pensar, isto é, como condição de possibilidade da mesma; com isso a linguagem é elevada à categoria de uma magnitude quase-transcendental, capaz de disputar – com êxito – à subjetividade a autoria das operações constituintes da compreensão do mundo.[57]

Daí que a análise da linguagem "[...] resta indissoluvelmente ligada à resposta para a questão das condições

---

[55] *Ibidem*, p. 33.
[56] LAFONT, *op. cit.*, p. 34.
[57] LAFONT, *op. cit.*, p. 35.

de possibilidade da objetividade da experiência, que agora terão que ser derivadas da função de abertura do mundo inerente à linguagem."[58]

Com a dimensão comunicativo-pragmática, Humboldt propõe-se demonstrar o caráter constitutivo da linguagem como resultado de um processo, de uma atividade: a *praxis* da fala. "Com isso, a linguagem se torna a instância responsável por assegurar a intersubjetividade da comunicação, enquanto condição de possibilidade do entendimento entre os falantes".[59]

A dimensão cognitivo-semântica traz consigo uma visão do ato de fala como uma atividade criadora de algo que não poderia existir sem ela: a experiência intramundana. Sobre isso, discorre Humboldt: "A geração da linguagem é, desde o primeiro elemento, um procedimento sintético, onde a síntese cria algo que não existia anteriormente em nenhuma de suas partes."[60]

Com efeito, o giro linguístico, na versão humboldtiana, é um esforço para demonstrar a inanidade do paradigma da consciência, que tem sua maior expressão nas categorias *a priori* de Kant, e tem como objetivo demonstrar que, ao contrário de uma síntese categorial, o que ocorre é que "nossas representações mostram uma estrutura proposicional análoga às orações e, nessa medida, só podem ser explicadas por referência a estas, e não ao contrário".[61]

Com isso, Humboldt quer dizer, contra Kant, que

> [...] a atividade intelectual e a linguagem são, portanto, a mesma coisa e inseparáveis uma da outra [...] A atividade intelectual está ligada à necessidade de estabelecer uma conexão com o som; de outro modo, o pensamento não

---

[58] LAFONT, *op. cit.*, p. 35.
[59] LAFONT, *op. cit.*, p. 36.
[60] HUMBOLDT *apud* LAFONT, *op. cit.*, p. 36.
[61] LAFONT, *op. cit.*, p. 37.

A TIRANIA DO SIGNIFICADO

poderia obter claridade, nem a representação converter-se em conceito.[62]

A partir desses postulados, fica claro que a função da linguagem começa muito antes da transmissão de informação entre sujeitos interlocutores; a linguagem é igualmente necessária até para um ermitão. Se o homem não a põe em marcha, se não desperta sua faculdade de falar, não chegará a ter uma vida mental de homem, com reflexão e conceitos. Por outras palavras, não usamos a linguagem para transmitir ao próximo o previamente pensado, mas o previamente pensado já constitui um produto da linguagem.

Contudo, ainda que a linguagem seja um requisito *sine qua non* da sociedade humana e da abertura do mundo, não se pode considerar a doutrina linguística de Humboldt como expressão de um idealismo criativo absoluto. Embora aquela pretenda substituir o conceito de uma síntese originária anterior à linguagem por uma síntese real na linguagem, tal substituição não implicaria em transferir para esta última uma característica essencial da primeira: a objetividade. "O pensar, diz Humboldt, não é meramente dependente da linguagem em geral, mas também de cada linguagem particular".[63]

Por outro lado, a linguagem não é uma soma de palavras, nem mesmo uma soma de palavras e silêncios, além de todas as regras gramaticais, mas é uma movediça e fecunda disponibilidade organizada, e quem veja na linguagem uma fluidez sonora envolta de pensamento, não está longe da verdade. Essa fluidez representa um firme repúdio à atomização da linguagem.

> A locução forma na mente de quem fala, até esgotar um pensamento, uma totalidade unida, em que só a reflexão deve buscar partes isoladas.[64]

---

[62] HUMBOLDT *apud* LAFONT, *op. cit.*, p. 37.

[63] HUMBOLDT *apud* LAFONT, *op. cit.*, p. 39.

[64] VALVERDE, José Maria. *Guillermo de Humboldt y la filosofia del lenguaje*. Madri: Gredos, p. 36. s.d.

Por conseguinte, a partir da potencialidade geral da linguagem, o ato específico e primário é a frase. Fala-se com frases; ninguém, na realidade, usa as palavras isoladas em sua mera condição de termo isolado. A palavra constitui um átomo linguístico, a unidade primária, suficiente só no plano teórico e lógico, porque, como se disse, de fato as palavras não se usam individualmente, mas assumidas num sentido que as transcende numa formulação da frase. Nem os nomes que elas designam (referências) são garantias seguras de significação. A representação produzida pela palavra traz a marca da representação subjetiva. Daí a multiplicidade de palavras que às vezes existem para o mesmo objeto ou conceito. O que equivale a dizer que não existe sinonímia absoluta, mas relativa. "As palavras, ainda que indiquem conceitos homólogos dentro da totalidade (ou conjunto da visão do mundo de cada indivíduo), nunca são verdadeiros e meros sinônimos"[65]. E por isso, "ninguém pensa numa palavra exatamente o mesmo que outro, e essa diversidade, ainda muito pequena inicialmente, se expande, ondulando através da linguagem".[66]

Essa observação de Humboldt é uma derivação lógica do postulado da abertura linguística do mundo, cujo núcleo temático expressa a primazia do significado sobre a referência.

Convém destacar que Humboldt ao distinguir o referente do significado, exclui ao mesmo tempo toda possibilidade de uma relação de pura designação entre nome e objeto, ou seja, daquela relação que havia servido de paradigma à concepção da linguagem tradicional para explicar o funcionamento linguístico. Consequentemente com isso, Humboldt amplia essa distinção para além do caso dos predicados (ou conceitos) ao caso dos nomes e inclusive dos nomes próprios. "A palavra concebe cada conceito como universal, designa sempre, em sentido estrito, classes da realidade, inclusive quando se trata de

---

[65] VALVERDE, *op. cit.*, p. 38.
[66] VALVERDE, *op. cit.*, p. 38.

um nome próprio, posto que este inclui em si todos os estados cambiantes no tempo e no espaço do designado".[67] Vê-se que Humboldt dá ao referente a natureza de estado de coisa, própria dos predicados.

> Esta assimilação implícita dos nomes aos predicados, é a que subjaz ao que chamamos a tese da preeminência do significado sobre a referência, isto é, a explicação da referência como indireta, necessariamente mediada por um "significado" cuja identidade ideal (o que Humboldt chama conceito) garante a identidade do referente, daquilo a que nos referimos em cada caso.[68]

As consequências relativistas dessa tese não são difíceis de se demonstrar: se se supõe, com Humboldt, que inclusive os nomes são conceitos gerais (posto que, em estrita analogia com os predicados, em lugar de designar um objeto, só se referem a ele de um modo mediato) ou, o que dá no mesmo, se se assume que os signos linguísticos em geral só podem referir-se a algo indiretamente mediante "significados", resulta inevitável a consequência idealista-relativista que se extrai da aludida suposição, a saber, que o "homem vive com os objetos exclusivamente tal e como a linguagem lhos apresenta".[69] Daí a conclusão de Humboldt:

> [...] devido a isso, surgem nas palavras, com idêntico significado das diferentes linguagens, distintas representações do mesmo objeto e este modo de ser da palavra é o que contribui basicamente para que cada linguagem ofereça uma perspectiva do mundo própria.[70]

Dado que assim seja, é forçosa a conclusão de que o caráter determinante e contingente da estruturação do mundo, que nos é transmitida pela linguagem, leva a um

---

[67] HUMBOLDT *apud* LAFONT, *op. cit.*, p. 49.

[68] LAFONT, *op. cit.*, p. 49-50.

[69] HUMBOLDT *apud* LAFONT, *op. cit.*, p. 50.

[70] HUMBOLDT *Apud* LAFONT, *op. cit.*, p. 50.

grosseiro relativismo, ao preço do sacrifício da objetividade e da universalidade, tão caras a Humboldt. O dilema está posto: por uma parte, Humboldt permanece sempre fiel à intuição universalista – e nessa medida rechaça todo burdo relativismo; mas essa intuição já não pode ser possível pela habitual via realista, que postula um mundo independente da linguagem, em si, garantidor da objetividade do conhecimento, mas somente pelo apelo ao caráter universal, inerente à própria linguagem. Só resta para Humboldt buscar as desejadas universalidade e objetividade em outra dimensão da linguagem, a comunicativa intentando reformular a questão da objetividade do conhecimento em termos da intersubjetividade na comunicação.

A DIMENSÃO COMUNICATIVO-PRAGMÁTICA DA LINGUAGEM

O giro pragmático de Humboldt é tão inovador, quanto o da abertura linguística do mundo. Contudo ambos parecem contradizer-se. Ou Humboldt tinha que assumir uma posição realista, o que não podia admitir, ou teria que buscar na própria linguagem uma solução para o problema da universalidade. Humboldt optou por essa última alternativa. Com ela, a objetividade do conhecimento estaria assegurada, sem o sacrifício da dimensão cognitivo-semântica da linguagem. Era suficiente enxergar na própria linguagem um processo dialógico que explicaria a síntese realizada pela articulação na dimensão cognitivo-semântica. Por outras palavras, Humboldt passa da consideração da linguagem como um sistema de signos, para representá-la como um processo de comunicação, como diálogo.

> Com isso, a característica definitória da linguagem, que passa ao primeiro plano, é a intersubjetividade. Esta é, por uma parte, garantida pela linguagem, mas, por outra parte, é também sua condição de possibilidade, enquanto que a linguagem só existe no processo da fala.

> Por isso, as diferentes perspectivas da situação de diálogo se convertem na instância que, ao permitir a intersubjetividade, imprescindível para toda fala com sentido, garante ao mesmo tempo a "objetividade", pois esta já não pode ser pensada, desde esta perspectiva, como derivada de uma síntese categorial pré-linguística.[71]

A incursão na estrutura elementar da dimensão comunicativo-pragmática, sobre ser ambiciosa do ponto de vista da complexidade da doutrina de Humboldt, nada acrescentaria ao propósito deste ensaio, que é o de aferir a influência da tese da preeminência do significado sobre os conceitos do direito.

2.2 A HERMENÊUTICA FILOSÓFICA

2.2.1 HEIDEGGER

Uma investigação sobre a linguagem em Heidegger necessariamente deve começar pelas premissas sentadas em *Ser e Tempo*. Por outras palavras, a concepção da linguagem como abertura do mundo, a indicar a preeminência do significado sobre a referência, parece ter sido adotada por Heidegger bem antes da *Kehre*[72], como forma de contrapor à filosofia da consciência uma concepção não instrumental da linguagem, em que esta não seja considerada exclusivamente em sua função designativa mas em sua dimensão dialógica, como "fala".

Na primeira fase heideggeriana, correlata à doutrina contida no *Sein und Zeit*, a fala pertence ao *Dasein* como um existenciário seu, de modo que a "dependência do ser impõe ao homem a forma de subordinação à linguagem; pode falar, antes de tudo, porque é um ouvinte do silencioso dizer do ser".

---

[71] HUMBOLDT *Apud* LAFONT, *op. cit.*, p. 55.

[72] A palavra *Kehre* designa o rompimento com o ponto de vista mantido em *Ser e Tempo*.

Heidegger aplaude em Humboldt o fato deste último ter conferido à linguagem em *status* filosófico, se bem que há muito tempo antes dele Duns Scoto tenha inaugurado um status ao dar um tratamento especial ao *modus significandi*. O correlato real, que legitima a ordem significativa, não necessariamente se identifica com a realidade natural.

> Em qualquer caso, é preciso ter em mente que o real não é, estritamente falando, o correlato das formas de significação. Os modos de significar dependem muito mais de outra instância. Com isto, Heidegger – seguindo a Escoto – quer pôr de relevo que não temos acesso imediato às estruturas do real, as quais não se fazem acessíveis por si mesmas, mas através do conhecimento.[73]

Segundo Escoto, em sua dimensão passiva, o real, o significado e o conhecido se confundem, conquanto haja uma distinção material entre eles. Em que pese não ser clara a distinção entre o *modus intelligendi passivus* e o *modus essendi passivus*, na verdade essa distinção é amplamente formal: em um caso, designa o real enquanto conhecido; em outro, o real é dado diretamente, ou seja, imediatamente categorizado. "O *modus significandi* é o *intelligendi* enquanto expressado".[74] A relação do significado com a realidade passa invariavelmente pelo filtro do conhecimento. A linguagem está subordinada, consoante Escoto, ao conhecimento. A essa conclusão não pode aderir Heidegger, para quem a linguagem "possui um caráter ativo, configurador e marcadamente formal, que absorve sua dimensão material. Mas ainda, já se insinua a tendência a anular a contraposição entre forma e matéria, entre o intelectual e o sensível na linguagem".[75] E estamos ainda em *Ser e Tempo*.

---

[73] BAY, Tatiana Aguilar-Álvarez. *El lenguaje en el primer Heidegger*. México: F.C.E., 2004, p. 45.

[74] BAY, *op. cit.*, p. 46.

[75] BAY, *op. cit.*, p. 47.

Concluída essa etapa da investigação, passemos à estrutura funcional da linguagem, com a descrição da qual Heidegger pretende demonstrar "a conexão interna da fala com a compreensão e a inteligibilidade"[76], ou seja, em que medida estas dependem da abertura do mundo, no qual o *Dasein* está irremediavelmente lançado (*geworfen*).

Para sustentar sua inovadora posição, Heidegger parte da constatação fática de que todo diálogo pressupõe determinadas condições sem as quais aquele se faria inviável. Assim, pois, para dialogar, para conversar, é necessário o preenchimento de alguns requisitos prévios, a saber: "Que estejamos previamente já com o outro e com (*bei*) o ente sobre o qual se fala".[77] Por outras palavras, o diálogo só pode acontecer na exata medida em que compartilhamos com o outro (*Mitsein*) a compreensão prévia daquilo sobre o qual se fala.

A partir desse enfoque, é legítima a definição de Heidegger, segundo a qual "a fala é a articulação significativa da inteligibilidade do *Dasein* no mundo, ao qual é inerente o "ser com" (*Mitsein*).[78] Acertadamente observa Cristina Lafont que

> [...] o específico de uma consideração da linguagem, em sua dimensão dialógica, radica, para Heidegger, no fato de que a comunicação só é possível sobre a base de um mundo, cuja inteligibilidade esteja sempre já dada e seja compartilhada por aqueles que, sobre essa base, se comunicam.[79]

Mais do que retocar em alguns pontos o que concebeu Humboldt, Heidegger leva às últimas consequências dita concepção ao adicionar ingredientes que constituem o motivo central da hermenêutica filosófica, que Gadamer

---

[76] LAFONT, *op. cit.*, p. 69.

[77] *Ibidem*, p. 70.

[78] *Ibidem*, p. 70.

[79] *Ibidem*, p. 70.

recolherá e desenvolverá sob o *topos* da "reabilitação dos prejuízos" ou da "autoridade da tradição".

Essa alteração ou radicalização da doutrina de Humboldt traduz uma mudança de paradigma de tal modo prenhe de consequências culturais, que atualmente poucas são as regiões do pensamento que não se deixaram influenciar por ela. Dois são os eixos principais dessa mudança de perspectiva sobre os quais gira a engrenagem da concepção heideggeriana da linguagem, na qual se hipostatiza a função linguística de "abertura do mundo": *A preeminência do significado sobre a referência e o holismo do significado*.

Para que se possa avaliar a magnitude da transformação operada com a aludida mudança de paradigma é necessário levar em consideração dois princípios, com os quais Heidegger rompe com a tradição filosófica vigente até então.

Em primeiro lugar, Heidegger adota o princípio da compreensão em substituição ao modelo da percepção, próprio da filosofia da consciência. Dita substituição impõe ao nosso autor, dentre outras consequências metodológicas e epistemológicas, o ônus de demonstrar que a nossa interação com os entes intramundanos não é redutível ao esquema sujeito/objeto; "que a estrutura primária de nossa relação com o mundo só pode ser analisada como "compreender" ou, o que vem a ser o mesmo, que a suposta "pura percepção" dos entes da realidade só é uma abstração derivada de nossa experiência cotidiana do "*ser-no-mundo*", na qual tudo nos aparece como "já sempre" compreendido (isto é, pré-interpretado). Essa circunstância é a que se expressa na tese do caráter derivado do "ante os olhos" (*Vorhandenheit*) com relação ao "à mão" *Zuhandenheit*) – ou do conhecer frente ao compreender".[80]

Não é difícil concluir que Heidegger postula, com a introdução do novo modelo, a antecipação de sentido,

---

[80] *Ibidem*, p. 71.

o *factum*, do qual parte *Ser e Tempo*, ou seja, que "nos movemos sempre na compreensão do ser".[81]

Em segundo lugar, um outro princípio, não menos importante que o primeiro, é o de mundo simbolicamente estruturado, em lugar de sua concepção tradicional de mundo como conjunto de todos os entes: "Esta concepção, observa Cristina Lafont, traz consigo uma mudança de perspectiva fundamental. Enquanto que a perspectiva paradigmática da filosofia da consciência derivava do modelo da relação sujeito-objeto (inerente à explicação do conhecer), ou seja, era a de um "observador" (extramundano) situado frente a um "mundo", entendido como a totalidade dos entes, a perspectiva que subjaz à transformação hermenêutica da fenomenologia de Heidegger é a de um *Dasein* cuja condição básica é a de "compreender", pois se encontra num mundo simbolicamente estruturado. Essa transformação tem como consequência necessária uma destranscendentalização dos conceitos filosóficos herdados, na medida em que, com essa mudança de perspectiva, fica excluído todo recurso a uma instância extramundana ou, o que vem a ser o mesmo, a um sujeito transcendental constituidor do mundo; por isso, o ponto de partida obrigatório dessa perspectiva é a facticidade de um *Dasein*, que não é sujeito constituidor do mundo, mas que participa da "constituição de sentido" inerente a dito mundo, no qual se encontra já sempre "lançado" (*geworfen*)".[82]

Por outras palavras, ao suprimir o sujeito transcendental kantiano, seria mais coerente com a ordem natural das coisas uma postura realista em Heidegger; mas isso redundaria no acolhimento do esquema sujeito-objeto, princípio fundamental da filosofia da consciência, que o autor descarta *ex radice*. No entanto, a destranscendentalização, implicada na abertura linguística do mundo, parece ter sido construída com o mesmo material empregado na

---

[81] HEIDEGGER, Martin. *Ser y tiempo*. México: F.C.E., 1974, p. 5.

[82] LAFONT, *op. cit.*, p. 72.

obra de Kant; parafraseando o autor da *Crítica da razão pura*, a coisa em si não é só um dado inalcançável para o sujeito transcendental, o é também para o *Dasein*, posto que "nosso acesso ao "intramundano", enquanto tal, está mediado e possibilitado pela compreensão de sentido inerente a nosso "*ser-no-mundo*", a partir do qual pode desvelar-se o ente; aqui se expressa o que vimos chamando de "preeminência do significado sobre a referência", na medida em que só mediante aquele é possível esta.

Apesar do caráter marcadamente inovador de tais premissas, estas derivam não da *Kehre*, mas de *Ser e Tempo*, mais precisamente do que Heidegger chama *diferença ontológica*, cuja temática o impede de prosseguir na mesma linha, forçando-o no sentido da *Kehre*. Nesse último momento do pensamento de Heidegger, há uma hipostatização da função da linguagem, com a destranscendentalização de todo e qualquer marco constituidor do mundo, ao passo que em *Ser e Tempo*, a linguagem não tem o *status* de protagonista, dado que é apenas um existenciário do *Dasein*, o qual aparece no contexto de *Sein und Zeit* como responsável pela abertura do mundo, a exemplo do esquema sujeito-objeto, tão caro à filosofia da consciência. Di-lo melhor Cristina Lafont:

> A raiz deste problema há que se buscar antes na incompatibilidade entre a transformação hermenêutica pretendida por Heidegger – que implica a destranscendentalização de toda instância constituidora do mundo – e a base metodológica desde a qual Heidegger intenta levá-la a cabo, ou seja, a pretensão de elaborar uma "ontologia fundamental", baseada numa "analítica existencial do *Dasein*" – que obriga Heidegger a retrotrair essa temática hermenêutica ao esquema sujeito-objeto ou, o que é o mesmo, a intentar remeter a constituição do mundo à estrutura existencial do *Dasein*.[83]

---

[83] *Ibidem*, p. 73.

A TIRANIA DO SIGNIFICADO

De fato, ao se admitir a condição do *Dasein*, como um ente intramundano, lançado (*geworfen*) num mundo já constituído, conforme a direção imprimida na *Kehre*, resulta um contrassenso pretender atribuir a constituição desse mesmo mundo à estrutura existencial do *Dasein* e com isso retroagir, ao esquema sujeito-objeto, o que Heidegger rejeita por princípio.

Não se deve esquecer que

> Heidegger contrapõe o compreender, como modo primário de acesso ao ente, à consciência. Insistimos em que o *compreender* não é obra de uma faculdade ou, para dizer de outra maneira, não é uma modalidade do conhecimento. A noção heideggeriana de compreensão remete a um poder de visão mais básico que o intelectual. Segundo este esquema, a intencionalidade abarca toda a existência".[84]

Assim é que o *factum* que constitui o ponto de partida de *Ser e Tempo*, a compreensão do ser – da qual derivava a preeminência do *Dasein* sobre todos os entes –, resulta também paradoxalmente insituável na dicotomia, estabelecida por necessidades metodológicas, entre um *Dasein* lançado em sua facticidade e os entes, meramente intramundanos. Desde essa perspectiva, a *Kehre* pode ser entendida como o intento sistemático tanto de "situar" essa compreensão do ser (*Seinsverständnis*) quanto, consequentemente, de tornar plausível esse novo conceito de mundo – como totalidade simbolicamente estruturada. A instância que Heidegger escolherá para realizar ambas as coisas permite, ao mesmo tempo, interpretar a *Kehre* como um "giro linguístico".[85]

A partir da *Kehre*, Heidegger abandona definitivamente o esquema sujeito-objeto inerente à filosofia da consciência, ao mesmo tempo em que orienta suas refle-

---

[84] BAY, *op. cit.*, p. 165.
[85] LAFONT, *op. cit.*, p. 74.

xões em torno de dois temas centrais do giro linguístico (os quais rompem frontalmente com a preeminência do *Dasein*, dogmaticamente pressuposta em *Ser e Tempo*): "Por uma parte, a assertiva de Heidegger de que a "linguagem é a casa do ser"[86], e por outra, sua afirmação de que "só onde há linguagem há mundo".[87]

Como se vê, Heidegger se afasta radicalmente da posição assumida em *Ser e Tempo*, e erige um marco, distinto do *Dasein*, "à categoria de instância constituidora", ou seja, a categoria de condição de possibilidade de que o *Dasein* se encontre, "sempre já", num mundo simbolicamente estruturado e, por isso, ao mesmo tempo, de que os entes possam aparecer-lhe intramundanamente".[88]

Nesse contexto, a *Kehre* aparece como uma autocrítica implícita à orientação assumida em *Ser e Tempo*, como faz certo a célebre passagem em *Hölderlin e a essência da poesia*: "A linguagem é o que previamente possibilita estar em meio da abertura do ente. Só onde há linguagem há mundo".[89]

Na obra a *Origem da obra de arte* Heidegger é mais explícito sobre a conexão entre linguagem e mundo, em que se propõe a demonstrar que a linguagem não é apenas um instrumento por meio do qual se traz à luz, por meio de palavras e frases, o que era previamente "desoculto", mas é a responsável por esse desocultamento, em virtude do qual o ente se faz presente à compreensão do *Dasein*.

> Quando a linguagem nomeia pela primeira vez o ente, esse nomear é o que dá a palavra ao ente, o faz aparecer. Esse nomear o é do ente a respeito de seu ser e desde este. Esse "dizer" é um projetar do *Lichten*, no qual se diz como quê é desvelado o ente...[90]

---

[86] HEIDEGGER, M. *Acheminement vers la parole*. Paris: Gallimard, 1976, p. 90.

[87] HEIDEGGER, M. *Hölderlin y la esencia de la poesia*. Barcelona: Anthropos, 1989, p. 25.

[88] LAFONT, *op. cit.*, p. 74.

[89] *Ibidem*, p. 25.

[90] HEIDEGGER, M. *Sendas perdidas*. Buenos Aires: Losada, 1969, p. 59-60.

O giro que a *Kehre* produz nada mais é do que a categórica afirmação da preeminência do significado sobre a referência, a indicar a exclusiva responsabilidade da linguagem pela abertura do mundo, ou seja, pelo aparecimento dos entes intramundanos no sentido de que, ao nomeá-los, ao mesmo tempo nos diz de que maneira devem ser compreendidos e interpretados. É a mais peremptória declaração em favor da supremacia do predicado sobre o sujeito, do estado de coisa sobre a substância, numa palavra, do significado sobre a referência.

Esse tratamento privilegiado do significado sobre a referência já fora adotado anteriormente por Husserl e Frege, de modo que o nome, segundo este último, se refere a um objeto indiretamente, ou seja, por meio do sentido, que expressa o modo pelo qual aquele nos é dado ou designado.[91] Por outras palavras, não temos acesso direto à substância ou ao sujeito, mas apenas indiretamente, mediado pelo estado de coisa, pelo predicado e pelo significado.

> Na medida em que a linguagem é responsável pelo modo que os entes nos aparecem, constituindo a instância que prejulga como quê são considerados os entes em cada caso, ela traz em si a "essência", a constituição do "ser dos entes" (*die Seinsverfassung des Seienden*) e, com isso, a verdade dos mesmos.[92]

O corolário dessa condição da linguagem como a *casa do ser*

> [...] ou, o que é o mesmo, da concepção do significado como condição de possibilidade de nosso acesso à referência, é a provocativa afirmação de Heidegger, em *Unterwegs zur Sprache*, de que "não há coisa alguma onde falta a palavra". Com esta afirmação, Heidegger não

---

[91] THIEL, Christian. *Sentido y referência en la lógica de Gottlob Frege*. Madri: Tecnos, s. d., *passim*,

[92] LAFONT, *op. cit.*, p. 75.

> se refere evidentemente a uma dependência entre a coisa e a palavra, a respeito da existência da primeira, mas a respeito de nossa possibilidade de acesso a ela, de compreensão dela.[93]

> Já quando se encontrou a palavra para a coisa, é esta uma coisa. Só então é... A palavra é a que proporciona o *ser* à coisa... O *ser* de tudo aquilo que é habita na palavra. Por isso é válido o princípio: a linguagem é a casa do ser.[94]

Com a posição radical assumida na *Kehre*, Heidegger não se contenta mais em confrontar a filosofia da consciência, atribuindo à linguagem um papel mais destacado que o de um simples instrumento, mas, na relação significado e referência, passa a privilegiar o primeiro em detrimento da segunda, na medida em que a abertura do mundo é confiada a cada linguagem histórica, de modo que a particularidade de cada língua nacional se torna uma instância constituidora do ser dos entes e da própria verdade destes. É a consagração do mais genuíno relativismo, como deixa claro Heidegger nesse excerto em *Hölderlin y la esencia de la poesia*:

> Poesia é, pois, fundação do ser pela palavra da boca [...]Jamais será o Ser um ente. Porque o Ser e a essência das coisas não podem ser calculadas nem deduzidas do que simplesmente está aí, à mão, Ser e Essência terão que ser livremente criados, postos e doados. A essa ação de libérrima doação se chama fundação.[95]

Ademais, com a reformulação do papel da linguagem levada a efeito na *Kehre*, pela qual aquela aparece com características quase transcendentais, Heidegger introduz um esquema linguístico responsável pela abertura do mundo que condiciona toda experiência possível, sem ser, por esta, passível de julgamento ou retificação. Com isso, a cada linguagem particular, pertencente a um povo

---

[93] *Ibidem*, p. 76.
[94] HEIDEGGER, *op. cit.*, p. 149-150.
[95] *Op. cit.*, p. 30.

A TIRANIA DO SIGNIFICADO

ou a uma região, corresponde uma visão ou abertura do mundo constituidora dos entes e da própria verdade.

> Com esta remissão da "compreensão do ser" à abertura linguística do mundo e a identificação desta com a "verdade originária", culmina o processo *destranscendentalizador* iniciado em *Ser e Tempo*: a instância garantidora de objetividade da experiência, que na filosofia transcendental representava a síntese da percepção transcendental – como dotação de um sujeito igualmente transcendental – é identificada, nesta conceptualização, com a articulação linguística inerente a cada linguagem historicamente transmitida. Desse modo, dita instância perde o caráter *universal*, que a filosofia transcendental ainda podia postular – pois lhe era assegurado metodologicamente –, sem perder seu caráter determinante. Por isso, esta radicalização do modelo transcendental, que já víamos expressada na fórmula de Hamann (*a priori* arbitrário, *a posteriori* necessário), traz consigo uma equiparação da objetividade da experiência, daquilo que as coisas são, com aquilo que contingentemente nos é "aberto" (*erschlossen*) numa determinada linguagem histórica.[96]

As consequências da aplicação prática dessa tese são particularmente graves, principalmente quando se trata de sua recepção pelas ciências morais, como é o caso do direito, em razão de seu pronunciado relativismo.

À destranscendentalização, peculiar ao giro linguístico, quando se acrescenta o aparelhamento conceitual da filosofia transcendental, com a sua dicotomia constituinte-constituído, pela qual a instância responsável pela constituição do sentido resulta isenta de toda crítica, cria-se uma hiperinstância constituidora, que se sobrepõe até mesmo à noção de verdade, ao despojá-la de todo elemento

---

[96] LAFONT, *op. cit.*, p. 77.

contrafático, para "identificá-la com um "acontecer" que se impõe como um destino, isto é, sem corretivo possível".[97]

É bem conhecido o porto que se chega, quando se navega no mar do relativismo: a preeminência do significado sobre a referência, resultante não só da abertura linguística do mundo, mas também da tese do *holismo do significado*, que atribui à constituição do mundo pela linguagem as notas da insuperabilidade e da inquestionabilidade.

O HOLISMO DO SIGNIFICADO

Em *Ser e Tempo*, o *Dasein* se encontrava lançado num mundo simbolicamente estruturado, ou seja, em meio a um plexo de remissões (*Verweisungszusammenhang*), em que o *Dasein* se encontrava "sempre já", pelo sentido do qual era responsável e do qual era, de certo modo, prisioneiro, posto que não podia se evadir dos limites intramundanos. Com a *Kehre*, os papéis se invertem. A linguagem é agora constituidora do mundo, de sua totalidade simbólica, de modo que os sujeitos que falam, enquanto *Daseins* fáticos, "carecem da possibilidade de aceder a uma perspectiva extralinguística, na mesma medida em que em *Ser e Tempo* careciam da possibilidade de aceder a uma perspectiva extramundana".[98]

"A linguagem nos precede sempre. Nós somente a seguimos, repetindo-a continuamente. Deste modo estamos sempre atrás daquilo que temos que ter alcançado para poder falar dele."[99]

A impossibilidade de deixá-la de lado, de ignorá-la é a mesma que concorre para objetivá-la e torná-la tema de nossas reflexões. Nesse sentido, Heidegger é muito claro:

> Porque nós, homens, para ser o que somos, permanecemos imersos na essência da lingua-

---

[97] *Ibidem*, p. 77.
[98] *Ibidem*, p. 78.
[99] HEIDEGGER, *op. cit.*, p. 163.

gem e por ela nunca podemos sair dela para olhá-la de outro lugar. Podemos vislumbrar a essência da linguagem só até o ponto em que estamos iluminados por ela, submersos nela.[100]

Se essa impossibilidade é intransponível para um "saber objetivante", Heidegger, entretanto, a considera superável para um "pensar poetizante". O paradoxal *status* dessa argumentação, sua difícil justificação teórica, dispensa-nos de prosseguir nessa linha de raciocínio, que em nada contribui para a análise do nosso tema.

2.2.2 HANS GEORG GADAMER

Seguindo os passos de Heidegger, Gadamer empreende, em *Verdade e Método*, uma análise fenomenológica da linguagem, à qual dá o nome de Hermenêutica. O estudo que faremos a seguir demonstrará que a fundamentação que Gadamer adota na sua teoria da experiência hermenêutica coincide, notadamente no que diz respeito à preeminência do significado sobre a referência, com os postulados básicos das reflexões do segundo Heidegger. Ambos autores concentram seus esforços, esgrimindo as máximas da hermenêutica filosófica, em defender os direitos da existência humana, finita e contingente (e com isso a finitude da razão), contra a pretensão absolutizadora da *ratio*, própria do iluminismo. Nessa mesma linha de argumentação, Gadamer sustenta que a hermenêutica filosófica está vertebrada em torno da finitude de nossa experiência histórica, cuja estrutura básica reclama o concurso da linguagem.

> Para fazer justiça a esta (a finitude de nossa experiência histórica), seguimos o rastro da linguagem; nesta não se reflete simplesmente a estrutura do ser, mas com suas regras se confor-

---

[100] *Ibidem*, p. 254-255.

mam de maneira sempre cambiante a ordem e a estrutura de nossa própria experiência.[101]

Nesse viés do giro linguístico, adotado também por Heidegger, a linguagem aparece como expressão de uma grandeza supra-subjetiva e quase transcendental, condição de possibilidade da experiência e seu limite, e sempre necessariamente "atrás" dos sujeitos, "pois não existe nenhum lugar fora da experiência linguística do mundo, desde o qual a linguagem possa converter-se em objeto".[102] Essas características "fazem da linguagem uma instância contraposta ao ideal de uma autopossessão e autoconsciência completas... ou, o que dá no mesmo, aquela realidade... na qual encontra seu limite a onipotência da reflexão"[103] Daí a referência à linguagem como *acontecer*.

Mas há uma característica específica em *Verdade e Método* que não encontra eco em Heidegger: a autoridade da tradição. A ascendência do passado sobre o presente, em que se resolve a tradição, foi ignorada pela modernidade, que não se deu conta também de que "ainda a tradição mais autêntica e venerável não se desenvolve de um modo quase natural, graças à capacidade de persistência do que já está dado, mas necessita ser afirmada, assumida e cultivada".[104] Gadamer propõe, diversamente do que pretendeu o historicismo, um tratamento da tradição em que esta não se resume a um objeto, a um "ele", mas assume as proporções de uma *vis a fronte*, ou seja, do não objetivável por excelência, de um "tu".

> Gadamer não pretende mostrar somente o *poder* das tradições enquanto transmissoras de um "saber de fundo" procedente da abertura linguística do mundo – e por isso "constitutivo" de tudo aquilo que pode aparecer neste – mas quer restituir *também* sua *autoridade* normativa vinculante para os indivíduos que se

---

[101] GADAMER, H. G. *Truth and method*. Nova York: Bloomsbury Academic, p. 372-422. s.d.

[102] LAFONT, *op. cit.*, p. 89.

[103] GADAMER, *op. cit.*, p. 320-384.

[104] GADAMER, *op. cit.*, p. 186-264

> encontram nela ou se apropriam pela via da interpretação [...]. Para isso, Gadamer tem que ir mais além do modelo desenvolvido por Heidegger depois da *Kehre*, no qual a linguagem é hipostatizada num "absoluto contingente" que predetermina tudo aquilo que pode aparecer para os sujeitos intramundanamente, e encontrar, ademais, um modelo adequado no qual a tradição não tenha que ser entendida somente como uma *vis a tergo*, cujo "poder não depende de seu reconhecimento", mas precisamente em que esta (a tradição) possa exigir dito reconhecimento.[105]

Avançando o marco, ao qual se limitara Heidegger, ao assinalar como condição de possibilidade do entendimento que aquilo sobre o que se põem de acordo os falantes tem que estar previamente desvelado como *algo* – mercê da abertura do mundo compartilhada por estes – Gadamer, observando a lógica do "tu", propõe que aquele com o qual queremos nos entender tem que ser levado a sério em sua pretensão de veracidade, de tal modo que à intersubjetividade "já sempre" produzida, (graças ao compartilhamento da abertura do mundo) vem somar-se dialeticamente outra sempre por se reproduzir, cujas raízes encontramos em Humboldt.

De qualquer modo, ao contrário deste, Gadamer não entende essa dialética como uma contraposição entre dois aspectos de um mesmo fenômeno. A intersubjetividade não pode ser entendida como uma autoprodução consciente da abertura do mundo, desde um "contexto zero" de significados. Como se assinalou anteriormente, a constituição do sentido (ou "perspectiva do mundo") é não só a condição de possibilidade do entendimento, como também, *et pour cause*, a instância última que garante a sua validade.

---

[105] LAFONT, *op. cit.*, p. 90.

> Para os homens, o mundo está aí, como mundo, de uma forma que não há equivalente em relação a outro ser vivo que se encontra nele. Essa existência do mundo está constituída linguisticamente [...] A linguagem, por sua parte, não mantém nenhuma existência autônoma frente ao mundo que se expressa nela. Não somente o mundo é unicamente mundo na medida em que se expressa na linguagem: a linguagem tem sua verdadeira existência só pelo fato de que nela se mostra o mundo. A originária humanidade da linguagem significa pois, ao mesmo tempo, a originária linguisticidade do *ser-no-mundo* humano.[106]

Noutro lugar, aduz Gadamer que "[...] o que caracteriza a relação do homem com o mundo por oposição à de todos os seres vivos é a liberdade frente ao entorno (*Umwelt*). Esta liberdade inclui a constituição linguística do mundo. Ambas as coisas são inseparáveis."[107]

Por outras palavras, seria o mesmo afirmar, *grosso modo*, que os animais vivem em meio às substâncias (referências), ao passo que o homem, devido à mediação simbólica da linguagem, vive envolvido por estados de coisa (predicados), sem jamais chegar às referências. Daí que o mundo se apresente para os homens com uma estrutura proposicional de conteúdo infinitamente variável. "A linguagem, diz Gadamer, é uma possibilidade humana variável e livre em seu uso. Para o homem, a linguagem não é variável no sentido de que há outras línguas que pode aprender, mas é variável em si mesma, na medida em que contém distintas possibilidades para expressar a mesma coisa".[108] Com a perda da orientação da referência, a oposição entre verdade e falsidade torna-se uma questão meramente linguística.

---

[106] GADAMER, *op. cit.*, p. 374-430.
[107] *Ibidem*, p. 378-379.
[108] *Ibidem*, p. 380-383.

Enquanto em São Tomás de Aquino a verdade do ente passa sempre pela consideração de sua essência, para Gadamer, ao contrário,

> [...] a linguisticidade de nossa experiência do mundo é prévia a tudo quanto possa ser reconhecido e interpretado como ente. [...] O que é objeto de conhecimento e do enunciado está, na realidade, abarcado já desde sempre pelo horizonte do mundo da linguagem.[109]

O MODELO DA CONVERSAÇÃO

As diversas partes da concepção de Gadamer estão conectadas harmoniosamente segundo uma máxima central, da qual decorrem logicamente todas as conclusões do autor alemão: nosso acesso à realidade está mediado simbolicamente, pela linguagem. Dado que esta, como se viu, é infinitamente variável, conclui-se que o nosso conhecimento a respeito do mundo, na exata medida em que é obtido pela informação linguística, está sujeito sempre a inumeráveis interpretações. Mas como é possível o entendimento sobre "algo"? Como é possível se alcançar a univocidade na mensagem linguística, considerando que o entendimento dos falantes pressupõe a existência de algo acordado? A resposta a essas questões nos remetem a Humboldt, mais precisamente à sua construção doutrinária relativa à intersubjetividade do entendimento, doutrina que Gadamer recepcionou e desenvolveu. Para este, a univocidade da articulação linguística entre falantes só pode ser obtida mediante o entendimento sobre a coisa objeto da própria conversação (e não antes dela).

Com efeito, como as coisas, as substâncias, são inacessíveis ao sujeito, qualquer entendimento só pode ser logrado, posto que as referências foram suprimidas, a partir de um acordo sobre proposições que enunciem estados de coisas (*predicados*). Evidentemente, o intento de Gadamer

---

[109] *Ibidem.*, p. 373.

leva ao superdimensionamento do viés comunicativo da linguagem.

> Tanto Humboldt quanto Gadamer reconhecem que, devido a esta situação, nossa relação com o mundo se converte em uma infinita tarefa interpretativa (já que o "mundo" deixa de ser a totalidade dos entes dados com independência da linguagem e passa a ser um todo de possíveis estados de coisas, dentre os quais os falantes têm sempre que decidir qual é precisamente o caso).[110]

Desse modo, para que possa haver conversação, faz-se necessário o entendimento entre os participantes, como também o consenso sobre a coisa da qual se fala, de modo que o entendimento ao qual se dirige à conversação é sempre um entender-se com *alguém sobre algo*. Dado que esse algo não é acessível como um ente em si, mas está linguisticamente pré-estruturado, para compreendê-lo é mister interpretá-lo, donde se segue que o acordo sobre a coisa só é possível pela mediação das diferentes interpretações dos participantes na conversação.

Essa tematização da conversação pressupõe a superação do modelo *sujeito-objeto* inerente ao esquema *percepção/conhecimento* da metodologia das ciências naturais.

> O que Gadamer quer demonstrar é que esse modelo e esse esquema são inaplicáveis às realidades que transcendem as ciências naturais e que nossas relações com ditas realidades só podem ter lugar no marco prévio à perspectiva *sujeito-objeto*, ou seja, na relação *sujeito-sujeito*, cuja configuração específica é denominada por Gadamer a *experiência do tu*. Por isso, a relação eu-tu não pode ser a da percepção do mundo exterior, mas a da compreensão dos outros através de nossa interação com eles.[111]

---

[110] LAFONT, *op. cit.*, p. 106.

[111] *Ibidem.*, p. 105.

> Na medida em que, neste caso, o objeto mesmo da experiência tem o caráter de pessoa, uma tal experiência é um fenômeno moral e igualmente o é o saber adquirido mediante essa experiência, a compreensão do outro.[112]

Essa relação mediata inerente à experiência do *tu* na conversação dirigida ao entendimento observa uma lógica própria que Gadamer vai chamar de *lógica da pergunta e resposta*. À variabilidade infinita de significados que a compreensão do ente nos impõe, Gadamer dá o nome de "a abertura do assim ou de outro modo"[113], sugerindo a seguir que essa variabilidade ou abertura só pode ser reduzida mediante perguntas e respostas que permitam obter uma perspectiva ou uma interpretação comum, pois, como assevera Gadamer "é essencial a toda pergunta ter um certo sentido. Sentido quer dizer sentido de orientação. O sentido da pergunta é simultaneamente a única direção que pode adotar a resposta se quer ser adequada, com sentido. Com a pergunta, o perguntado é colocado *sob uma determinada perspectiva*. E conclui que "A formulação de uma pergunta pressupõe a abertura, mas também sua limitação. Implica a fixação expressa das pressuposições que estão de pé e desde a qual o questionável, isso que ainda está 'aberto', se *mostra*."[114]

A partir dessas considerações fica evidente que a estrutura da pergunta e resposta é a trilha sobre a qual transita o *saber*, a indicar que a essência deste "não consiste somente em julgar corretamente, mas em excluir o incorreto ao mesmo tempo e pela mesma razão. A decisão de uma pergunta é o caminho do *saber*. E esta decisão é tomada porque predominam os argumentos a favor de uma possibilidade contra a possibilidade de outra".[115]

> Para manter uma conversação, é necessário, em primeiro lugar, que os interlocutores não

---

[112] GADAMER, *op. cit.*, p. 184-230.

[113] *Ibidem*, p. 187.

[114] *Ibidem*, p. 189.

[115] GADAMER, *op. cit.*, p. 220.

argumentem em paralelo. [...] A primeira condição da arte de conversar é se assegurar que um interlocutor segue o outro. [...] Manter uma conversação quer dizer colocar-se sob a direção da própria coisa, para a qual se orientam os interlocutores.[116]

A ANTECIPAÇÃO DE SENTIDO E A TRADIÇÃO

Analisada a conversação, sob o prisma da lógica da pergunta e resposta, deparamos com uma conclusão necessária que decorre diretamente das premissas sentadas por Gadamer: previamente à conversação, não pode considerar-se como "dado", fixado de antemão, aquilo sobre o qual os falantes têm que estar de acordo.

> O único dado previamente ao compreender é a "antecipação de sentido" que orienta dita compreensão e torna acessível, por sua vez, aquilo sobre o qual a conversação tem lugar. Devido a essa dependência da conversação relativamente a uma "antecipação de sentido", a uma pré-compreensão – que torna possível dita conversação e que, por isso, esta não pode produzir desde si mesma –, Gadamer se refere à conversação como um *acontecer*.[117]

Nesse sentido, esclarece Gadamer: "À dialética da interpretação precedeu sempre já a dialética da pergunta e resposta. Ela é a que determina a compreensão como um acontecer".[118]

Essa lógica da pergunta e resposta, porém, não está à disposição dos falantes na conversação, sendo certo que estes também não podem determinar *a priori* o que é ou não questionável na conversa. A intersubjetividade na conversação é uma condição *dada*; não é um procedimento arbitrário que enseja aos falantes alcançar um entendi-

---

[116] GADAMER, *op. cit.*, p. 243.
[117] LAFONT, *op. cit.*, p. 111.
[118] *Ibidem*, p. 387.

mento a partir de um *"contexto zero"*, sem pressupostos prévios. Como já foi dito, essa lógica só pode articular uma conversação a partir da *antecipação de sentido* que orienta a compreensão dos interlocutores.

> A antecipação de sentido, que guia nossa compreensão de um texto, não é um ato da subjetividade, mas se determina desde a comunidade que nos une com a tradição.[119]

> Sem essa pré-compreensão, ensina Cristina Lafont, da qual se nutrem as interpretações dos falantes, sem esse *"saber de fundo"* compartilhado, que possibilita o aparecimento de um mundo uno e idêntico em sua inteligibilidade para os participantes na conversação, é impossível que estes se refiram ao "mesmo" e conversem sobre ele. Por isso, a primeira condição de toda conversação e de todo entendimento é a "presença" (*Zugehörigkeit*) à tradição, pois esta garante a comunidade de prejuízos fundamentais e sustentadores.[120]

A remissão das condições de possibilidade do entendimento (ou de seu fracasso) na conversação a um *saber de fundo* compartilhado que, enquanto tal não pode ser trazido à consciência, garante a *antecipação do sentido* da qual se nutrem as interpretações dos falantes na conversação. Assim sendo, a participação nessa constituição de sentido, ou melhor, o pertencimento a uma tradição é uma *conditio sine qua non* de toda compreensão.

> Esta concepção da linguagem permite a Gadamer não só declarar os "prejuízos", que orientam o compreender, como condição de possibilidade do mesmo, mas também, mediante dita consideração, reabilitar, ao mesmo tempo, a autoridade da tradição [...] Gadamer não quer enfatizar meramente a dependência *fática* de todo compreender aos prejuízos do intérprete,

---

[119] GADAMER, *op. cit.*, p. 186.
[120] LAFONT, *op. cit.*, p. 112.

> [...] pretende, além disso, que ditos prejuízos ou, o que é o mesmo, a conexão com a tradição, possam ser vistos – de novo e apesar da modernidade – como "uma fonte da verdade", [...] de modo que se a linguagem é responsável pela abertura do mundo, e por isso pela constituição dos entes que podem "aparecer" em dito mundo, nesta "constituição" está predeterminado o que pode ser predicado com sentido de ditos entes e o que não pode sê-lo e, com isso, a verdade e a falsidade de nosso conhecimento dos mesmos.[121]

É o que já dizia Heidegger a respeito da verdade originária, a demonstrar que a abertura linguística do mundo determina a *essência* dos entes, o que estes são, ao mesmo tempo em que constitui a última instância da validação de nosso conhecimento sobre eles. "É a verdade originária, à qual nada mundano pode contradizer – já que é sua condição de possibilidade. Nessa medida, precisamente, é um "acontecer da verdade".[122]

Apoiado nessa concepção da linguagem, com a qual Heidegger inaugurava a epistemologização da tese da preeminência do significado sobre a referência, Gadamer, referendando-a, estabelece que os prejuízos têm um sentido normativo, vale dizer, constituem, como fonte da verdade, o marco último da validação do conhecimento.

> Com esta argumentação sublinha Lafont, Gadamer assegura o "poder" *normativo* da tradição, ainda que só seja *vís a tergo*, ou seja, como instância às nossas costas, equivalente destranscendentalizado da constituição do mundo, que já não pode ser atribuído à dotação transcendental de um sujeito extramundano. Esta "constituição do mundo" acontece previamente (e não de uma vez por todas), "acontece" na forma de tradição cultural e é, por isso, o

---

[121] *Ibidem*, p. 116.
[122] *Ibidem*, p. 117.

> corretivo de toda utopia de uma "ilustração" total. Por isso, seu "poder" não depende de seu reconhecimento, e nessa mesma medida chegamos demasiadamente tarde quando queremos saber em que devemos crer.[123]

À luz dessa concepção quase transcendental de tradição, fica clara a intenção do autor de que toda compreensão é interpretação, em razão da natureza simbolicamente mediada de nossa relação com o mundo, e que essa interpretação se alimenta somente dos prejuízos, da pré-compreensão ou *saber de fundo*, que está sempre às nossas costas, e desde a qual queremos entender a tradição.

Como se vê, todo o esforço da hermenêutica filosófica, na versão gadameriana, se dirige à restauração da autoridade da tradição, votada ao desprestígio do iluminismo. Ao empreender essa tarefa, Gadamer apela para o "significado normativo do passado [...], o qual é destruído pela razão histórica que se tornou soberana".[124]

Na linha de uma argumentação que se inclina pela identificação da autoridade da tradição com o sentido normativo do estilo clássico, Gadamer propõe que "É clássico o que faz frente à crítica histórica, porque seu domínio histórico, o poder vinculante de sua validez transmitida e conservada, é prévio a toda reflexão histórica e se mantém firme nesta."[125]

Tomando o exemplo da força normativa do clássico, o autor conclui que a autoridade não tem nada em comum com a obediência, mas é a fim do conhecimento, conquanto possua algo que a diferencia deste, e é precisamente esse algo que Gadamer pretende reabilitar.

> O consagrado pela procedência e tradição tem uma autoridade que se tornou anônima e nosso ser histórico finito está determinado pelo fato

---

[123] *Ibidem*, p. 117.

[124] *Ibidem*, p. 186.

[125] *Ibidem.*, p. 188.

> de que a autoridade do transmitido – e não só o racionalmente evidente – exerce sempre poder sobre nosso atuar e nosso comportamento. [...] Precisamente isso é o que chamamos tradição: ser válido sem fundamentação.[126]

Na medida em que à tradição que se pertence subjaz um *saber de fundo* correlato a ela e sempre já presente quando queremos nos relacionar com o intramundano simbolicamente mediado pela linguagem, não é difícil enxergar aí a mais refinada consagração da tese da preeminência do significado sobre a referência, com todos os consectários inerentes à aludida concepção.

2.2.3 HABERMAS

A teoria da ação comunicativa de Habermas está articulada sobre uma concepção da linguagem que tem tudo a ver com o *giro linguístico* da tradição alemã (Hamann, Humboldt e Gadamer), visto constituir seu desenvolvimento e aprofundamento. Um aspecto dessa teoria, responsável pelo elevado grau de sua elaboração teórica, a afasta da genuína filiação daquela tradição e explica, quanto a esta, sua relativa independência e inquestionável originalidade. Falamos da recepção que Habermas faz da filosofia analítica, cujo aparato conceitual e analítico é superior ao da tradição alemã.

Entretanto, tratando-se estritamente da concepção da linguagem, a teoria da ação comunicativa está vertebrada sobre as premissas teóricas da tradição alemã, em particular sobre as estabelecidas por Humboldt e Gadamer, muitas das quais Habermas encampou e desenvolveu, mas nem todas aproveitou, com grande prejuízo para a sistematicidade de sua doutrina, visto ter se limitado à análise da linguagem em sua dimensão comunicativa, deixando de lado a dimensão cognitiva, que o levaria a enfrentar a

---

[126] *Ibidem*, p. 185.

problemática da hipostatização da linguagem e conduzi-lo à relativização do conhecimento.

Habermas tem consciência disso e se afasta da posição relativista do *giro linguístico*, para a qual convergem as distintas correntes filosóficas do século XX, desde a filosofia da linguagem anglo-saxã em sua vertente pós-analítica (Quine, Putnam, Davidson, Goodman), passando pelo pós-estruturalismo (Derrida, Foucault), indo até o neopragmatismo de Rorty, coincidindo todas elas, quanto ao relativismo, com algumas das ideias centrais esposadas tradicionalmente pela hermenêutica.

> Esta convergência pode retrotrair (se excluímos o caso da tradição anglo-saxã da filosofia da linguagem) a um motivo central, característico dessas correntes, a saber, uma crítica global da razão, que radicaliza a destranscendentalização inerente ao *giro linguístico*, advogando por um contextualismo absoluto. A *insuperabilidade* das "perspectivas do mundo" inerente às linguagens naturais convertem toda posição universalista numa mera ilusão, ou seja, num intento impossível de escapar do horizonte da linguagem, adotando a perspectiva do *olho de Deus* – para falar em termos de Putnam. O *giro linguístico*, enquanto tal, parece, pois, dar razão à posição contextualista.[127]

A forma insuficiente com que Habermas se opôs a essas posições foi uma decorrência da unilateralidade da estratégia com que, em nossa opinião, pretendeu refutá-las. Ao recepcionar a dimensão comunicativa da linguagem, tornou-se impossível logicamente abrir mão, ainda que fosse para ignorá-la, da outra dimensão responsável pela função de abertura do mundo: a cognitiva. A debilidade da doutrina de Habermas nesse ponto, ou melhor, a unilateralidade desta, resultou num impasse cuja solução teve um preço: da posição habermaniana, não se pode

---

[127] *Ibidem*, p. 129.

coerentemente extrair uma resposta adequada ao contextualismo, ou relativismo, inerente à consideração da linguagem a nível de abertura do mundo.

Consciente ou não dessa insuficiência de sua teoria, Habermas persegue a perspectiva da *universalidade* do conhecimento do mundo, apoiando-se basicamente na intersubjetividade e na autorreferencialidade da linguagem, mas também sinceramente convencido de que unicamente a análise da intersubjetividade, isto é, da ação dirigida ao entendimento, será o bastante para o atingimento daquele fim.

O modelo da conversação dirigida ao entendimento, que já fora perfilhado por Humboldt e Gadamer, não pode ser entendido, na versão de Habermas, como uma peculiar maneira de dar continuidade à tarefa filosófica com outros meios, mas apresenta uma faceta ousada e original: construir uma teoria da sociedade, a partir da análise do ato de fala. Esse modelo, consoante a característica que lhe empresta Habermas, constitui, porém, uma evolução irrenunciável da matriz da hermenêutica filosófica, na medida em que realiza, a exemplo da evolução dessa própria teoria, um trânsito progressivo de:

> Uma perspectiva inicial (desenvolvida nos anos setenta) na qual Habermas, de forma similar a Humboldt, concebe a interação orientada ao entendimento como um processo de ganho de intersubjetividade entre os falantes, dependente, basicamente, das pressuposições pragmático-formais da fala, à perspectiva desenvolvida nos anos oitenta, na qual se restaura a dialética (que já encontrávamos na exposição de Gadamer) entre uma intersubjetividade a ser produzida, mediante a interação orientada ao entendimento e, por outra parte, uma intersubjetividade "já sempre produzida", mercê ao "mundo da vida", compartilhado pelos falantes – o qual, enquanto "contrapeso conservador",

A TIRANIA DO SIGNIFICADO

freia os altos riscos de dissenso inerentes à ação orientada ao entendimento.[128]

Nada melhor do que uma confissão explícita do próprio autor para se lhe atribuir não só a filiação à hermenêutica filosófica, como também a declaração da superioridade da concepção da linguagem da hermenêutica filosófica. Habermas assinala em *Zur Logik der Sozialwissenchaften*;

> A univocidade das linguagens de cálculo se deve à sua estrutura monológica, isto é, a uma construção que exclui a conversação. Os plexos estritamente dedutivos permitem inferências, mas não comunicações. Os diálogos são substituídos, em todo caso, por transmissão de informação. Só as linguagens isentas de diálogo e conversação possuem uma ordem perfeita. As linguagens ordinárias são imperfeitas e não garantem univocidade alguma. Daí que a intersubjetividade da comunicação na linguagem ordinária seja sempre descontínua. Existe porque, em princípio, é possível o acordo; não existe porque, em princípio, é necessário o entendimento. A compreensão hermenêutica se faz através destas fissuras; compensa a descontinuidade da intersubjetividade.[129]

Com essas palavras, embebidas de crítica ao formalismo do segundo Wittgenstein, Habermas deixa claros os muitos pontos que têm em comum com a hermenêutica filosófica. Só tendo em conta esse ponto de partida, pode-se compreender a posição que toma Habermas, em seu ensaio a *"Pretensão de universalidade da hermenêutica"*, em que intenta desembaraçar-se do pensamento de Gadamer, não para romper com os aspectos básicos de sua concepção da linguagem, mas para melhorá-la em seus *déficits* estruturais.

> Da vinculação do intérprete científico à sua situação hermenêutica de partida, se segue

---

[128] *Ibidem*, p. 134.
[129] HABERMAS, J. *On the logic of the social sciences*. Londres: Polity, 1990, p. 279-280.

> que a objetividade da compreensão não pode ser assegurada abstraindo dos prejuízos, mas só mediante uma reflexão acerca do plexo de influências e efeitos que une "sempre já" os sujeitos cognoscentes com seu objeto.[130]

Habermas vê como um *déficit* estrutural a ser melhorado, na concepção da linguagem de Gadamer, o que ele denomina de ontologização da tradição, expressão que denota a vinculação necessária e inevitável à tradição cultural decorrente da socialização em torno de uma linguagem natural.

> À dependência da compreensão de sentido a respeito do contexto, que a hermenêutica traz à consciência e que nos obriga a partir, em cada caso, de uma autocompreensão apoiada na tradição e a desenvolver novas pré-compreensões, segundo vamos sendo instruídos pela experiência, Gadamer lhe dá um giro ontológico, convertendo-a num inevitável primado da tradição linguística.[131]

Nesse texto se faz patente a intenção de Habermas de reformular a hermenêutica, no que se refere à concepção da linguagem de Gadamer, mais precisamente a sua dialética da intersubjetividade "sempre já" produzida e a produzir, correspondente à dimensão comunicativa, na doutrina do autor de *Verdade e Método*. "De novo, diz Lafont, se trata de *redefinir* a relação interna entre os polos dessa dialética (que, no tratamento da dimensão comunicativa da linguagem de todos os autores vistos até aqui, apareceu sistematicamente), entre a intersubjetividade *a produzir*, mediante a ação orientada ao entendimento e a intersubjetividade *"já sempre" produzida* e garantida pela abertura do mundo inerente à linguagem natural compartilhada pelos falantes. Habermas leva a cabo a redefinição da aludida dialética nesse contexto, através da crítica à supremacia, que na explicação de Gadamer,

---

[130] *Ibidem*, p. 282.
[131] *Ibidem*, p. 359-360.

A TIRANIA DO SIGNIFICADO

adquire um dos polos, a saber, o "consenso fático" garantido pela pertença à tradição, frente ao outro, isto é, frente à força da reflexão que se desenvolve na compreensão (e que permite aos falantes distinguir entre um consenso meramente fático e um verdadeiro consenso)."[132] Assim se pronuncia Habermas:

> Gadamer, se não o entendo mal, é da opinião de que a aclaração hermenêutica de manifestações vitais ininteligíveis ou mal-entendidas, há de basear-se sempre em um consenso fiavelmente estabelecido de antemão por tradições convergentes. Mas esta tradição é objetiva, para nós, no sentido de que, em princípio, não podemos confrontá-la com uma pretensão de verdade. A estrutura de prejuízos que caracteriza a compreensão não só proíbe, mas reputa absurdo o ato de se questionar esse consenso faticamente operante que subjaz, em cada caso, a nossos mal-entendidos e desacordos [...]. Disso infere Gadamer o primado ontológico de que goza a tradição linguística sobre toda crítica.[133]

Embora a crítica possa parecer certeira, Habermas se limita a aduzir razões que, idôneas para diagnosticar as consequências do que chama "idealismo da linguisticidade" de Gadamer, são, contudo, insuficientes para identificar as causas do mesmo, ou seja, do porquê, para Gadamer, acatar a estrutura de prejuízos, que caracteriza a tradição, implica a identificação do acordo sustentador fático com o acordo verdadeiro. Fornecê-las, seria o mesmo que desconectar a construção teórica de Habermas (relativa à ação comunicativa dirigida ao entendimento) da concepção da linguagem gadameriana, que o nosso autor assume, sem se dar conta das consequências que isso traz consigo.

Com efeito, Habermas se esquiva de dar razões convincentes à sua crítica à hipostatização da tradição, se

---

[132] *Ibidem*, p. 142-143.
[133] *Ibidem*, p. 360-361.

limitando a enfatizar o potencial crítico, reflexivo, inerente à comunicação orientada ao entendimento, que é completamente ignorada por Gadamer. Com isso, silencia, ou melhor, deixa de se posicionar quanto a um dos polos da dialética, mencionada anteriormente (ou seja, da intersubjetividade "já desde sempre" produzida pela abertura linguística do mundo e transmitida pela tradição), insistindo gratuitamente no outro polo (o da dimensão comunicativa), no intento de transferir-lhe todo o peso normativo, que em Gadamer, recaía no primeiro.

Por mais que Habermas pinte com cores vivas a possibilidade de uma teoria da fala, como elemento regulativo da intersubjetividade "já sempre produzida" da tradição, sua efetiva aplicação importará na transferência para ela do peso da responsabilidade do uso comunicativo da linguagem, que será assumida em vão, enquanto não for resolvido sistematicamente o problema relativo à abertura linguística do mundo. Gadamer tinha consciência de que o direito da reflexão inerente à dimensão comunicativa, exige a autolimitação dessa reflexão, por meio do corretivo que corresponde ao plexo da tradição, referido à dimensão cognitiva da linguagem. Habermas, por sua vez, apontando na direção de Humboldt, se afasta dessa última dimensão, "e para poder contrapor ao fático "acordo sustentador", pressuposto pela hermenêutica, um "acordo contrafático", inerente ao princípio da fala racional, propõe uma *análise formal* das condições ideais que regulam toda conversação orientada ao entendimento. Esse projeto *in nuce* de uma teoria da "ação comunicativa" (que, desde uma perspectiva formal, tem que reconstruir as condições contrafáticas que garantem a intersubjetividade da conversação) é o que há de pôr em evidência "a força da reflexão que se desenvolve na compreensão" e que contém, por isso, aquele "sistema de referência" que Habermas, já na *Lógica das ciências sociais*, considera necessário para uma efetiva "autolimitação da abordagem hermenêutica".[134]

---

[134] LAFONT, *op. cit.*, p. 145.

De qualquer modo, essa transferência de peso normativo de um polo ao outro da dialética de Gadamer não constitui, por si só, um rompimento total com a hermenêutica filosófica, mas, e aí reside a fragilidade da construção de Habermas, deixa patente, em relação àquela, sua artificialidade e inconsistência sistemática. É o que se verá a seguir.

DA CONTINUIDADE E DESCONTINUIDADE ENTRE GADAMER E HABERMAS

Vimos, linhas atrás, que Habermas pretende substituir o papel sistemático do consenso sustentador fático, que Gadamer propunha como condição de possibilidade do entendimento, por um consenso contrafático, procedente das pressuposições inerentes à fala racional. Contudo, na medida em que só se tematizam as condições de possibilidade do entendimento a partir da intersubjetividade na comunicação, *intentione recta*, deixa-se sem resposta a questão das condições que têm que estar faticamente dadas para que a ação dirigida ao entendimento possa ter lugar. Essas respostas, que tanto Gadamer quanto Humboldt davam por meio da articulação da linguagem em sua dimensão cognitiva, ou seja, em sua função de abertura do mundo, é abertamente ignorada por Habermas, o que ocasionou uma considerável perda sistemática para a teoria comunicativa da ação, como deixou claro o estudo de Searle sobre o *literal meaning*, de modo que os problemas, tanto do ponto de vista formal, quanto aos relativos à pretensão de universalidade, se apresentaram para Habermas em decorrência dessa negligência com que esse autor foi postergando indefinidamente a análise da dimensão cognitiva da linguagem ou da abertura linguística do mundo.

De qualquer modo, ficou claro para Habermas que, mais cedo ou mais tarde, teria que se posicionar sobre o tema e decidir se há um equivalente da perspectiva formal e universalista, originariamente endereçada ao uso comunicativo da linguagem, para a tematização do uso cognitivo desta.

A AÇÃO ORIENTADA AO ENTENDIMENTO: PRESSUPOSIÇÕES

A tese central que orienta Habermas na elaboração do projeto de uma pragmática formal em muito se assemelha ao tratamento que Humboldt dispensara à linguagem (no que se refere ao formalismo e universalismo). As funções que à pragmática cabe desempenhar, assim como os pressupostos fundamentais em que essa se apoia consoante o artigo *"O que significa pragmática universal?"*, podem ser assim resumidos:

- A pragmática universal tem como tarefa identificar e reconstruir as condições universais do entendimento possível[135];

- A linguagem no nível sociocultural da evolução é o meio específico do entendimento[136];

- Por isso, tais condições do entendimento possível coincidem com os pressupostos universais da ação comunicativa[137];

- A ação comunicativa é fundamental, na medida em que outras formas de ação social (pertencentes ao modelo de ação estratégicas) podem ser consideradas como derivadas dela[138];

- Dada a importância da linguagem em relação com o entendimento, podem ser privilegiados, para essa análise da ação comunicativa, os atos de fala explícitos (frente às ações não verbalizadas, expressões ligadas ao corpo etc.)[139].

Terminada a exposição dos pressupostos fundamentais da pragmática universal, Habermas vai dizer em que

---

[135] *Ibidem*, p. 148.
[136] *Ibidem*, p. 148.
[137] *Ibidem*, p. 148.
[138] *Ibidem*, p. 148.
[139] *Ibidem*, p. 148.

consistem ditos pressupostos e o *status* destes. Em relação a eles, o autor alemão afirma que são normativos, não no sentido de transcendental, mas na acepção de constituinte e de instância avaliadora, sendo certo que

> [...] se assemelham a condições transcendentais na medida em que, no uso da linguagem orientada ao entendimento, não podemos deixar de fazer determinadas pressuposições gerais. Mas, por outra parte, não são transcendentais em sentido estrito porque: a) podemos atuar também de outro modo distinto do comunicativo, e porques b) a inevitabilidade das pressuposições idealizantes não implica também seu cumprimento fático.[140]

De fato, não sendo o entendimento a situação paradigma da conversação do dia a dia, não pode, consequentemente, ser considerado como algo "já sempre dado" de antemão, mas há que se remontar às pressuposições contrafáticas para expungí-lo dos equívocos e mal-entendidos. Habermas as sistematiza do seguinte modo:

> Vou desenvolver a tese de que todo agente que atue comunicativamente tem que exercer na execução de qualquer ato de fala pretensões universais de validez e supor que tais pretensões possam ser exercidas. Na medida em que queira participar de um processo de entendimento, não pode deixar de exercer as seguintes pretensões universais de validez (precisamente estas e não outras):
>
> – a de *se expressar* inteligivelmente;
>
> – a de dar a entender *algo*;
>
> – a de *se* dar a entender;
>
> – e a de se entender *com os demais*.
>
> O falante tem que escolher uma expressão *inteligível*, para que falante e ouvinte possam

---

[140] *Ibidem,* p. 149.

> *entender-se entre si*; o falante tem que ter a intenção de comunicar um conteúdo proposicional *verdadeiro*, para que o ouvinte possa *compartilhar o saber* do falante; o falante tem que querer expressar suas intenções de forma *veraz*, para que o ouvinte possa *crer* na manifestação do falante (possa confiar nele); o falante tem, finalmente, que optar por uma manifestação correta, no que se refere às normas e valores vigentes, para que ouvinte possa aceitar essa manifestação, de sorte que ambos, ouvinte e falante, possam *concordar entre si* nessa manifestação, no que diz respeito a uma base normativa intersubjetivamente reconhecida. Ademais, a ação comunicativa só pode prosseguir, sem perturbações, enquanto todos os participantes suponham que as pretensões de validez que se exercem uns frente aos outros, são pretensões exercidas com razão. O objetivo do entendimento é a produção de um acordo que [...] descansa sobre a base do reconhecimento de quatro correspondentes pretensões de validez: inteligibilidade, verdade, veracidade e retidão.[141]

Nessa exposição das pressuposições fundamentais da pragmática universal e das respectivas pretensões de validez há uma clara continuidade com Gadamer. Este considerava as condições de possibilidade da compreensão desde uma dupla perspectiva: o entendimento entre os interlocutores e o acordo sobre a coisa. Ambos constituíam uma unidade inseparável (ou seja, dimensão comunicativa e dimensão cognitiva), quando se tratava de compreender o outro. Essa compreensão impunha o reconhecimento do outro, interpretando, porém, a intersubjetividade comunicativa do ponto de vista estritamente moral, irredutível, portanto, a uma concepção da compreensão em sentido estrito, ou seja, a nível exclusivamente linguístico. Habermas, apegado à autorreferencialidade da linguagem não

---

[141] HAMERMAS, *op. cit.*, p. 354-355.

A TIRANIA DO SIGNIFICADO

podia admitir "coações" ou ingerências estranhas às leis que regem o ato de fala, em razão do caráter eminentemente reflexivo da linguagem ordinária.

Levando a autorreferencialidade da linguagem ao nível de um axioma, Habermas hipostatiza a dimensão comunicativa do uso linguístico, apoiando-se na específica reflexividade deste para caracterizar a base da validez da fala na diferenciação de níveis, por meio dos quais esta se manifesta na comunicação. Daí a análise do que vai constituir o núcleo de sua teoria dos atos de fala, componente central da pragmática universal: *a dupla estrutura da fala*.

> Peça nuclear da teoria dos atos de fala é a clarificação do *status* realizativo das emissões linguísticas. O sentido em que posso emitir uma oração em atos de fala foi analisado por Austin como força ilocucionária dos atos de fala. Ao emitir uma promessa ou uma afirmação ou uma advertência, executo ao mesmo tempo com as orações correspondentes uma ação. Trato de *fazer* uma promessa, de *fazer* uma afirmação, de fazer uma advertência: *I do things in saying something*.[142]

Por isso,

> [...] todo ato de fala está constituído, ao menos implicitamente, de um componente ilocucionário e de um conteúdo proposicional, dos quais o primeiro fixa o "modo" em que há de ser entendido o segundo, já que ambos componentes podem variar independentemente (o mesmo conteúdo proposicional pode ser afirmado, perguntado, prometido, rogado, etc.). Esta "desconexão" entre o conteúdo proposicional e o componente ilocucionário dos atos de fala é, para Habermas, condição para a diferenciação da dupla estrutura da fala, isto é, para a separação de dois níveis de comunicação, nos quais falante e ouvinte hão de entender-

---

[142] *Ibidem*, p. 395-396.

-se *simultaneamente*, se querem comunicar mutuamente suas intenções.[143]

Dessa análise da dupla estrutura da fala (que vem a ser uma confirmação da tese de Gadamer de que a conversação se fundamenta tanto no entendimento entre os interlocutores quanto no acordo sobre a coisa) Habermas deduz a autorreferencialidade, a reflexividade e a cognitividade, inerentes à linguagem.

> Com a dupla estrutura da fala guarda relação uma característica fundamental da linguagem; a saber: a reflexividade que lhe é imanente. As possibilidades estandardizadas de menção direta e indireta da fala se limitam a fazer explícita uma autorreferencialidade, que já está contida em todo ato de fala. Os participantes em um diálogo, ao satisfazer a dupla estrutura da fala, têm que se comunicar simultaneamente em ambos níveis...[144]

Essa reflexividade e essa cognitividade, por sua vez, reagem sobre a dupla estrutura da fala, tornando possível o uso comunicativo da linguagem (que se traduz numa dimensão cognitiva, ligada ao conteúdo proposicional e numa interativa, ligada a uma manifestação ilocucionária), do qual Habermas extrai a diferença entre a simples formulação de uma frase gramaticalmente correta e o uso de outra numa situação de entendimento possível. Essa diferença

> [...] pode ser vista, com claridade, recorrendo-se às referências da realidade em que toda oração está inserida, precisamente quando se a emite e não antes. A oração ao estar inserida: (a) numa relação com a realidade externa daquilo que é percebido; (b) numa relação com a realidade interna daquilo que o falante quer expressar, como suas próprias intenções e, finalmente (c) numa relação com a realidade

---

[143] LAFONT, *op. cit.*, p. 153.
[144] HAMERMAS, *op. cit.*, p. 407.

normativa daquilo que se reconhece social e culturalmente, a oração assim emitida cai sob o domínio de pretensões de validez que a oração não-situada, ou seja, que a oração como puro produto gramatical, não necessita cumprir nem pode cumprir.[145]

Esse caráter situado do uso comunicativo da linguagem impõe, portanto, se quer ter sucesso, que falante e ouvinte estejam de acordo sobre

[...] as *pressuposições* de realidade inerentes a seus atos de fala; que possam compartilhar o *saber* implícito do conteúdo proposicional (e, portanto, aceitem a pretensão de *verdade* do que foi dito); que possam compartilhar as pressuposições normativas inerentes à relação interpessoal estabelecida mediante o ato ilocucionário (isto é, aceitem a pretensão de *retidão* normativa inerente ao mesmo), e também que possam confiar na *veracidade* com que é emitido o ato de fala.[146]

Característica fundamental das pretensões de validez é o fato de poderem ser tematizadas e passíveis de correção a partir de argumentação, devido à "base racional das forças ilocucionárias". No caso de algumas delas serem problematizadas, o insucesso na comunicação é evitado pela fundamentação racional e superveniente de sua validez, ligada ao exame cognitivo delas, o que demonstra que as obrigações inerentes aos atos de fala "vão associadas a pretensões de validez suscetíveis de exame cognitivo".[147]

Mais uma vez, nosso autor se distancia de Gadamer, na medida em que advoga por uma conexão interna entre entendimento e argumentação racional, ou discurso, cuja consequência necessária é a aceitação de uma simetria estrutural entre falante e ouvinte, de modo que nenhum deles possa se submeter ao princípio da *caridade herme-*

---

[145] *Ibidem*, p. 388-389.
[146] LAFONT, *op. cit.*, p. 154.
[147] *Ibidem*, p. 154.

nêutica (ou da *antecipação da perfeição*), pressupondo no outro a autoridade de quem possui toda a verdade, como é o caso do intérprete que se curva diante do "saber" do autor de um texto clássico.

> Gadamer, entretanto, dá a seu modelo de compreensão, baseado na interpretação de textos clássicos, um curioso giro unilateral. Se na atitude realizativa de participantes virtuais num diálogo temos de partir de que a manifestação de um autor tem a seu favor a presunção de racionalidade [...] também temos de contar com a possibilidade de que o autor pudesse aprender algo conosco. Gadamer, porém, permanece prisioneiro da experiência do filólogo, que se ocupa de textos clássicos [...]. O saber encarnado no texto é, em princípio, assim pensa Gadamer, superior ao do intérprete. O que contrasta com a experiência do antropólogo, que se dá conta de que, frente a uma tradição, o intérprete nem sempre se encontra numa posição de inferioridade.[148]

A ANÁLISE FORMAL DOS *ATOS DE FALA*. O MUNDO DA VIDA (*LEBENSWELT*)

Apoiando-se no "princípio da expressabilidade" de Searle, Habermas empreende a análise dos atos de fala a partir de sua forma estândar, ou seja, o ato de fala explícito e proposicionalmente diferenciado, composto, portanto, "de uma parte ilocucionária e uma parte proposicional".[149]

Coerente com sua intenção analítica e formal do ato de fala, Habermas começa por expungí-lo de elementos estranhos e de separá-los de outros atos de fala "que se apresentem em contextos que alterem o significado".[150]

---

[148] HAMERMAS, J. *Teoria de la acción comunicativa*. Madri: Taurus, 1988, p. 177-178.
[149] LAFONT, *op. cit.*, p. 165.
[150] *Ibidem.*, p. 403.

> A abstração do contexto proposta para possibilitar uma análise formal destes (atos de fala) inclui, pois, a suposição de que existe um "contexto zero" ou, o que dá no mesmo, o "significado literal" que permite distinguir os atos de fala "univocamente" determinados dos atos de fala ambíguos.[151]

O próprio Searle, em seu livro *Expression and Meaning*, se encarregou de dar uma solução definitiva para as dificuldades que encerrava a tese do *contexto zero*, por meio da inclusão do *background* como componente inafastável da análise dos atos de fala. Diz Searle:

> Argumentarei que, em geral, a noção de significado literal de uma oração só tem aplicação em relação com um conjunto de assunções contextuais ou de fundo (*background assumptions*) e finalmente examinarei algumas das implicações desta visão alternativa. A visão que atacarei costuma expressar-se, dizendo que o significado literal de uma oração é o significado que esta tem no "*contexto zero*" ou no "*null context*".[152]

Tomando como exemplo a oração "o gato está sobre o tapete", e variando os contextos nos quais ela pode ser emitida, Searle conclui que o sentido que lhe corresponde depende da consideração dos *supostos de fundo* que, em condições normais, o falante pressupõe ao emitir a oração. Conclui ainda que da estrutura semântica da oração não se podem extrair ditos supostos, por duas simples razões:

> Há [...] duas razões do por quê essas assunções *extra não podem ser extraídas, em sua totalidade, da estrutura semântica da oração, primeiro, porque são indefinidas em número e segundo, porque ainda quando se faça um enunciado literal dessas assunções, dito*

---

[151] LAFONT, *op. cit.*, p. 166.
[152] SEARLE *apud* LAFONT, *op. cit.*, p. 167.

> *enunciado descansa em outras assunções para sua inteligibilidade.*[153]

Além do mais, pondera Searle, não se trata aqui de uma dificuldade de ordem técnica, ligada ao intento de objetivar algo indefinido em número e de estrutura circular, mas remete a uma impossibilidade de *princípio*, decorrente de outra característica desses supostos, qual seja, não é possível, quanto a eles, separar o que constituem supostos referentes ao *significado* da oração e os supostos que se referem ao *saber empírico* inerente àquela. Ouçamos Searle:

> A tese que avancei é que, para uma ampla classe de orações, o falante – como parte de sua competência linguística – sabe como empregar o significado literal de uma oração só sobre a base de outras assunções. Se tenho razão, este argumento tem por consequência que não há uma distinção precisa entre a competência linguística de um falante e seu conhecimento do mundo.[154]

É lícito observar aqui também uma indiscutível continuidade entre Habermas e Gadamer, na medida em que o primeiro, encampando as considerações de Searle, termina por herdar um dos mais característicos legados do segundo: o *saber de fundo*, agora denominado *mundo da vida*. Com sobrada razão, Cristina Lafont observa que

> [...] se o *significado* de um ato de fala não adquire determinação senão sobre a base de um certo *saber de fundo* do qual dispõem os falantes mercê de sua competência linguística, já não se pode considerar como unidade mínima, a ser analisada por uma teoria dos atos de fala, as meras emissões de falante e ouvinte na forma de atos de fala estandares e explícitos, mas ter-se-á que considerar como condição de possibilidade do êxito dos mesmos que a sua

---

[153] *Ibidem*, p. 167.
[154] *Ibidem*, p. 168.

emissão se faça com fundamento nas "pressuposições" compartilhadas (que se referem de modo indistinguível tanto ao saber do mundo, quanto ao saber da linguagem), pois, de outro modo, careceriam de significado unívoco [...]. Esta correção que Searle leva a cabo na teoria dos atos de fala a partir de *Expression and Meaning* (1979) está na base de uma das diferenças centrais entre o projeto esboçado por Habermas em "Que significa pragmática universal?" e a realização do mesmo na *Teoria da ação comunicativa*. Referimo-nos à introdução do conceito de *mundo da vida*, como correlato necessário do conceito de ação comunicativa.[155]

O modelo do ato de fala, assinala Habermas, não somente tem que levar em conta os componentes gerais da situação de fala, isto é, a própria emissão, o falante e o ouvinte, a tomada de posição de afirmação/negação deste último, etc., mas também o fundamento que é o mundo da vida que compartilham falante e ouvinte – e com isso, o saber de fundo intuitivamente disponível, dotado de uma certeza pré-reflexiva, transmitido culturalmente, do qual os participantes na comunicação extraem suas interpretações. Os participantes na comunicação, ao se entenderem sobre algo com seus atos de fala não somente se referem frontalmente aos três mundos, mas têm também às suas costas um mundo da vida formador de contexto, que subministra os recursos para seu processo de entendimento.[156]

Tanto quanto a tradição em Gadamer, o mundo da vida para Habermas pressupõe correções ao modelo anterior, cuja a mais significativa talvez seja a que levou nosso autor a considerar a abertura linguística do mundo como um elemento constitutivo da análise da ação dirigida ao

---

[155] *Ibidem*, p. 168.
[156] *Ibidem*, p. 550-551.

entendimento, mediante a combinação da dimensão comunicativa com a cognitiva, a demonstrar inequivocamente a opção pela tese da preeminência do significado sobre a referência, como fazem crer as características do *mundo da vida*, resumidas a seguir:

- "cumpre um papel constitutivo nos processos de entendimento."

- constitui o "acervo linguisticamente organizado de supostos de fundo em forma de tradição cultural, ocupando uma posição de certo modo transcendental"[157]

- "permite que os participantes na interação encontrem já de antemão interpretada, no que se refere ao conteúdo, a conexão entre mundo objetivo, mundo social e mundo subjetivo".[158]

Ao dar acolhimento à construção hermenêutica de um *saber de fundo*, apriorístico e quase transcendental, Habermas tinha que dar, simultaneamente, adeus à sua pretensão universalista, pois, uma vez reconhecido o *status* constitutivo do *mundo da vida*, ou a abertura linguística do mundo, o intento de evitar a consequente relativização do conhecimento intramundano inerente às diferentes aberturas do mundo que a linguagem permite, só pode ser alcançado pelo caminho, infranqueável para a hermenêutica filosófica, de chegar à *coisa em si*.

Se somos fiéis ao que vimos mostrando, ao longo desse trabalho, como premissas fundamentais da tradição filosófica em comento, temos que concluir que, com a aceitação do caráter constitutivo do *mundo da vida*, linguisticamente estruturado, que pré-interpreta as situações sobre as quais os falantes têm que chegar a um acordo, se aceita também as duas teses centrais da hermenêutica filosófica, a saber: a preeminência do significado sobre a referência e a do holismo do significado. Apesar de tudo, Habermas continua apegado à intuição, sem dúvida jus-

---

[157] *Ibidem*, p. 591.
[158] *Ibidem*, p. 591.

tificada, de que a hipostatização da linguagem não pode ser acolhida, mas sem dizer exatamente o porquê.

2.2.4 WITTGENSTEIN

PRIMEIRO PERÍODO (*TRACTATUS*)

Para o objetivo desta obra, a exposição deste tópico se contentará com as reflexões do segundo Wittgenstein, articuladas na sua segunda maior obra: *Philosophische Untersuchungen*. Entretanto, para melhor compreensão desta, julgamos conveniente fazer uma breve alusão às abordagens conceptuais relativas ao primeiro período do autor, no qual veio à luz o seu *Tractatus Logico-Philosophicus*.

Traçar limites ao pensamento, segundo o que se diz no prólogo, constitui o fim do *Tractatus*. A partir dessa tarefa delimitadora, que incumbe ao discernimento desempenhar, este define o que é pensável e o que não o é, recorrendo à distinção entre o que pode ser dito e o que não se pode dizer. Diferenciar com precisão o que é exprimível do que é inexpressável, é, basicamente, distinguir o pensável do impensável, porque "o pensamento é a proposição com sentido".[159] Daí que a função primordial da filosofia, como intento de propor limites ao pensamento e de fixar o sentido, seja a de crítica da linguagem, de modo que delimitar o âmbito do pensamento é determinar o campo da linguagem significativa.[160]

Para Wittgenstein, do *Tractatus*, o sentido se dá na proposição. Esta, portanto, tem sentido (*Sinn*), ao passo que os nomes, no contexto da proposição, têm significado ou referência (*Bedeutung*).[161]

---

[159] ARREGUI, Jorge Vicente. *Acción y sentido en Wittgenstein*. Pamplona: EUNSA, 1984, p. 27.
[160] HARTNACK, Justus. *Wittgenstein y la filosofia contemporanea*. Barcelona: Ariel, 1977, p. 74.
[161] *Ibidem*, p. 27.

Levando adiante tais considerações de fundo, Wittgenstein faz emergir uma série de asserções de induvidosa originalidade. Diz que o sentido de uma proposição decorre de um certo tipo de relação com a realidade, visto que quando se fala, se fala de algo. Mas, se intentamos explicar a relação da proposição com a realidade, em que consiste o sentido? Com base na verdade do enunciado, o que vem a ocorrer com as proposições falsas?

> Estas *dizem que* tal ou qual coisa é de um modo determinado, ensina Anscombe, da mesma maneira como o dizem as afirmações verdadeiras. Portanto, o *dizer que* das afirmações verdadeiras, não pode explicar-se por sua verdade.[162] Isto parece indicar que o sentido se constitui, como tal, à margem da verdade: as proposições falsas também têm sentido.[163]

Ao identificar o âmbito do sentido com o âmbito do dizível, Wittgenstein impõe um eterno silêncio à filosofia, cujo objeto é inexpressável. A questão fundamental é, pois, delimitar o âmbito do dizível, o âmbito do sentido, fora desse âmbito se encontra o místico que se mostra a si mesmo.[164] O que se pode mostrar não se pode dizer. A tarefa de delimitar o pensável, ou seja, o que pode ser dito, cabe à filosofia desempenhar, por meio da crítica da linguagem.

Anteriormente foi dito que o sentido traduz uma relação intrínseca da proposição com a realidade.

> Uma proposição tem sentido se diz que as coisas são de tal ou qual maneira. Pois bem, uma proposição diz algo acerca do mundo enquanto tem uma estrutura lógica. [...] Ao fazer do caráter

---

[162] ASCOMBE, G. E. *An introduction to Wittgenstein's tractatus.* Philadelphia: U.P.P., 1971, p. 28.

[163] ARREGUI, *op. cit.*, p. 28.

[164] "Para Wittgenstein, a atividade filosófica não pode ter caráter cognoscitivo, isto é, não pode ajudar a incrementar o conhecimento, mas melhorar a compreensão. Não existe conhecimento filosófico". (MOBA, M. Naruavez. *Wittgenstein y la teoria del derecho.* Madri-Barcelona: Marcial Pons, 2004).

> significativo da proposição uma propriedade de sua forma lógica, ao afirmar que o falar sobre o mundo, próprio das proposições com sentido, depende da própria proposição, então o sentido é imanente à própria proposição. Por isso, o sentido de uma proposição não se determina pelo que suceda no mundo. Não é necessário olhar o mundo, ao que de fato acontece, para se dar conta do sentido de uma proposição, e para determiná-lo.[165]

Por outro lado, a proposição tem uma estrutura idêntica ado pensamento; ambos os termos são isomórficos, no sentido de que sua configuração é a mesma – a forma lógica –, sendo certo que os elementos de um e outra mantêm uma correspondência biunívoca. "Na proposição, um pensamento pode ser exprimido de tal forma que ao objeto deste pensamento correspondam elementos do signo proposicional."[166]

A lógica, como se vê, está presente tanto no pensamento quanto na proposição, a demonstrar o caráter transcendental de suas regras, a cujo império está sujeita, como não poderia deixar de ser, a própria realidade. Se uma proposição só é significativa enquanto tem em comum com a realidade a forma lógica do mundo, a forma lógica não pode ser dita, porque está suposta em toda proposição e em todo pensamento. "As proposições podem representar toda realidade, mas não podem representar o que necessariamente têm em comum com a realidade para representá-la: a forma lógica."[167]

Assim, para conceber a teoria figurativa da proposição, com todos os seus corolários, não faltava dar senão um passo:

> A proposição significativa é uma pintura da realidade. A proposição é um modelo da realidade tal como a pensamos [...]. A pintura só

---

[165] ARREGUI, *op. cit.*, p. 48-49. Cf. HARTNACK, *op. cit.*, p. 46 e segs.

[166] WITTGENSTEIN, L. Tractatus logico-philosophicus. *In:* KENNY, A. *Wittgenstein*. Madri: Alianza, 1974, p. 49.

[167] WITTGENSTEIN, *op. cit.*, 4.12.

> é tal, porque seus elementos, aos que correspondem os objetos, estão combinados entre si de determinada maneira [...]. O fato de que os elementos de uma pintura estejam relacionados entre si de uma determinada maneira evidencia que as coisas estão relacionadas da mesma maneira.[168]

Portanto "a proposição e o fato têm idêntica forma lógica, ou mais exatamente, a forma lógica da proposição e a do fato são idênticas".[169] Nisso consiste a teoria pictórico-figurativa da linguagem, eixo de toda engrenagem teórica do *Tratactus*.

Que fique claro, no entanto, que na fase do *Tratactus*, Wittgenstein apela para a substância com vistas à fixação do sentido das proposições. Por outras palavras, a existência e a autonomia da referência são preservadas em relação ao significado da proposição. É o que afirma expressamente Wittgenstein: "Se o mundo não tivesse nenhuma substância, seria necessário, para que uma proposição tivesse sentido, de que outra proposição fosse verdadeira. Neste caso, seria impossível traçar uma figura do mundo (verdadeira ou falsa)."[170]

O argumento de Wittgenstein é, pois, o seguinte: se não existissem objetos e nomes de objetos, o sentido das proposições ficaria indeterminado. Se pudéssemos legitimamente substituir as coisas e nomes das coisas por suas descrições definidas, ou seja, por estados de coisas ou por seus significados, como pretende a hermenêutica filosófica, todas as proposições seriam suscetíveis de falsidade radical, de modo que o sentido da proposição dependeria da verdade de proposição que estabelecesse a existência da coisa (sujeito).

> Enquanto a possibilidade da falsidade radical se mantenha, a proposição não tem um

---

[168] *Ibidem*, 4.01; 2.15.
[169] *Ibidem*, 2.18.
[170] *Ibidem*, 2.0211, 2.0212.

sentido definido porque não se sabe sob que condições esta pode ser chamada de verdadeira. Em outros termos, se sempre é possível a falsidade radical, o sentido permanece indeterminado, enquanto não se saiba se existe o sujeito da proposição. Porque o sentido da proposição "O rei da França é calvo", depende da verdade ou falsidade da proposição "Existe um rei da França".[171]

É exatamente o que afirma Morrison:

[...] a possibilidade de um sentido definido de uma proposição depende da impossibilidade de que ao menos *algumas* proposições sejam incapazes de falsidade radical, e esta impossibilidade depende, por sua vez da *existência de objetos simples* que só podem ser nomeados. (grifamos)[172]

Conclusivamente: da mesma forma que o superdimensionamento do sujeito em detrimento do predicado, ou seja, da referência em detrimento do significado, conduz à tautologia, a preeminência do significado sobre a referência leva à falsidade radical.

SEGUNDO PERÍODO (INVESTIGAÇÕES FILOSÓFICAS)

Com as reflexões inerentes às *Investigações Filosóficas*, as coisas mudam radicalmente de figura: a teoria referencial do significado dará lugar ao novo critério de uso. No *Tratactus*, o elemento decisivo para determinação do sentido é a referência. No nome, há uma coincidência entre sentido e referência, de tal modo que, para que o nome signifique alguma coisa, é necessário que tenha uma referência.

---

[171] ARREGUI, *op. cit.*, p. 35. Cf. KENNY, *op. cit.*, p. 80.
[172] MORRISON, J. C. *Meaning and truth in Wittgenstein's tractatus*. Haia: Mouton, 1968, p. 35.

Quanto à proposição, como vimos, ambos aspectos se distinguem, na medida em que se pode dar conta de seu significado sem perquirir sua referência. Mas, ao mesmo tempo, sentido e referência são mutuamente dependentes, em virtude do princípio de verificação, segundo o qual compreender o sentido de uma proposição equivale a conhecer suas condições de verdade, isto é, a saber qual é sua referência no caso de que seja verdadeira.[173] Isso no caso do *Tractatus*, em que Wittgenstein só havia considerado um tipo de uso da linguagem, o uso descritivo, representado pelo modo indicativo da proposição e peculiar à linguagem da ciência,

> [...] que se manifestava em dois sentidos: primeiro, na redução das proposições a descrições – figuras – dos fatos; em segundo lugar, na assimilação das palavras a nomes. As proposições eram ali figuras de fatos que podiam ser analisadas, de modo a destacar seus elementos últimos – os nomes –, correspondentes a objetos simples.[174]

Movido por um "gesto" de um amigo, professor em Cambridge, Wittgenstein se deu conta de que havia generalizado indevidamente o método que só era aplicável à linguagem científica – o descritivo –, sendo certo que, na linguagem ordinária, a descrição não é mais que uma entre as muitas funções que pode cumprir uma proposição. Aqui, de certa forma, o significado condiciona a referência.

Ainda que a proposição seja traduzida como uma figura da realidade, sua estrutura reclama uma compreensão mais ampla, que leve em conta, sobretudo, o uso que se faz dela.

> Assim como uma figura pode ser utilizada de diversas maneiras, também a proposição tem diversos usos. Seu elemento figurativo

---

[173] PILAR DE SANTA MARIA DELGADO. *Introducción a Wittgenstein*. Barcelona: Herder, 1986, p. 103.
[174] *Ibidem*, p. 103.

> pode ser aplicado não só para dizer como são as coisas, mas também, por exemplo, como deveriam ser ou como se espera que sejam [...]. Desde este novo ponto de vista, a proposição não tem sentido pelo mero fato de ser uma figura, mas, além de ser uma figura, tem sentido porque tem uso.[175]

No *Tractatus*, como se disse, o sentido de uma proposição é determinado por sua bipolaridade lógica, ou seja, aquilo que pode ser verdadeiro ou falso, a indicar que ambos polos são logicamente excludentes, de modo que se *p* for verdadeiro *q* é necessariamente falso. Em seu período posterior, Wittgenstein vai criticar duramente essa tese, esgrimindo um raciocínio que dilui completamente os conceitos de verdade e falsidade.

> Que eu possa determinar a verdade ou falsidade de *p* (independentemente da verdade ou falsidade de *q*, não requer que *p* e *q* sejam logicamente independentes. [...] O sentido de *p* pode ser estabelecido sem contar com a verdade ou falsidade de *q*, inclusive mesmo se *p* e *q* forem excludentes. Se as proposições elementares não são logicamente independentes, o que se compara com a realidade não é tanto uma proposição, mas um sistema de proposições. [...] Não cabe um tratamento geral da verdade ou falsidade, porque há diferenças no que, para uma proposição, é corresponder à realidade. Dito de outro modo, nossa compreensão dos termos verdadeiro e falso varia com a compreensão das proposições às quais os aplicamos.[176]

O mesmo afirma Wittgenstein:

> Realmente, "a proposição é verdadeira ou falsa" só significa que deve ser possível decidir a favor ou contra ela. Mas isso não diz qual é a natureza

---

[175] *Ibidem,* p. 104-105. Justus Hartnack, *op. cit.,* p. 113-114.
[176] ARREGUI, *op. cit.,* p. 126-127.

> do fundamento dessa decisão [...]. A ideia da verdade como concordância com a realidade não tem uma aplicação clara, precisamente porque o problemático é o que significa concordar.[177]

Não é necessário um grande esforço de raciocínio para se concluir que o binômio *verdade-falsidade* constitui a função de um enfoque sobre a realidade, precisamente porque se vincula a um *jogo de linguagem*.

OS JOGOS DE LINGUAGEM

No parágrafo anterior se disse que, no *Tractatus*, a conexão entre linguagem e mundo se estabelecia pictoricamente, mais precisamente por meio do núcleo dos verbos *mostrar* ou *indicar* (*zeigen*). A partir das *Investigações Filosóficas*, o tratamento dessa questão assume contornos bem distintos. Wittgenstein afirma agora que essa conexão se materializa mediante o uso da linguagem, ou seja, pelas palavras e pela situação do contexto em que são proferidas. Portanto a alusão da linguagem à realidade, das palavras às coisas, não depende senão do uso que se faz das palavras.

Pois bem, o uso das palavras não independe da situação contextual, posto que o significado se determina pelo uso da linguagem num contexto extralinguístico. E ao entrelaçamento das atividades linguísticas e extralinguísticas "eu chamaria o *jogo de linguagem*. (*Sprachpiele*)[178]

Todas as vezes, pois, que o significado de uma proposição está em causa, impende considerar o que se está fazendo, não só com a fala, mas também com toda a conduta comprometida na ação. Isso porque a atividade linguística não é exercida num vazio social e cultural, nem a linguagem se resolve na dimensão puramente sintática ou no âmbito das regras constitutivas.

---

[177] WITTGENSTEIN, L. *Sobre la certidumbre*. Caracas: Tiempo Nuevo, 1973, p. 200.

[178] WITTGENSTEIN, L. *Investigaciones filosóficas*. Barcelona: Altaya, 1999.

> Black distinguiu dois tipos de regras que devem ser enunciadas ao se descrever um jogo ou qualquer prática social regulada. Um primeiro tipo de regras são as que regulam os movimentos das figuras, etc. O segundo tipo, são as que regulam o jogo alternativo dos jogadores: quem toca numa figura tem que movê-la, etc. Black chama ao primeiro tipo de regras constitutivas, e ao segundo, pragmáticas. [...] Mas há um terceiro tipo de descrições, que Black denomina descrição relativamente ampla, que faz referência a todos os aspectos do *background* cultural que são necessários para compreender o jogo ou a prática social.[179]

O pensamento de Wittgenstein, relativamente aos jogos de linguagem, sofreu algumas alterações desde as suas conversações com o *Círculo de Viena*, quando os considerava de um modo mais restrito, à maneira de regras constitutivas, até a *Philosophische Grammatik*, em que, além de adotar o termo *Sprachspiele*, investiga se o significado é o uso de uma palavra, ou o modo em que esse uso se entretece com a vida, para se inclinar pela segunda alternativa:

> Agora, a linguagem já não é fundamentalmente sintaxe, mas pragmática. A linguagem é significativa, posto que se entremescla com atividades não linguística. [...] Desse modo, a noção de jogo de linguagem enfatiza que a atividade linguística é mais uma dentre muitas que o homem realiza. A significatividade da linguagem não se funda em que a linguagem encare o mundo, refletindo-o como um espelho, mas no entrelaçamento da linguagem com a *praxis* vital mundana. [...] Assim, quando Wittgenstein afirma que o significado é atribuído pelo uso da linguagem, não está identificando o significado com a legalidade no uso, sem nenhuma correlação extralinguística. Wittgenstein, como

---

[179] ARREGUI, *op. cit.*, p. 135.

escreveu De Mauro, não considera a atividade linguística como um mero jogo fônico, regulado por curiosas e complicadas leis.[180]

Até porque estas estão logicamente subordinadas aos próprios jogos de linguagem. Com razão Hintikka e Hintikka quando afirmam que

> É a ideia do jogo de linguagem que na filosofia posterior de Wittgenstein substitui o papel das regras, em que ele se apoiara durante seu período intermediário. [...] Os jogos de linguagem não *substituem* as relações denominadoras, segundo o Wittgenstein posterior, eles as *constituem*. [...] Wittgenstein reconhece que existe uma conexão estreita entre o conceito de jogo de linguagem e o de regra. Contudo, ele inverte a sua prioridade relativa tal como acreditamos habitualmente que ela seja e, com isso, salva a seu contento a primazia dos jogos de linguagem. É evidente que ele deve fazê-lo, pois sem essa reversão das prioridades as regras certamente continuariam a governar supremas, como no pensamento do seu período intermediário. [...] No Wittgenstein posterior, os jogos de linguagem são verdadeiramente a medida de todas as coisas. [...] Rigorosamente falando, não se aprendeu novos jogos de linguagem aprendendo suas regras; aprendem-se novas regras dominando os jogos de linguagem dos quais elas fazem parte. [...] A nova primazia atribuída por Wittgenstein aos seus jogos de linguagem reflete-se no nível de aprendizado da linguagem pela sua afirmação de que ela pode ser aprendida sem as regras correspondentes.[181]

---

[180] *Ibidem,* p. 137.
[181] HINTIKKA e HINTIKKA, J. *Uma investigação sobre Wittgenstein.* Campinas: Papirus, 1994, p. 265.

É o que diz Wittgenstein, fazendo analogia com o jogo de xadrez: "Pode-se... imaginar que alguém aprendeu o jogo sem aprender todas as regras, nem a sua formulação".[182]

Com efeito, não é errado dizer, conforme o período posterior de Wittgenstein, que, sendo o âmbito do sentido o mesmo fixado pelas regras, a linguagem seja utilizada na conformidade destas. Mas não se deve esquecer que as regras só são confiáveis até um certo limite, além do qual reina a indeterminação, a demonstrar que

> [...] o processo de justificação de uma ação por referência a algumas regras, chega a um termo. Chega um momento em que este processo de justificação se detém, um momento em que já não se pode invocar regras ulteriores, e só permanece a ação. Assim, o significado não pode ser definido só sintaticamente, o recurso à pragmática é necessário, como se vem insistindo. O concurso da pragmática é inevitável. Por isso, o conhecimento da linguagem é fundamentalmente prático.[183]

O PARECIDO DE FAMÍLIA

Diante da diversidade infinita dos jogos de linguagem, cabe agora indagar sobre a existência de elementos comuns a todos eles, de modo que, por alusão a estes, possam ser definidos aqueles. Por outras palavras: é possível conceber-se a essência da linguagem?

A resposta de Wittgenstein é peremptória: a semelhança que há entre os jogos de linguagem é exatamente a mesma que há entre as atividades que denominamos *jogos*, isto é: nenhuma. "Frente ao essencialismo que havia mantido em sua primeira época, Wittgenstein pretende agora mostrar que não há uma essência da linguagem, da mesma maneira que não existe nenhum elemento comum

---

[182] WITTGENSTEIN, *op. cit.*, 36.

[183] ARREGUI, *op. cit.*, p. 139.

a todos os jogos. Que semelhança há, por exemplo, entre jogar cartas e jogar dados? E, entretanto, chamamos a ambos jogos. De que tenham, porém, a mesma denominação, não se segue que exista um denominador comum a todos os jogos. Isso equivaleria a forçar e violentar a realidade, intentando impor-lhe esquemas preconcebidos que não se encontram de fato nela. "Não digas: *Tem que* haver algo comum a eles ou não se chamariam jogos; mas *olha* se há algo comum a eles... Como dizia: não penses, apenas olha!"[184]

Há, pois, inúmeras relações entre os diversos jogos de linguagem, variadas e complexas, que desafiam qualquer tentativa de homogeneização deles por meio de elementos comuns. O que não quer dizer que não existam, entre eles, pontos de contato ou características afins, a exemplo do que ocorre entre os membros de uma família, em que uns se assemelham pelos olhos, outros pelo nariz, outros ainda pela cor dos cabelos. Não há distinção absoluta entre eles, nem tampouco há um só dado característico para o qual todos convirjam.

> E o resultado desta consideração diz: vemos uma complicada rede de semelhanças que se superpõem e entrecruzam. Semelhanças no grande e no pequeno. [...] Não posso caracterizar melhor estas semelhanças, senão denominando-as "parecidos de família". (*Familienähnlichkeiten*)[185]

O conceito de *parecido de família*, concebido em seu segundo período, se choca frontalmente com o essencialismo adotado no *Tratactus*, em virtude do qual se perquiria uma característica comum a todos os entes alocados em um mesmo termo geral, de modo a justificar a atribuição de nome idêntico aos mesmos. Contra essa tendência metafísica, Wittgenstein sustenta agora que o sentido das palavras varia em função do múltiplo uso que se faz delas na linguagem, impossibilitando qualquer pretensão

---

[184] WITTGENSTEIN, *op. cit.*, p. 66; DELGADO, *op. cit.*, p. 118-119.

[185] *Ibidem,* 66-67. Cf. KENNY, Anthony, *op. cit.*, p. 138.

definitória, a indicar que as definições essenciais só podem ser feitas à custa de se empobrecer a linguagem.

Dado que os limites da linguagem não são traçados *a priori*, desemboca-se num rotundo casuísmo. Posto que não há uma essência comum que permita aproximar conceptualmente os diversos jogos de linguagem, tampouco cabe fazer generalizações sobre eles. A missão do filósofo se limita a descrever os casos particulares, impedido que está de se pronunciar sobre a correção ou incorreção, sobre a verdade ou falsidade das proposições, das quais cabe apenas examinar o funcionamento, para se certificar se e quando deixa de funcionar.

Assim sendo, a nova visão da linguagem implica uma mudança na concepção do método e da atividade filosóficos, mas não assim do fim da filosofia:

> Este segue sendo a determinação dos limites da linguagem, conquanto estes limites sejam concebidos agora de maneira diferente. Enquanto no *Tratactus* se pretendia estabelecer a distinção entre sentido e sem sentido mediante a fixação do limite exterior da linguagem, agora se trata de estabelecer seus limites internos, as fronteiras que separam os distintos jogos de linguagem. E o que no *Tractus* era limite externo, converte-se agora em interno, no limite que configura a área do discurso fático. [...] O sem sentido não surge do intento de transgressão dos limites exteriores da linguagem, mas fundamentalmente de se usar uma palavra fora do jogo de linguagem que lhe corresponde.[186]

AS FORMAS DE VIDA

No tópico anterior, ao considerar o ponto de inflexão semântica de Wittgenstein, dissemos que os jogos de linguagem constituem uma atividade. De fato, a linguagem é

---

[186] DELGADO, *op. cit.*, p. 121.

uma conduta humana, a mais característica dessa espécie dentre as muitas que qualificam a vida social do homem. Falar uma linguagem é, diz Wittgenstein, parte de uma atividade ou forma de vida. (*Lebensform*)[187]

Assim como uma característica social pode se prestar como um fator identificador da sociedade inteira, a linguagem também pode servir de índice das características gerais da comunidade que a utiliza. De um modo geral, a linguagem, como também os jogos linguísticos que a compõem, expressam o modo de vida, o perfil peculiar de toda a sociedade.

> É fácil imaginar uma linguagem que conste só de ordens e partes de batalha. Ou uma linguagem que conste só de perguntas e expressões para responder sim e não. E muitas outras. E imaginar uma linguagem significa imaginar uma forma de vida.[188]

O conceito de forma de vida desempenha um papel de grande relevância na concepção da linguagem do período posterior de Wittgenstein. Além de incorporar às obras desse período o caráter pragmático e social da linguagem, esse conceito está estreitamente ligado ao *jogo de linguagem* e constitui uma espécie de pano de fundo sobre o qual se desenvolve a teoria do significado do segundo Wittgenstein.

A linha de argumentação empregada por Wittgenstein é incisiva, categórica. Sua articulação é apoiada com exemplos tirados da vida cotidiana, o que dá às suas razões uma peremptoriedade irresistível, ainda quando suas conclusões possam se prestar a questionamentos epistemológicos ou estranhos à filosofia da linguagem.

Assim é que, na sua segunda etapa, nosso autor parte da afirmação de que uma proposição não pode ser definida como aquilo que pode ser verdadeiro ou falso, por-

---

[187] *Ibidem*, 23.
[188] WITTGENSTEIN, *op. cit.*, 19.

que verdadeiro ou falso são predicados dela, proposição. Tampouco, à margem da proposição, podemos saber o que seja falso ou verdadeiro, porque, ao dizermos que uma proposição é verdadeira quando concorda com o real, então o que se há de investigar é o que significa concordar. E obviamente concordar com o real não significa a mesma coisa para todas as proposições, de modo que uma e outra não podem ser consideradas como índices da significatividade da linguagem, precisamente porque ambas pertencem a um jogo de linguagem.[189] Para se entender bem essa afirmação, pode ser útil lembrar uma passagem do próprio Wittgenstein: "É como se o alicerce do edifício se apoiasse no edifício inteiro".[190]

Portanto a compreensão e a extensão dos conceitos de verdade e falsidade não têm relação direta com a realidade, mas são o produto de um acordo. É o que diz taxativamente Wittgenstein: "É o que os seres humanos dizem que é verdadeiro ou falso; e eles concordam na linguagem que usam. Isto não é um acordo nas opiniões, mas na forma de vida."[191]

Por outras palavras, a verdade, exprimida num jogo de linguagem, pressupõe a comunidade na forma de vida. A verdade não é relativa ao jogo de linguagem ou à forma de vida; é mais correto afirmar que a verdade pertence a ambos. Em *Sobre a verdade*, Wittgenstein diz que: "Se o verdadeiro é o que está fundado, então o fundamento não é verdadeiro, tampouco falso".[192]

Dito isto, é fácil concluir que a forma de vida fundamenta a verdade, da mesma forma que dizemos que o sol fundamenta a luz, ou seja: a gera.

Nesse ponto da doutrina wittgensteiniana, percebe-se claramente que o filósofo austríaco abraça a tese da preeminência do significado sobre a referência, particularmente

---

[189] ARREGUI, *op. cit.*, p. 169.
[190] *Cf.* L. Wittgenstein, *op. cit.*, 248.
[191] *Ibidem,* 241.
[192] *Ibidem*, 205.

na forma da teoria da redundância ou *belief sentence*. Essa forma linguística expressa sempre uma proposição redundante ou um ponto de vista ligado a uma crença: crê-se que..., pensa-se que..., admite-se que... etc. A conclusão da frase configuraria o consenso da comunidade linguística em torno de um tema qualquer. Ex.: crê-se que há lobos nas redondezas. Sobre essa questão, não se admite mais discussão: há verdadeiramente lobos nas redondezas. Por isso, Dummett chama Wittgenstein de idealista. Wittgenstein seria um idealista, segundo esse autor, ao abraçar, sobre a verdade, a teoria da redundância. Dummett se apoia na afirmação de Wittgenstein de que a equivalência entre "a" e "é verdade que a" é toda a explicação possível sobre o significado da palavra verdade. Se isso é assim, conclui Dummett, a palavra verdade tem seu domicílio exclusivo dentro da linguagem.[193] Como Dummett define o realismo como a tese segundo a qual uma proposição é verdadeira se há algo em virtude da qual ela é verdadeira, Wittgenstein seria um idealista. E seu idealismo se revela, sobretudo, na opção feita pelo autor de dar preeminência ao significado sobre a referência.

2.2.5 A TESE DA PREEMINÊNCIA DO SIGNIFICADO SOBRE A REFERÊNCIA

Para poder ir à origem desse fenômeno que, com muita liberdade, chamamos hipertrofia da Constituição, vamos recorrer às exposições analíticas de dois autores da tradição anglo-saxã, *Donnellan* e *Putnam*, em ordem a questionar a teoria da referência que fundamenta aquela hipertrofia, vale dizer, a adequação da explicação do *referir* como dependente do compartilhar o *significado* dos termos referenciais ou, o que aqui vimos chamando, a tese da preeminência do significado sobre a referência.

---

[193] DUMMET, Michael. *Frege:* Philosophy of language. Londres: Duckworth, 1973, p. 40.

A TIRANIA DO SIGNIFICADO

K. Donnellan distingue o uso atributivo e o uso referencial das descrições definidas. Na base dessa distinção está a rejeição da interpretação das expressões designativas como atributos que permitem – usando a expressão de Heidegger – "entender algo como algo"; interpretação que é imprescindível para manter a tese da preeminência do significado sobre a referência. Por isso, uma vez feita essa distinção, fica claro que o modelo inerente à hipostatização da linguagem como responsável pela abertura do mundo só funciona para o caso limitado de um uso atributivo das expressões designativas, mas não pode dar conta de um uso referencial destas. Diz Donnellan:

> Chamo os dois usos das descrições definidas de *uso atributivo* e *uso referencial*. Um falante que usa uma descrição definida *atributivamente* numa asserção afirma algo de quem quer que seja ou do que quer que seja, isso ou aquilo. Um falante que usa uma descrição definida *referencialmente* numa asserção usa a descrição para permitir a seu interlocutor discernir de quem ou do quê está falando e afirma algo dessa pessoa ou coisa. No primeiro caso, pode-se dizer que a descrição definida ocorre *essencialmente*, pois o falante deseja afirmar algo sobre aquilo que cumpre essa descrição, seja o que seja; mas no uso referencial, a descrição definida é meramente um *instrumento* para fazer um determinado trabalho – chamar a atenção sobre uma pessoa ou coisa – e em geral, qualquer outro recurso escolhido para fazer o mesmo trabalho, outra descrição ou um nome, poderia fazê-lo igualmente bem. No uso atributivo, o *atributo*, "ser isso ou aquilo", é o mais importante, ao passo que não o é no uso referencial.[194]

O exemplo que Donnellan dá para explicar essa distinção é o diferente uso que pode fazer-se da oração: "O

---

[194] DONNELLAN *apud* LAFONT, *op. cit.*, p. 136.

assassino de Smith está louco". Em um caso, alguém observa o cadáver de Smith, destroçado e de forma irreconhecível, e exclama: "O assassino de Smith está louco", pois quem quer que tenha cometido tal atrocidade tem que estar louco. Nesse caso, ser "o assassino de Smith" é um atributo necessário daquele, quem quer que seja ele, ao qual se refere o falante. Um caso completamente distinto é aquele em que o falante se encontra num tribunal, onde se julga o assassino de Smith, que se comporta de uma forma absolutamente estranha, o que leva o falante a afirmar: "O assassino de Smith está louco", ou seja, o réu que está sentado no banco dos acusados e tem esse comportamento tão raro só pode estar louco.

Nesse segundo caso, a descrição definida "assassino de Smith" é usada referencial e não atributivamente, pois, para mostrar o estranho comportamento do réu, o falante poderia ter utilizado qualquer outra descrição ou o nome deste, ou até mesmo um gesto com o dedo para indicá-lo.

Tendo em conta essa distinção, fica claro que a teoria hermenêutica da referência só admite o caso do uso *atributivo* das expressões designativas, o qual se reflete na conversão dos nomes em atributos inerentes à análise lógica das orações designativas, mediante a fórmula "existe um objeto e só um objeto tal que cumpre a condição de ser X e ser Y". A consequência evidente dessa análise é que se isso fosse o que queremos dizer quando usamos uma oração designativa nunca nos referiríamos a algo concreto no mundo, mas nos limitaríamos a fazer afirmações gerais sobre possíveis estados do mundo; nossa afirmação seria uma afirmação meramente intralinguística (precisamente essa é a característica dessa análise lógica, que prescinde da dimensão designativa do sujeito da oração, assimilando-o ao predicado).[195]

O que o uso referencial das expressões designativas deixa claro é que o significado das mesmas, por si só, não

---

[195] LAFONT, *op. cit.*, p. 237.

A TIRANIA DO SIGNIFICADO

é "constitutivo" para o nosso acesso ao referente, mas pode ser um "instrumento" entre outros para acedermos a este, que, se deixa de ser adequado, pode ser questionado e substituído por outro. É o que preconiza Donnellan: "[...] disto parece resultar um sentido, por meio do qual dirigimo-nos à própria coisa e não à coisa sob uma certa descrição, quando reproduzimos o ato linguístico de um falante usando uma descrição definida referencialmente."[196]

O uso referencial é que permite que falante e ouvinte falem sobre "o mesmo", ainda que não estejam de acordo sobre a forma mais adequada de fazer a descrição ou que haja desníveis de conhecimento entre um e outro.

Esse referir-se à coisa mesma, e não à coisa enquanto cumpre condições estampadas numa descrição, não implica postular um acesso imediato à coisa em si; com efeito, sem o uso de signos linguísticos, de nomes ou descrições definidas etc., não é possível referência alguma, mas isso não quer dizer que o significado inerente às expressões que utilizamos (que sem dúvida implicam uma atribuição indireta de propriedades ao referente) tenha que ser "constitutivo" daquilo ao qual queremos referir-nos mediante elas.[197]

As consequências dessa maneira peculiar de referir se farão mais evidentes se transferirmos essa análise do uso cotidiano e trivial das expressões designativas para o caso concreto da formação de conceitos nas teorias científicas. É o que fez precisamente Putnam.

Posto que os conceitos científicos são elaborados, em regra, diferentemente dos conceitos da fala cotidiana, mediante definições mais ou menos precisas, fica claro que essas definições, que constituem o significado dos termos, são as que nos permitem aceder ao referente enquanto tal, pois oferecem condições necessárias e suficientes para identificá-lo. Nessa medida, aquilo que designam ditos

---

[196] DONNELLAN *apud* LAFONT, *op. cit.*, p. 238.
[197] LAFONT, *op. cit.*, p. 238.

conceitos é necessariamente o que cumpre a definição com que eles foram elaborados. Ao menos no caso dos conceitos pertencentes a teorias científicas parece claro que seu *significado* é *constitutivo* daquilo a que estes se referem (*a referência*). Precisamente essa suposição é a que questiona Putnam com suas reflexões sobre a referência.

A crítica de Putnam tem como base o funcionamento de um tipo específico de termos aos quais dá o nome de *natural kinds terms*, ou seja termos tais como limão, tigre, água, ouro etc., assim como conceitos teóricos relevantes em contextos indutivos das ciências naturais como podem ser os de elétron, átomo, momento, esclerose múltipla etc. O específico de ditos termos consiste, consoante Putnam, em que não são definíveis atributivamente, vale dizer, não é possível dar um conjunto de descrições sobre eles que constituam as condições necessárias e suficientes para a identificação dos membros da classe designada por eles. O *significado* de ditos termos, por mais que se precise e amplie o número de descrições disponível, não permite identificar univocamente aquilo que é designado com eles. Todas as classes naturais têm membros anormais que não cumprem a descrição prototípica ou paradigmática e, contudo, ninguém poderia contestar sua pertença à referida classe: um limão verde continua sendo um limão, um tigre com três patas continua sendo um tigre etc.[198]

Nos casos de conceitos teóricos seria admissível supor que não se pode dizer o mesmo, pois estes se caracterizam por definições que podem chegar a ser tão exatas quanto uma fórmula matemática, em que a expressão referencial é usada atributivamente, de modo que as teorias estabeleceriam convencionalmente mediante definições a ontologia inerente às mesmas (por assim dizer, "abririam o mundo" relacionado com elas) e, a partir daí, deduziriam as consequências aplicáveis a tudo aquilo que fosse definido previamente desse modo, fosse o que fosse.

---

[198] *Ibidem*, p. 239.

A TIRANIA DO SIGNIFICADO

Supor que o uso dos conceitos teóricos (ou, em geral, de toda expressão designativa) é exclusivamente "atributivo" traz consigo a impossibilidade de se corrigir o saber implícito na atribuição que a definição desses termos implica em relação aos seus referentes. A incorrigibilidade do paradigma matemático, inerente ao uso atributivo das expressões designativas (só existe X se $Y+P$), tem precisamente a consequência contraintuitiva de que ditas teorias não poderiam autocorrigir-se em função daquilo que de fato ocorre no mundo ao qual estas pretendem referir-se mediante conceitos. O uso atributivo dos conceitos teóricos é incompatível com o mecanismo essencial que diferencia as ciências naturais da matemática: a indução. Esta requer, precisamente, que os descobrimentos posteriores, ao qual possa conduzir o desenvolvimento de uma teoria, permitam levar a termo revisões dos postulados iniciais.

Essa é a razão do porquê o uso referencial dos conceitos teóricos é inerente à *praxis* científica. Ainda que ditos conceitos geneticamente (isto é, em sua introdução) incluam definições ou seja, atribuições a respeito daquelas entidades que caem sob o alcance destes, isso não significa que tais atribuições se convertam em constitutivas, em sentido normativo, daquilo a que ditos conceitos se referem. O sentido da introdução de um conceito numa teoria mediante uma expressão designativa é o de postular a existência de um referente do qual não se conhece completamente sua constituição e, por isso, não pode dar-se uma condição necessária e suficiente para sua identificação. Com tal expressão, faz-se referência a uma entidade da qual se supõe (contrafaticamente) sua independência da teoria com a que se pretende descrevê-la, de tal forma que dita teoria não se converte em "verdadeira por definição", mas pode ser revisada à luz de outras hipóteses ou outras teorias que pretendam referir-se ao "mesmo" para explicá-lo melhor.[199] Com efeito, se as "atribuições" fossem consideradas "constitutivas" daquilo a que os termos se referem,

---

[199] *Ibidem*, p. 241.

seja o que for, não seria possível a melhora interna de tais teorias, mas exclusivamente dar-se-ia a ruptura com elas e a construção de outras radicalmente incomensuráveis com as mesmas. Com um exemplo, Putnam mostra as problemáticas consequências do ponto de vista da teoria tradicional:

> Bohr assumiu em 1911 que há (em todo intervalo de tempo) números P e Q tais que a posição (unidimensional) é P; se isto era parte do significado de partícula para Bohr e, além disso, "parte do significado" quer dizer "condição necessária para a pertença à extensão do termo", então os elétrons *não* são partículas "no sentido de Bohr". (e não são elétrons no sentido bohriano de elétron, etc.) *Nenhum dos termos na teoria de Bohr de 1911 referiam!*[200]

Nessa consequência da teoria tradicional da referência (*teoria atributiva*) pode ver-se a importância que a função designativa da linguagem tem nos processos cognitivos ou, o que dá no mesmo, o papel fundamental que em ditos processos cumprem as expressões designativas usadas referencialmente. Se se consideram tais expressões, como *elétron* no exemplo de Putnam, em sua função referencial, ou seja, em sua pretensão de designar entidades existentes com independência da teoria, cuja caracterização pode ser mais ou menos acertada, chega-se à conclusão contrária em relação com o aludido exemplo, pois, como assinala Putnam, segundo essa interpretação do funcionamento do termo *elétron*: "Bohr estaria se referindo aos elétrons quando usava a palavra *elétron*, à margem do fato de que algumas de suas crenças sobre elétrons fossem errôneas...".É essa característica das expressões designativas que permite designar diretamente aquilo ao que se confere uma existência independente; a que permite a existência de termos transteóricos. Isso é o que precisamente não pode ser explicado pela teoria tradicional da referência, devido

---

[200] PUTNAM *apud* LAFONT, *op. cit.*, p. 242, grifos do autor.

A TIRANIA DO SIGNIFICADO

à sua equiparação do funcionamento de tais expressões com os atributos utilizados na predicação. A assimilação da relação de designação, própria do sujeito da oração, à relação de atribuição, própria do predicado da mesma, é que está na origem do desconhecimento do verdadeiro funcionamento das expressões designativas, pois, efetivamente, com o predicado da oração não se pretende designar uma entidade, mas atribuir a esta uma propriedade[201], ao contrário do que se faz com a interpretação do uso dos conceitos da ciência, cujo papel fundamental é de designar e não de atribuir algo ao designado (fazer "aparecer algo", nas palavras de Heidegger).

Na verdade, se os conceitos teóricos da ciência não fossem usados referencialmente, ou seja, se as atribuições associadas com eles numa teoria não fossem entendidas como hipóteses a constatar sobre entidades independentes da teoria, mas como definições estipuladas sobre entidades intrateóricas, seria impossível uma revisão, precisamente porque o mero fato da diferença entre teorias obrigaria concluir que ditas teorias não se referem ao "mesmo" (por definição). A incomensurabilidade de teorias (ou de paradigmas) é uma consequência necessária de se interpretar o uso dos conceitos teóricos como *atributivo*.[202]

O fato de que tais revisões, como assinala Putnam, sejam uma prática normal na evolução da ciência, assim como que por meio das teorias se conservem *os mesmos conceitos* (isto é, o fenômeno da retrorreferência), é um claro indício da falsidade da tese da preeminência do significado sobre a referência.

Com efeito, a inclusão de um sistema de conceitos no marco de uma teoria faz com que estes cumpram uma função de abertura do mundo, isto é, fixem o marco categorial de referência daquilo que tal teoria abarca. Mas a função essencial do uso deles é precisamente a de remeter a entidades das quais se supõe uma existência extrateórica

---

[201] LAFONT, *op. cit.*, p. 243.
[202] *Ibidem*, p. 244.

e que são designados diretamente (ou rigidamente) por esses conceitos. A suposição contrafática da "designação rígida" não implica negar que, *de fato*, com os referidos conceitos, se atribuem indiretamente determinadas propriedades às entidades por eles designadas; a única coisa implicada em tal suposição ou, melhor dizendo, na aprendizagem do uso referencial das expressões designativas, é que dita atribuição indireta (procedente do significado dos termos) não pode ser entendida como *constitutiva* daquilo ao que esses termos se referem, mas como uma caracterização mais ou menos correta que, se entra em conflito com outras caracterizações ou com a *praxis* intramundana, pode ser revisada. "Nosso saber para ser tal tem que poder ser corrigido".[203]

Só porque o funcionamento da linguagem se assenta não só na predicação, mas igualmente na designação, ou seja, porque dispõe de expressões referenciais, é possível que nos refiramos àquilo cuja essência não conhecemos integralmente, mas por meio de correções futuras, poderemos conhecê-la progressivamente. Sempre que a aprendizagem, a possibilidade de revisão, é inerente à uma determinada *praxis* – à interpretação jurídica, por exemplo – as expressões designativas devem ser usadas referencialmente.

Portanto na base do uso referencial das expressões designativas está a suposição de algo que tem de ser descoberto e não construído, isto é, algo em relação ao qual nosso saber possa ser capaz de autocorrigir-se.

> Por mais que se queira, assinala Waismann, nenhum conceito pode ser delimitado de tal modo que não caiba nenhuma dúvida. Propomos um conceito e o delimitamos em *algumas direções*; por exemplo, definimos o ouro em contraste com alguns outros metais, como as ligas. Isto é suficiente para as nossas necessidades atuais e não indagamos nada mais além

---

[203] *Ibidem*, p. 245.

> disso. Tendemos a passar por alto o fato de que sempre há outras direções nas quais o conceito não foi definido [...] Em resumo, não é possível definir um conceito como "ouro" com absoluta precisão, de tal maneira que todo esconderijo e toda fenda fiquem tapados contra toda dúvida. Isto é o que se quer dizer com a "textura aberta" de um conceito.[204]

A ideia de textura aberta é atribuída, por Waismann, à maioria dos conceitos empíricos e tem como consequência que os enunciados que incluem esses tipos de conceitos não são nunca concludentes por duas razões: a existência de um número ilimitado de provas e a textura aberta das palavras. Ambos fatores se combinam – diz Waismann – para impedir que uma verificação seja concludente, mas cada um desempenha um papel bem distinto. Conclui Waismann: "Deve-se ao primeiro fator que, ao verificar um enunciado, nunca possamos terminar a tarefa. Mas, é por causa do segundo que nossos termos têm a textura aberta, que é característica de todo nosso conhecimento factual."[205]

Tanto a vaguidade como a textura aberta nos forçam a abandonar a ideia da existência de condições *necessárias* e *suficientes* para definir os termos da linguagem em geral (incluída a jurídica). Numa palavra: "Não é função da análise da linguagem, mas da *construção* de teorias científicas, determinar a essência natural".[206]

Esse *horror essentiae* contamina em grande escala a interpretação jurídica. Não é apenas um sintoma superficial, manifestado pela opção equivocada do intérprete entre um ou outro critério exegético, mas trata-se da desconstrução sistemática da referência, da supressão do sujeito, mediante a atribuição de propriedades definitórias a entidades possíveis, levada a efeito por uma interpretação extravagante, em virtude da qual as normas infraconsti-

---

[204] DUMMET, Michael. *La teoria del significado*. México: FCE, 1976, p. 61-62.

[205] *Ibidem*, p. 205.

[206] PUTNAM, H. *Es posible la semántica?* Cambridge: Teorema, 1985, p. 132-133.

tucionais não podem mais derivar da mera comprovação de fatos, mas exige que seu conteúdo se submeta a um teste de conformidade ou adequação aos valores e princípios constitucionais, que são de natureza eminentemente moral. É o que se examinará a seguir.

3

A CONSTITUCIONALIZAÇÃO DO DIREITO. TRIBUNAL CONSTITUCIONAL. ARGUMENTO METONÍMICO. A LITERALIDADE DA METÁFORA

Um professor, em sala de aula, convoca os alunos a descobrir o nome de um determinado animal, mediante a atribuição das seguintes características: a) é mamífero; b) é herbívoro; c) é grande e pesado; d) tem pescoço longo e forte; e) possui um coice temível; e f) é veloz.

Como se vê, o aludido professor ofereceu uma série de predicados relativos a um sujeito, que é ignorado. Uns alunos sugerem o cavalo; outros, o burro; alguns optam pela girafa. Na verdade, o professor tinha em mente a zebra. Coisa muito diferente teria ocorrido, dado que o propósito era analisar a zebra, se o professor tivesse mostrado esse animal para que os alunos, à vista do próprio referente, pudessem extrair descrições essenciais de sua definição.

Com esse pequeno exemplo, fica evidente e incontroverso que, com o uso atributivo de conceitos, pode-se pôr *n* sujeitos nos enunciados, sem que se possa afirmar que estes sejam falsos, uma vez que seus termos cumprem, satisfatória e suficientemente, a descrição formal do objeto. Vejamos como isso funciona, quando se trata da aplicação de princípios constitucionais pelo tribunal constitucional, do argumento metonímico e da literalidade da metáfora.

3.1 A CONSTITUCIONALIZAÇÃO DO DIREITO

A concepção geral do sistema jurídico com a respectiva orientação relativa à interpretação e aplicação do direito, ou seja, toda a compreensão da teoria jurídica em que se formaram nossos operadores jurídicos, até a véspera do presente século, pode ser denominada de legalismo ou positivismo legalista, e foi caracterizada por Alexy, consoante as seguintes peculiaridades: a) norma em vez de valor; b) subsunção em lugar de ponderação; c) independência do direito ordinário em vez da onipresença da constituição; e d) autonomia do legislador dentro do marco da Constituição em lugar da onipotência judicial apoiada na Constituição.[207]

Embora o legalismo, nominalmente, continue sendo o conjunto de doutrinas dominante, pode afirmar-se que em nossos dias já não reflete nem a realidade do sistema jurídico, na maior parte do Ocidente, nem as exigências metodológicas derivadas das mudanças operadas naquele sistema por obra do Estado constitucional de Direito. Este pressupõe não só a denominada crise da Lei, mas também uma série de mudanças profundas que, nas palavras de Prieto Sanchis, "estão dando vida a uma nova teoria do Direito", que esse autor caracteriza, acompanhando em parte a Alexy, Zagrebelsky e Guastini, com as seguintes notas: a) mais princípios que regras; b) mais ponderação que subsunção; c) onipresença da Constituição em todas as áreas jurídicas e em todos conflitos minimamente relevantes, em lugar de âmbitos isentos em favor da lei ou dos regulamentos; d) onipotência judicial (principalmente do Tribunal Constitucional) em lugar da autonomia do legislador ordinário; e e) coexistência de uma constelação plural de valores potencialmente contraditórios.[208]

---

[207] ALEXY, R. Sistema jurídico y razón práctica. In: ALEXY, R. *El concepto y la validez del derecho*. Barcelona: Gedisa, 1994, p. 160.

[208] SANCHÍS, L. P. Neocostituzionalismo e ponderazione giudiziale. *Ragion Pratica*, v. 10, n. 18, 2002.

Por outra parte, assiste razão a Garcia Amado quando, tanto a respeito da argumentação jurídica quanto à prática dos tribunais, diz que à primeira falta

> [...] um instrumento conceitual e analítico mais complexo e completo que o habitual, que sirva para dar adequada conta dos distintos fenômenos e momentos que acontecem no raciocínio jurídico de aplicação do direito e realizar um estudo preciso e minucioso *da estrutura, condições de uso e exigências argumentativas de cada um dos argumentos.*[209]

Em relação com a prática judicial, o autor espanhol assinala que grande parte da produção de nossos juízes e tribunais é dificilmente explicável e catalogável desde a perspectiva de uma teoria da interpretação do direito que se queira minimamente compreensível, consistente e completa;

> Daqui e dali compartilhamos a impressão de que, à margem da indubitável boa fé e honestidade profissional de juízes e magistrados, assoma amiúde na jurisprudência o caos, a flutuação de critério, o larvado decisionismo ou, inclusive, um certo decisionismo ideológico que faz as delícias críticas dos velhos mestres do realismo.[210]

Esses fatores se acentuam e potencializam quando atuam em nome e por conta do Estado democrático de Direito, cuja principal característica é sua progressiva constitucionalização; o direito constitucional, diz-se, invade e condiciona tanto a legislação quanto a jurisdição. Isto, junto à incorporação pelas constituições de uma grande quantidade de princípios e valores, deu origem ao neoconstitucionalismo (ou neoconstitucionalismos). Os neoconstitucionalistas adotam um modelo axiológico de Consti-

---

[209] AMADO, G. *Sobre la interpretación constitucional.* Bogotá: Theis, 2003, p. 64-65.

[210] AMADO, J. A. G. ¿Interpretación judicial con propósito de enmienda del legislador? *La Ley*, n. 5, p. 1674-1687, 2001.

tuição frente a um modelo de Constituição como norma, propondo uma leitura moral de suas cláusulas, nas quais os princípios adquirem uma relevância especial, ou melhor, uma aplicação especial relativamente às regras.[211]

São muitas as formulações teóricas e ideológicas do neoconstitucionalismo. Entre elas, convém destacar a que tem a ver com a maneira de se entender a força normativa da Constituição, junto a uma determinada concepção dos princípios, fenômenos que deságuam na *inaplicação* das leis sob uma pretendida *leitura moral* da Constituição.

Boa parte dos neoconstitucionalistas resolvem a questão relativa à leitura moral da Constituição apelando para a existência de uma moral objetiva. Entretanto parece que esta não constitui um critério firme, de modo a fundamentar objetivamente as decisões, pois, segundo as palavras de Comanducci,

> [...] supondo que exista a moral objetiva, ela não é conhecida nem compartilhada por todos os juízes; não existe em nossas sociedades uma moral positiva compartilhada por todos os juízes; pelo contrário, estas se caracterizam por um pluralismo ético; os juízes não são coerentes no tempo com suas próprias decisões e não constroem um sistema coerente de direito e moral para resolver os casos, e os juízes nem sempre argumentam e decidem racionalmente os casos.[212]

Em última instância, o que o neoconstitucionalismo reclama é que determinadas normas, os princípios, formem parte do direito porque são justas, e que a função dos juízes seja aplicá-las. A tese de Dworkin foi acolhida por muitos jurisfilósofos, no que se deu um passo bastante discutível da mera *descrição* de como opera a argumentação jurí-

---

[211] DWORKIN, Ronald. *The moral reading of the constitution*. New York: The New York Review of Books, 1996, p. 46-50.

[212] COMANDUCCI, P. *Formas de constitucionalismo*. Un análises metateórico. *In:* CARBONELL, M. *Neoconstitucionalismos*. Madri: Trotta, 2003, p. 92.

dica à *justificação* da mesma: o juiz antes de aplicar uma norma jurídica deve sopesar a conformidade dela com os princípios, pois não basta que a decisão esteja fundamentada na norma, mas é necessário que seja consistente com o sistema de princípios.[213]

Ora, como pondera Prieto Sanchis:

> A invocação expansiva dos princípios [...] tende aparentemente a elevar a moralidade do Direito – e digo aparentemente por que pressupõe uma racionalidade e uma pureza nos órgãos de aplicação tão grande ou maior que a outrora atribuída ao legislador –, mas o faz, desde logo, à custa do império da lei.[214]

De fato, essa leitura moral da constituição – que implica uma argumentação a partir de valores e princípios constitucionais – transfere para os tribunais (especialmente o Constitucional) um formidável poder legislativo, na medida em que estes, quando apelam para razões morais, criam direito novo, precisamente porque recorrem a critérios extrajurídicos. Hoje é quase universal a abusiva referência que se faz a valores ou princípios morais para se interpretar (*interpretação conforme*) e aplicar o Direito. De modo que a ideia de que o Direito está na penumbra e é indeterminado, sempre que faz referência a critérios valorativos ou quando todos os casos regulados por normas jurídicas que aludem a ditos critérios têm que ser resolvidos discricionariamente, supõe que grande parte do Direito é indeterminado e que, por consequência, a discricionariedade dos órgãos de aplicação é amplíssima.

A vaguidade e o caráter valorativo de muitos termos das normas jurídicas deram lugar a um verdadeiro ceticismo semiótico que termina por justificar *qualquer* significado como *interpretação* do texto legal. O ceticismo pode ser *aparente* ou *em sentido estrito*. O primeiro sustenta

---

[213] HIERRO, L. *El imperio y la crisis de la ley*. Doxa, 19, p. 303. s.d.

[214] SANCHÍS, P. *Sobre princípios y normas. Problemas del razonamiento jurídico*. Madri: C.E.C., 1992, p. 198.

que os problemas hermenêuticos não podem ser resolvidos de maneira unívoca. Essa postura não nega que existam regras que delimitem o significado, mas defende que uma característica inerente a qualquer linguagem, não lógica nem matemática, é a falta de precisão, especialmente naqueles casos (como sucede com o Direito) nos quais a comunicação não é interpessoal e não vige o princípio colaborativo; o último diz que a comunicação não está baseada em *convenções* e *regras gerais acerca do significado*. Uma das maneiras de ilustrar isso é partir de que a determinação do significado não tem um ponto de partida linguístico independente, visto que desde o princípio ao fim, a interpretação é determinada por considerações pragmáticas. Não existe um "grau zero" de significado que possa ser separado das singulares situações nas quais se profere um ato linguístico. A atribuição de significado só pode consistir em decisões tomadas caso a caso, e muda em função dos elementos finalístico-funcionais que se manifestam nos particulares contextos de uso, de modo que a semântica não tem autonomia, mas é absorvida pela pragmática.[215]

Uma outra divisão, de grande importância para se situar a interpretação jurídica frente a outras formas de exegese, é a que se dá entre as teorias cognoscitivistas e as não-cognoscitivistas. Para as primeiras, os enunciados éticos têm um estatuto semelhante aos dos descritivos: são verdadeiros ou falsos em função de sua correspondência ou não com algum tipo de "realidade". Para as teorias não--cognoscitivistas, os enunciados éticos não dão conta de

---

[215] Violi dá um exemplo de como o significado de baleia variou não em função do *status* ontológico dela, mas em razão de fatores alheios à sua essência. Ainda vivendo no mar, descobriu-se que a baleia não é peixe, mas um *mamífero*. Hoje essa propriedade é essencial ao significado de baleia. Mas nada impede que amanhã se estabeleça um novo critério classificatório que altere a classificação genérica do animal. Assim se crê porque o significado, segundo Violi, não provém da natureza das coisas (como propunha a semântica clássica) e não há ontologia natural que fixe o significado de maneira permanente e imodificável. (Cf. VIOLI, Patrizia. *Significato ed esperienza*. Milão: Bompiani, 2001, p. 222-223). Violi desconhece que a essência não se mostra de uma só vez, mas progressivamente, conforme as etapas do conhecimento humano. Daí a possibilidade, como vimos com Putnam, de sua correção.

A TIRANIA DO SIGNIFICADO

algo exterior a eles mesmos, mas unicamente expressam uma tomada de posição axiológica dos sujeitos acerca de diferentes objetos conceituais. Não podem ser qualificados em termos de *verdade/falsidade*, mas por meio de *boas/ más razões, argumentos válidos/inválidos* etc.

Quando se faz uma leitura moral da Constituição, corre-se o risco de se enveredar pela senda do desconstrucionismo, à mingua de um dado real e exterior que dê limites à tarefa interpretativa. O ceticismo semiótico, somado à orientação não-cognoscitivista, se inclina pela desconstrução dos termos textuais, mediante a "imposição de narrativas", impregnadas de subjetivismo e de ideologia: é a mais decidida e peremptória opção pelo predicado em detrimento do sujeito; da expressão atributiva em desfavor da designação referencial. A grande questão que se põe nesse momento, no que concerne à interpretação do Direito, se resume em saber se os conceitos jurídicos são definíveis exaustivamente, vale dizer, se é possível, quanto a estes, fornecer um conjunto de descrições que constituam as condições necessárias e suficientes para a identificação dos membros da classe designada por eles. Trata-se de atribuir ao conceito, e não derivar dele ou do objeto, expressões designativas exaurientes de sua definição. Era o método distintivo da *Escola da Exegese*, cujos membros cultuavam tanto ou mais o *Código de Napoleão* quanto os neoconstitucionalistas cultuam hoje o texto da Constituição: no primeiro caso, existia um fetichismo do texto da Lei; no segundo, um apego exagerado aos princípios constitucionais. Em ambos os casos há exagero e arbítrio de parte a parte.

Para ficarmos adstritos ao tema deste trabalho, cumpre esclarecer que o uso atributivo dos conceitos teóricos é incompatível com o mecanismo essencial que diferencia as ciências naturais e sociais da matemática: a indução. Esta requer, precisamente, que os descobrimentos posteriores, aos quais possa conduzir o desenvolvimento de uma teoria, permitam levar a efeito revisões dos postulados iniciais.

Com efeito, o uso atributivo reclama outro procedimento metodológico – a dedução –, e seria substancialmente correto afirmar que esta se acomodaria bem a um conceito de Direito autorreferente, cuja normatividade desse conta de todas as situações possíveis, de modo que não houvesse razões fáticas nem jurídicas que exigissem correções dogmáticas e legislativas. Seria uma espécie de Direito geométrico, ideal ambicionado pelo legalismo da *Escola da Exegese*, que, pela boca de um de seus tratadistas, apregoava: "*Não conheço o Direito Civil, ensino o Código de Napoleão*".[216]

É verdade que alguns intérpretes aplicam a Constituição sem se darem conta de que o fazem segundo o figurino dos legalistas do passado, ou seja, em conformidade com uso atributivo de conceitos que elimina o sujeito e põe no predicado assertivas ideológicas ou noções camufladas do *politicamente correto*. Tomemos como exemplo o conceito de família estampado na Constituição. A primeira providência do intérprete será a de suprimir a referência real do conceito tal como a concebia o próprio legislador: a união do homem com a mulher.

Suprimido o sujeito ou a referência real, passa-se então a construir um conceito teórico de família (F), com base em predicados ($P, P_1, P_2, P_3, P_4, P_5$) carregados de interesses ideológicos ou noções politicamente corretas, em que x e y são sujeitos, de modo que

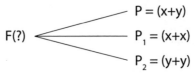

Como não há um dado referencial real, qualquer sujeito (ou referência) poderá ser criado futuramente pelo intérprete, tais como:

---

[216] BUGNET *apud* BONNECASE, J. *La escuela de la exegesis en derecho civil*. México: Porrua, p. 141. s.d.

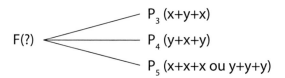

De tal modo que será F tudo que satisfizer as condições previstas em P_1, P_2, P_3, P_4 e P_5.

Dá-se aqui o que Olavo de Carvalho, com muita propriedade, chamou de raciocínio metonímico, muito utilizado pelo Tribunal Constitucional.

3.2 O TRIBUNAL CONSTITUCIONAL

Vigiam inabaláveis, até bem pouco tempo, princípios que constituíam verdadeiros dogmas de direito público. Eram desse tipo os que proclamavam a primazia do poder legislativo e a autoridade da lei. Conforme o primeiro, os órgãos que têm o poder de criar normas gerais (*leis*) têm primazia funcional sobre os órgãos que as interpretam e aplicam por meio de normas individuais (*sentenças, atos administrativos*). Em segundo lugar, a teor do último princípio, toda a estrutura normativa e institucional do Estado está regida pelo princípio da legalidade, segundo o qual todo ato administrativo e decisão judicial devem ser conformes a uma normal geral precedente. Por outras palavras, os órgãos de aplicação devem decidir os casos litigiosos conforme o direito.

Sobreveio então o neoconstitucionalismo e, com ele, a subversão do mecanismo normal da estrutura de poder, na medida em que sobrepôs a moral ao direito, relativizando a supremacia do poder legislativo pelo fortalecimento do tribunal constitucional.

A progressiva constitucionalização do Estado de Direito, por meio da leitura moral da constituição, repercute tanto na economia interna dos poderes constituídos quanto no relacionamento entre o executivo, o legislativo e o judiciário: este último excele no prestígio e excede em poder os dois primeiros, cujos titulares, dignitários e agentes vão curvar-se doravante diante de um poder que nasceu para coibir a usurpação, mas que agora usurpa para se tornar mais poderoso.

A tal extremo pode um povo mergulhar no servilismo, que deliberadamente se expõe a toda sorte de calamidades. Nenhum mal lhe é estranho; não vive para merecer o prêmio da virtude. Os que o governam querem também julgá-lo; por governá-lo se esforçam os tribunais. Do que se privou o povo para que seus inimigos se animassem a oprimi-lo tanto? Seus representantes o traem, os que não o são têm mais poderes que estes para impor-lhe uma legislação usurpada. Que poder é esse diante do qual se calam os valores morais da nação e se opõe em vão a resistência do povo, a mesma que outrora era oposta a outro tirano? Donde vem a extravagância de um punhado de homens que o acaso reuniu ontem para defender o que eles hoje abertamente combatem?

Certamente, a resposta nos dá o neoconstitucionalismo quando, afrontando o princípio da legalidade, transforma a magistratura em sujeito político. Pozzolo a resume perfeitamente quando diz que

> [...] o imperialismo da moral, típico do neoconstitucionalismo, não me parece que faça nada mais que elevar um novo "rei" por cima do direito, e quem tiver a "sapiência" para dominar o "conhecimento moral" pode transformar-se em um déspota muito mais perigoso que a temida autoridade política [...]. O reconhecimento do valor jurídico da Constituição, e sobretudo de seus princípios, não necessita, ao menos do ponto de vista teórico, uma absorção do direito pela moral. E uma teoria dos limites jurídicos do poder tem força na medida em

que, separando o direito real do direito ideal, não se dissolve num mar de "bons conselhos".[217]

Com efeito, estamos

> [...] saltando da autoridade judicial limitada pela Constituição do modelo de Kelsen imediatamente para o modelo schimittiano, que defende que a vontade do soberano é que dita a Lei. Em sentido lato, seria então uma inversão total em que a Corte Suprema, ao invés de estar defendendo os limites da Constituição (já que subordinada a ela), estaria ela mesma sendo a expressão da vontade Constitucional, ainda que além dos limites dados pelo Legislador Constituinte originário.[218]

O órgão que julga, às vezes que não sempre, pode ignorar o que legisla. São situações excepcionais que requerem providências especialíssimas. Milita, no império da legalidade, o entendimento de que a legislação antecede e condiciona a jurisdição. Dir-se-ia em metafísica que a norma geral é um ente mais perfeito que a norma individual. Com a irrupção do neoconstitucionalismo se subverteu essa relação: desmandar-se no julgar tornou-se regra, uma regra que se insinua sem resistência e que se impõe mesmo às principais testemunhas dessa usurpação, a pretexto de que o usurpador arroga a si o privilégio exclusivo de oracular a Constituição.

Pontes de Miranda diz que quem quer mandar, quer antes legislar. Mas mandar em quem manda, como é o caso do tribunal constitucional, significa resumir em si próprio atribuições que o legislador constituinte quis conferir criteriosamente a três poderes distintos.

À força de uma exegese extravagante, a corte constitucional estica e encolhe os princípios da Constituição,

---

[217] CARBONELL, M. L. *Un constitucionalismo ambíguo*. Madri: Trotta, 2003, p. 210.
[218] WALCÁCER, E. Na ditadura do judiciário, não há a quem recorrer. *Justificando*. Disponível em: http://www.justificando.com/2015/12/07/na-ditadura-do-judiciario-nao--ha-a-quem-recorrer/. Acesso em: 13 abr. 2020.

em ordem a extrair deles significados arbitrários e até contraditórios, amparada numa leitura moral dos mesmos e com prejuízo de referências rígidas e consagradas socialmente.

Nesses tempos estranhos, enquanto o tribunal constitucional exercer ininterrupta e regularmente o poder constituinte, nenhuma garantia haverá para o cidadão, o estudo do direito estagnará e a população estará a meio caminho da situação política prevista por Aldous Huxley: "A ditadura perfeita terá as aparências da democracia, uma prisão sem muros na qual os prisioneiros não sonharão com a fuga. Um sistema de escravatura onde graças ao consumo e ao divertimento, os escravos terão amor à sua escravidão."

Afinal, contra tal ditadura, quem poderá resistir sem se expor aos mecanismos repressores da democracia, cuja legitimidade deriva apenas do nome que formalmente ostenta? Se na Berlim do passado o juiz defendia o cidadão contra o déspota, atualmente quem o defenderá contra ambos?

3.3 RACIOCÍNIO METONÍMICO

O grande filósofo brasileiro Olavo de Carvalho já havia observado que

> [...] uma das características da mente contemporânea é que ela é ferozmente metonímica, ou seja, ela sempre toma a causa pelo efeito, o instrumento pelo agente, a parte pelo todo, sistematicamente, e não percebe que é metonímia, acha que está falando de coisas, de fatos do mundo, quando está falando apenas da sua própria linguagem, isso aqui podemos tomar como norma, nós estamos no império da metonímia. Quando as pessoas começam a discutir metonímias, então você cria oposições e cria dificuldades que na verdade não existem, que

> poderiam facilmente ser explicadas por um exame dialético que escalonasse os vários sentidos possíveis da palavra ou do texto bíblico que você está usando e que os articulasse de uma maneira racional. Aí sim você saberia do que está falando.[219]

De fato, a metonímia se insinua em qualquer nível de conversação, de uma forma tão convincente, que, não raras vezes, um argumento puramente metonímico põe fim a um debate, sem que sequer se suspeite que, em nenhum momento, se falou de fatos ou de coisas, ou seja, discorreu-se apenas sobre predicados, jamais sobre sujeitos.

Quando analisamos as vicissitudes da vida contemporânea, não podemos deixar de dar total razão a Olavo de Carvalho, quanto à ferocidade metonímica que a caracteriza. O livro *Alfanumerics* nos convence de que vivemos na era dourada dos *alfanumerics*. Por meio de um simples procedimento administrativo, realizamos de forma inconsciente um ato paradoxalmente retórico, a metonímia; a substituição de uma coisa por outra; nosso eu por dados gráficos/numéricos, estabelecendo assim uma relação metonímico-administrativa substitutiva. [...] A sociedade humana, composta de milhões de indivíduos, todos com uma identidade própria, se acham abreviados por algo que a mesma sociedade criou, a administração (tanto pública quanto privada). Um ente que nos resume, nos desumaniza, nos converte e atribui toda uma série de códigos numéricos e alfanuméricos associados à nossa pessoa. A humanidade criou sua antítese, a desumanização. [...] Basta apenas pegar a carteira e ver todos esses cartões repletos de cifras e letras, às quais estamos supostamente associados. Nossa vida se resume do 0 ao 9, e para aqueles que não se dão conta disso, se resume a um simples código binário: do 0 a 1. Tal é essa imersão na desumanizadora sociedade alfanumérica, que nos últimos anos se produziu uma nova tipologia de delito: a clonagem de identidade.

---

[219] Disponível em: https://www.youtube.com/watch?v=FiMDTo6Tvlg. Acesso em: 13 abr. 2020.

Não é necessário assemelhar-se com a pessoa clonada, nem urge ser do mesmo gênero. Não há por que conhecer a vítima. Um indivíduo pode passar por outro mediante a apropriação da identidade administrativa. Essa cascata de números nos enjoa e incomoda.[220]

Com efeito, essa ferocidade metonímica contemporânea nos habituou a julgar pelas aparências: se o que importa não é a referência, mas apenas os significados que atribuímos a ela, escolhamos então aquele que mais atende aos nossos interesses ou à nossa ideologia. É assim que funciona a política, a mídia, a educação e a cultura em geral nesse país. Estamos a tal ponto afastados da realidade que, a exemplo dos habitantes da caverna de Platão, desenvolvemos uma cegueira crônica relativamente às coisas do mundo e suas conexões recíprocas. Mais uma vez nos socorremos das luzes de Olavo de Carvalho quanto ao tema que nos ocupa:

> Todos nós que fomos criados no Brasil recebemos o impacto de um caos mental intolerável e sofremos por isso de graves deficiências de percepção e de julgamento. Todos nós sem exceção. Percebemos mal a relação tempo e espaço, as conexões causais da vida prática, o nexo de ação e resultado, os valores e proporções na vida moral, etc. O número de vezes que eu vi pessoas se queixando porque não obtiveram resultado nenhum em ações que elas não praticaram é uma grandeza. [...] Isso é muito comum no Brasil, tanto na esfera individual, na vida individual, quanto na esfera pública. Enfim, não sabemos viver. [...] Até hoje me impressionam a inépcia, a falta de sentido prático dos brasileiros, não raro mal compensadas por alguma habilidade profissional específica. [...] Todos nós somos incapazes, e para nos tornar-

---

[220] FRESNEDA, R. *Alfanumerics*. Valencia: Ediciones, 2015.

A TIRANIA DO SIGNIFICADO

mos capazes, nós temos de fazer uma reforma dentro de nós...[221]

As consequências que decorrem desse extraviamento metonímico é de um alcance extraordinário para nossa concepção moral e para nossa civilização. Trocando em miúdos o que Olavo de Carvalho observou em suas grandes linhas, é lícito afirmar que a metonímia, traduzida numa técnica discursiva ideológica, visa suprimir a responsabilidade moral e a confundir psicologicamente a massa, mediante a distorção de raciocínios lógicos elementares. Essa figura de linguagem, aparentemente inocente, pode se transformar em instrumento poderoso de persuasão demagógica quando se destina a desmontar conceitos que a técnica nietzscheana atacou por outros meios: o pensamento, a consciência, a lógica, o sujeito, a coisa, a verdade, o princípio de contradição, o ser, os valores, a objetividade, a moral etc. Em suma, a metonímia ideológica pode ser expressa pela seguinte fórmula sintetizadora: em face da consciência (engendrada por uma distinção entre ato e autor), o mundo exterior é, também ele, um artifício. Nós o percebemos segundo os valores utilitários que nós defendemos em vista de nossa segurança ou de nossos interesses. Fica claro, à vista dessa sucinta explicação da metonímia, que sua finalidade não se limita apenas aos apelos convencionais da propaganda e do *marketing*. O raciocínio que lhe corresponde representa o esforço racional, metódico e sistemático de pensar e decidir pela massa de indivíduos, ao mesmo tempo em que estes creem que pensam e decidem por si mesmos. É o que se convencionou chamar de *Engenharia Social*.

Costuma-se definir a metonímia como a figura de retórica que consiste no uso de uma palavra fora de seu contexto semântico normal, por dispor de uma significação que tem relação objetiva, de contiguidade, material ou conceitual, com o conteúdo ou o referente ocasional-

---

[221] Artigo no Facebook.

mente pensado.[222] Para se ter uma ideia do perigo que se corre com o uso indiscriminado ou capcioso da metonímia, basta ter em mente que nenhum governo autoritário jamais prescindiu dela nem sequer atribuiu-lhe um valor secundário quando se tratava de oprimir mais. Olavo de Carvalho nos dá um exemplo claro e pertinente do uso metonímico que se faz do termo *democracia*. Ouçamo-lo:

> Democracia é o nome de um regime político definido pela vigência de certos direitos. Como tal, o termo só se aplica ao Estado, nunca ao cidadão, à sociedade civil ou ao sistema econômico, pois em todos os casos o guardião desses direitos é o Estado e somente ele. Só o Estado pratica ou viola a democracia. O homem que oprime seu vizinho não atenta contra a "democracia", mas apenas contra um direito individual, o qual existe só porque o oprimido e o opressor são ambos cidadãos de um Estado democrático: democracia é o pressuposto estatal desse direito, não o exercício dele pelo sr. Fulano ou Beltrano. Se o mesmo direito não existisse, isto é, se o Estado não o reconhecesse, não é o opressor individual que seria antidemocrático, mas sim o Estado. Quando se diz que o cidadão "pratica a democracia" porque respeita tais ou quais direitos, o uso da palavra é rigorosamente metonímico: democrática não é a ação individual em si, mas sim o quadro jurídico e político que a autoriza ou determina. [...] Democrático ou antidemocrático é o Estado e somente o Estado. [...] Mas o erro em que incorre quem toma literalmente a sério expressões como "democracia econômica" ou "democracia social" vai muito mais fundo do que um mero deslize semântico. Pois a transposição da ideia democrática para outros campos além do político-jurídico, em vez de

---

[222] IBÁÑEZ, Francisco José R. M. *Introducción a la teoria cognitiva de la metonimia*. Granada: Granada Linguística, 1999, *passim*.

> estender a esses domínios os benefícios que a democracia assegura no seu domínio próprio, resulta apenas em ampliar o domínio político jurídico: tudo se torna objeto de lei, tudo fica ao alcance da mão da autoridade. Mas a democracia, por essência, consiste justamente em limitar o raio de ação do governante: estendê-la é destrui-la.[223]

São vários os exemplos de metonímia, e múltiplas, portanto, as formas pelas quais são usadas para embair ou desfocar a atenção do *punctum saliens* da questão. De qualquer forma, não se pode esquecer que

> [...] quando você adota como meta das suas ações uma figura de linguagem imaginando que é um conceito, isto é, quando você se propõe a realizar uma coisa que não consegue nem mesmo definir, é fatal que acabe realizando algo de totalmente diverso do que esperava. Quando isso acontece há choro e ranger de dentes, mas quase sempre o autor da encrenca se esquiva de arcar com suas culpas, apegando-se com tenacidade de caranguejo a uma alegação de boas intenções que, justamente por não corresponderem a nenhuma realidade identificável, são o melhor analgésico para as consciências pouco exigentes.[224]

Antes de se ministrarem exemplos de metonímia, convém lembrar que essa figura de linguagem retira sua força de imagens; está mais próxima da semiose popular que da semiose verbal, na feliz expressão de Umberto Eco, pelo que esse tropo é de prodigiosa eficácia entre as pessoas simples.

> Não é que a semiose popular seja mais "verdadeira" que a semiose verbal: veremos como e até que ponto ela também pode permitir

---

[223] CARVALHO, Olavo de. *O mínimo que você precisa saber para não ser um idiota.* Rio de Janeiro: Record, 2017, p. 105-106.

[224] CARVALHO, Olavo de. *A filosofia e seu inverso.* Campinas: Vide Editorial, 2012, p. 216.

o mal-entendido ou a mentira. Porém aos humildes ela parece mais compreensível que a linguagem verbal e, portanto, eles a consideram mais confiável. A tal ponto que quando se enganam ou são enganados relativamente à semiose natural, parecem mais vulneráveis, pois em relação a ela não exercem a desconfiança sistemática que exercem contra a linguagem verbal. [...] Os humildes desconfiam da linguagem verbal porque esta impõe uma sintaxe lógica que a semiose natural suprime, dado que não procede por sequências lineares, mas por "quadros", por fulmíneos iconologemas. Enquanto as tramas das sequências linguísticas podem se adensar até o infinito, e nessa selva perdem-se os mais simples, a semiose natural permite, ou parece permitir, um acesso mais fácil à verdade das coisas, das quais é veículo espontâneo: [...] Tem início aqui um processo que um epistemologista atribuiria à debilidade intrínseca a todo método dedutivo [...], mas que de fato põe em jogo uma segurança retórica, uma perplexidade sobre o quanto uma parte deve ser consistente para que represente o todo por sinédoque, ou evidente um efeito para que seja boa metonímia de sua causa.[225]

Por constituir uma excelente técnica de persuasão, a metonímia é recorrente no dia a dia dos comunicadores, jornalistas, advogados e demagogos. De modo sintético, destacamos especialmente as que seguem:

QUANDO SE TOMA A EXCEÇÃO PELA REGRA

Esse tipo de metonímia é o preferido da mídia. A partir dele, busca-se suscitar conflitos entre os diversos segmentos sociais, geralmente por meios de deturpação de estatísticas ou de grosseira manipulação de dados. Exem-

---

[225] ECO, Umberto. *Entre a mentira e a ironia*. Rio de Janeiro-São Paulo: Record, 2006, p. 38-54.

plo: pelo fato de que alguns indivíduos cometam assédio sexual, conclui-se que a generalidade dos homens é desrespeitosa com as mulheres; do fato de que uma minoria homofóbica ataque homossexuais, segue-se que a maioria heterossexual discrimina os gays; se um ou outro indivíduo manifesta concretamente aversão pela raça negra, a mídia proclama, ruidosamente, que o país é racista.

QUANDO O CONTEÚDO É SUBSTITUÍDO PELO CONTINENTE

Essa é precisamente a hipótese que ocorreu quando um deputado federal sustentou que a arte (continente) é livre em sua manifestação, independentemente do tema versado (conteúdo). Aqui o prestígio do continente escamoteia a vileza do conteúdo.

QUANDO SE TOMA A PARTE PELO TODO OU VICE-VERSA

Esse caso se verifica, por exemplo, quando a esquerda, em ordem a promover o conflito entre os sexos, atribui aos homens em geral a violência praticada contra as mulheres por uma parcela mínima de seus maridos e companheiros. Caso semelhante ocorre também quando a mesma esquerda, para manter a população desarmada, imputa à generalidade desta os altos índices de criminalidade devidos exclusivamente às organizações criminosas ou aos delinquentes em geral. Nessa mesma classificação deve ser incluída a imputação de corrupção à Igreja católica por faltas praticadas por alguns de seus membros.

QUANDO SE TOMA O ABSTRATO PELO CONCRETO

A carga de propaganda que esse tipo de metonímia contém é enorme. Sua eficácia subliminar se insinua e se apodera da inteligência com a mesma força de um argumento apodítico, em que o abstrato alardeia uma situação positiva que o concreto muitas vezes não confirma. Exemplo: "O povo brasileiro deixou-se seduzir pela eticidade na política". (O povo brasileiro deixou-se seduzir pelo PT)

QUANDO O CONTINENTE É SUBSTITUÍDO PELO CONTEÚDO

Aqui, parte-se do que se presume ser uma característica positiva do conteúdo para se afirmar a excelência do continente. Exemplo: da implantação da política de cotas nas universidades deduz-se a superioridade da educação.

QUANDO SE TOMA O AUTOR PELA OBRA

Por exemplo, quando se diz que o Lula acabou com a fome do pobre (referência ao bolsa família); ou que o PT elevou o nível da política (em que a ética petista está subentendida).

QUANDO SE TOMA A CLASSE PELOS INDIVÍDUOS

Por exemplo, quando se afirma que a direita quer "entregar o patrimônio público", para dar a entender que os políticos conservadores são a favor da privatização.

QUANDO SE TOMA O EFEITO PELA CAUSA

"Ao preço de calos nas nossas mãos debelaremos a seca". Discurso demagógico de um político do Nordeste. (calos nas nossas mãos = trabalho)

QUANDO SE TOMA O INDETERMINADO PELO DETERMINADO

Essa forma de metonímia é o arquétipo metonímico por excelência, pois sintetiza vigorosamente todas as direções do pensamento moderno, na medida em que se submetem a ela quaisquer teorias, afirmações ou julgamentos que pretendam encontrar acolhimento e fortuna no âmbito social e profissional. Ela ocorre quando, à custa da indeterminação (desconstrução) da natureza humana e de suas características essenciais, prolifera a criação *ex nihil* de direitos humanos, reivindicados por movimentos sociais e políticos estranhos à ideia que inspirou a Declaração Universal de 1948.

> Quando se deixa de crer numa natureza humana objetiva, da qual dimanassem certos imperativos morais, deixa-se a porta aberta para a apropriação da ideia dos direitos humanos por quaisquer movimentos e causas políticas. O jus-internacionalista David Kennedy advertiu que o movimento dos direitos humanos é particularmente suscetível de ser sequestrado por outros atores políticos e projetos ideológicos; Janne Haaland Matlary, por sua vez, constata que o termo "direito humano" se converteu, simplesmente, no slogan mais efetivo para promover qualquer causa no debate político.[226]

3.4 A LITERALIDADE DA METÁFORA

Constitui uma característica comum à maioria das seitas sociais, políticas e religiosas, o desejo de se ligar a uma tradição antiga, e de buscar no passado antecessores e mártires. Seus adeptos se empenham em contornar assim a objeção habitual daqueles que declaram impraticáveis

---

[226] CONTRERAS, Francisco José; POOLE, Diego. *Nueva izquierda y cristianismo*. Madri: Encuentro, 2011, p. 51-52.

as coisas não ainda experienciadas e que vêm na novidade de uma ideia um argumento contra sua verdade. Assim, apresentando-se como os continuadores de partidos vencidos e perseguidos, esses sectários esperam tirar algum proveito dessa comunhão de interesses que dizem compartilhar com os fracos e oprimidos. Essa tendência é em geral favorecida pela história, pois é sobretudo na ordem moral que se impõe a verdade da sentença salomônica: "*Não há nada de novo sob o sol*". Mas acontece também, quase sempre, que os inovadores, a exemplo dos cortesãos do passado de nobreza duvidosa, aumentem artificiosamente o número de seus ancestrais, e assim, amparados em indícios frágeis e analogias forçadas, estabeleçam relações imaginárias de filiação com doutrinas remotas e de reconhecida tradição.

O socialismo moderno não escapou a essa tendência. Seus militantes procuram cuidadosamente antecedentes nos séculos recuados. Por conta dessa ousada artimanha, vemos ainda hoje a esquerda se apresentar como a continuadora do cristianismo primitivo. Para preencher a imensa lacuna que separa a comunidade efêmera e excepcional dos primeiros discípulos de Jesus dos socialistas utópicos dos séculos XVIII e XIX *y compris* Marx, os comunistas evocam a lembrança de diversas heresias que misturam algumas ideias políticas a dogmas teológicos. Tais são a de Pelágio, dos Valdenses, Albigenses, de Wiclef e de João Hus. A se dar crédito aos comunistas contemporâneos, essas diversas heresias representam os anéis de uma corrente que os une ao berço da religião cristã. Essa pretensiosa doutrina é muito duvidosa no que concerne à primeira dessas seitas; a respeito das outras, é completamente errônea.

Foi no começo do quinto século que Pelágio, monge britânico, deu à luz uma das mais célebres heresias que desolaram a Igreja e confundiram os cristãos. A célebre questão do livre arbítrio e da necessidade da graça foi o principal objeto da querela. Pelágio sustentou que o

A TIRANIA DO SIGNIFICADO

homem pode, com seus próprios esforços e sem nenhuma ajuda sobrenatural, se elevar à mais alta perfeição moral e se subtrair ao império do pecado. A Igreja, menos confiante nas forças humanas, admite que o homem, ainda que livre, não pode fazer o bem sem ser sustentado por um favor especial de Deus, que constitui a graça. Essa doutrina, fundada num profundo estudo dos fenômenos da vontade, ataca em seu princípio esse orgulho que nos leva a presumir e exagerar a suficiência de nossas forças e a nos glorificar de nossas imperfeitas virtudes. Ela deu nascimento à humildade, à simplicidade de coração, que distinguem o sábio cristão e que foram desconhecidas da filosofia soberba da antiguidade.

A questão capital do pelagianismo tinha a ver, nessa parte, com o dogma. Mas os discípulos de Pelágio mostraram, na interpretação da lei moral, o mesmo espírito rigoroso e absoluto que seu mestre havia manifestado na sua teoria do livre arbítrio. Tomando certas passagens do Evangelho de forma literal, eles proscreveram o uso do juramento e sustentaram que a renúncia à riqueza era um preceito de observação rigorosa. Segundo eles, um rico não pode entrar no reino de Deus, a menos que aliene todos os seus bens; ele é indigno de ser contado no número dos justos enquanto os conserva, mesmo que se conforme a todos os outros preceitos da religião. A literalidade da metáfora prevalecia sobre o bom senso e a despeito da correta interpretação dos Evangelhos.

Atribui-se a Pelágio um livro sobre as riquezas (*De divitiis*), no qual certos autores comunistas pretenderam identificar opiniões análogas às suas. Nada de mais nebulosa que a origem dessa obra. Ela não passa de uma exortação declamatória à renúncia, ao desprezo das riquezas e do ócio, uma invectiva violenta contra as fraudes, as rapinas, a mentira e de todo gênero de vícios que nascem frequentemente da cupidez desordenada. Se o autor dessa obra faz o elogio da mediocridade da fortuna; se em certas frases ele parece atribuir à extrema opulência de alguns ricos a causa da miséria dos pobres, essas alegações têm sobretudo o caráter de um argumento hiperbólico, destinado a combater a sede desenfreada de riquezas, que, em todos os tempos e sob todos os regimes sociais, a religião e a moral reprovaram. Daí à negação da propriedade e à proclamação do comunismo, há certamente uma grande distância.

Essa exaltação da literalidade metafórica, consubstanciada na incompatibilidade das riquezas com a vida cristã, foi refutada por Santo Agostinho. Esse vigoroso campeão da ortodoxia provou, por exemplos tirados da Escritura, a legitimidade da posse de riquezas; distinguiu no Evangelho as prescrições obrigatórias e os simples conselhos edificantes; explicou o verdadeiro sentido da renúncia, essencialmente relativa ao foro interior, mas cuja aplicação não pode ir, para a generalidade dos homens, até a supressão das condições necessárias à vida humana e ao regular funcionamento da sociedade.[227]

Nada nos parece, portanto, justificar essa interpretação metafórica, literal e exagerada, levada a efeito pelos comunistas modernos, senão o desejo de desvincular o significado da referência, para enfatizar aquele em detrimento desta. Essas versões literais não eram senão o produto de uma trapaça verbal, análoga àquela produzida por outros sectários, mas utilizando idêntica hipertrofia metafórica, que proscreviam de uma maneira absoluta o casamento e o amor conjugal e filial, sem se inquietar com a extinção da espécie humana, consequência de sua estranha doutrina.

Ademais, a doutrina pelagiana difere profundamente, tanto na origem quanto nas tendências, dos princípios preconizados pelos modernos adversários da propriedade. Enquanto estes fazem apelo ao bem-estar e aos apetites materiais, os pelagianos pregavam a austeridade e a abstinência; os primeiros exortam os pobres a espoliar os ricos e apresentam a seus adeptos a perspectiva de uma

---

[227] Cf. S. Agostinho, *Epístola a Hilário*, p. 156-157

felicidade sensual sem limites; os últimos convidam os ricos à renúncia voluntária de tudo que possa inviabilizar seu ideal de igualdade na pobreza. Uns procedem de um epicurismo grosseiro; outros, perseguem o ascetismo.

3.5 PREEMINÊNCIA DO SIGNIFICADO SOBRE A REFERÊNCIA. CONSEQUÊNCIAS PRÁTICAS. DEMAGOGIA. ESPÍRITO TOTALITÁRIO

Dissemos em outro lugar que

> [...] o pensamento contemporâneo, que desliza sobre a realidade sem tocá-la, é como o aço polido, mas embotado, ao qual não falta o brilho, mas falta o fio; que brilha, mas não corta. Quando o pensamento deixa de se guiar pelo real; quando ao pensamento extraviado corresponde a necessidade de encobrir a verdade, seja pelo motivo que for, então sobrevém um dos piores flagelos que pode afligir um povo: o abuso da palavra.

O pensamento moderno, como se disse, é um aço que brilha, mas não corta. E como brilham as instituições democráticas, em que as palavras substituem as ações. Não há país no mundo, totalitário ou democrático, cujo governo não esteja apoiado: o primeiro, sobre o fio da espada que corta tudo; o segundo, sobre o fio da palavra que não corta nada.

Esse gosto pela palavra, que é nobre quando não é leviano, é também o pior de todos os vícios políticos. É por ele, pela abundância dos discursos e pelo efeito das palavras, que o cidadão está habituado a medir os homens públicos, seus representantes; hábito que é duplamente funesto, pois, de uma parte, estimula a eclosão crescente e espontânea de falastrões, sem ideias e sem vergonha, que muito falam para dissimular a própria incompetência; de outra parte, afasta da vida pública ou reduz à inação homens eminentes, espíritos superiores, devotados ao estudo dos grandes problemas humanos e sociais e à meditação das respectivas soluções, tão capazes de as conceber, como de realizá-las, mas incapazes, porém, de mentir e de exagerar, como o fazem, com frequência e desembaraço, os políticos profissionais.

De fato, aqueles que põem a palavra ao serviço da erosão da cultura e subversão do Estado não dimensionam o que há de incerto e perigoso nesse prodigioso esforço; erigem seu frenesi em sistema e dogmatizam febrilmente sobre questões que a experiência histórica tem muito a ensinar. Todas as suas obras como todos os seus discursos são pretensiosos e fecundos em ideias tão distantes da realidade quanto o eram as utopias dos líderes populistas do século XX em torno de questões que não variam nunca: a criação de um homem novo e de uma nova ordem social. Seu método é reconstruir o homem empregando o mesmo projeto que os legisladores mitológicos utilizaram para edificar cidades fabulosas; tão ávidos estão de imitar Licurgo que se esquecem de aprender com Washington.

Entre esses sectários, alguns há que, movidos por algum pressentimento funesto, concebem pelo próprio sucesso um indizível temor que assusta e os faz hesitar. Mas a teoria não conhece temperamentos; a doutrina é impiedosa. Quando o coração se revolta, o cérebro engendra a revolução. Daí em diante, compete ao povo reunir forças para deter a avalanche que seria mais facilmente contida quando era apenas um simples deslizamento.

Infelizmente, porém, o povo não teme as utopias, nem os homens que as propagam pela palavra e as defendem com as armas. A maior parte não tem uma noção da própria existência política, não dimensiona sua relação com o governo que a dirige, nem sequer tem uma consciência clara das leis da vida, para temer os males em que todo o povo será mergulhado no caso de vitória de uma insurreição socialista. Uma pintura exata do "paraíso comunista" chocaria o homem de bem, mas uma descrição pomposa, colorida, que mostrasse a superfície e escondesse o essencial, seduziria sua imaginação, estimularia seu instinto poético e lisonjearia seu amor próprio. A imagem da *Quimera* o fascinaria até que as garras penetrassem em sua carne.[228]

A pintura apoteótica do "paraíso comunista" está confiada aos militantes e aos intelectuais de esquerda, isto é, aos demagogos. A demagogia é a arte de manejar livremente os significados, a despeito das referências, com vistas a iludir os incautos sobre algo que os prejudica, mas que é vantajoso para o demagogo. Ele sabe que as multidões se assemelham aos indivíduos; que elas podem ser ignorantes, altivas, ávidas, que se deixam seduzir, lisonjear, enganar, corromper, que têm boas e más inclinações, seus chefes e seus oráculos, de modo que basta agir com elas como se age com um indivíduo, quando se quer cooptá-lo para um empreendimento ou aliciá-lo contra as hostes inimigas.

O demagogo, geralmente, não é afeiçoado à liberdade. É conhecido o dilema de Omar: "Se os livros da Biblioteca de Alexandria são conformes ao Corão, são inúteis; se não, são nocivos. Nos dois casos devem ser queimados". O mesmo raciocínio se aplica à liberdade. Se os homens, no comunismo, são guiados segundo as diretrizes do Estado, a liberdade é supérflua; se não, ela é perigosa. Ademais, o demagogo não deve se ocupar muito com a liberdade, a menos que seja levado a renunciar ao ressentimento, ao ódio e à inveja, paixões que prestam tantos serviços à demagogia. A antítese é o nervo de sua eloquência. Negligencia os estados intermediários; coloca sempre frente a frente os dois extremos, a opulência e a miséria. Nenhum meio termo entre o palácio e a sarjeta, entre o caviar e o ragu. Não se trata de confrontar rivais ou vizinhos, mas de suscitar nas almas o ressentimento contra toda categoria de homens empreendedores e bem sucedidos, e contra o Estado que, segundo o demagogo, a protege e o prejudica.[229]

---

[228] FRARY, R. *Manuel du demagogue*. Indiana: Gawsewitch Editeur, 2012, p. 256.

[229] FRARY, *op. cit.*, p. 176.

Assim se opera uma radical transformação do ressentimento. Os antigos qualificavam-no de vil e rasteiro. Personificavam-no com os traços de uma deusa horrenda. Agora, ele anda de cabeça erguida; não cochicha, declama; não vaia, troveja. Não olha de soslaio o bem alheio, ele reclama com firmeza a sua parte, tem consciência de seu direito. Em vez de se encolher em seu egoísmo, ele se tornou filantropo: defende a causa dos deserdados e chora a sorte dos que sofrem, em razão da avareza e da opressão. O ressentimento socialista semeia a discórdia com ares de apostolado, ele fere com ternura. Não corrói mais os corações que ele possui, ele os dilata.[230]

É claro que o ressentimento não nasce do nada; ele é precedido por outra paixão que o favorece e sempre o acompanha: o ódio. O ódio é um dos maiores recursos dos catequistas da revolução; seu raio de ação é de um alcance formidável e se alastra como a pólvora comburida pelo fogo de uma calúnia ou de um assassinato.

> Na nossa civilização os ódios privados são raros; aliás eles não se compadecem com a doçura dos nossos costumes e a delicadeza dos nossos nervos. Mas nada é mais comum que os ódios coletivos. Afinal, os homens são frequentemente menos ardentes em vingar as afrontas reais que as afrontas imaginárias, ou tradicionais e coletivas.[231]

> Que se faça um quadro comovente de uma iniquidade impune e há muito tempo praticada, resultado de uma opressão secular. Sentimo-nos levados pelo desejo irresistível de castigar os culpados; e se estes estão ausentes, ou mortos, ou desconhecidos, de castigar seus descendentes, seus herdeiros, seus advogados, alguém enfim, não importa quem. Grande recurso para os demagogos neste país de revoluções e de reações. Contanto que recuemos bastante no

---

[230] *Ibidem*, p. 177.
[231] *Ibidem*, p. 147-149.

> tempo, nós teremos sempre algo a vingar; como os partidos datam de muito tempo, podemos sempre tornar nossos oponentes responsáveis por algum crime.[232]

Para tornar odiosos os cristãos, lembremos da Inquisição; se queremos indispor os negros contra os brancos, evoquemos os quilombos e os navios negreiros; se o objetivo é denegrir a direita, recordemos os crimes da ditadura militar. Graças a uma forçada associação de ideias, estende-se o desejo de vingança não somente àqueles que praticaram um ato odioso, mas àqueles que se aproveitam dele, aos que o aprovam ou não censuram, aos que o calam ou o não conhecem, ao governo da época.

Não é preciso dizer que esse gênero de argumento supõe um desdém pela verdade histórica. Embora se inventem muitos fatos, na realidade, não é preciso inventá-los nem negar fatos verdadeiros: é o bastante escolher aquele que serve ou é útil e negligenciar o que prejudica a causa revolucionária. Separar no debate o que é inseparável na realidade; confundir o que é distinto, é o triunfo do demagogo e o procedimento favorito dos partidos de esquerda.[233]

Há um fato capital que não deve ser desconsiderado: até há bem pouco tempo podia afirmar-se que a sociedade é lenta e que o indivíduo é rápido, quase instantâneo. Uma pessoa pode mudar subitamente de atitude, de convicções. A sociedade não podia sofrer alterações a despeito do tempo. Uma ideia levava tempo para modificá-la; cumpria assimilá-la, mastigá-la e digeri-la antes de que se tornasse socialmente vigente. A passagem de uma ideia individual a uma vigência social, a uma crença, requeria sempre muito tempo.

Atualmente, esse processo se acelerou enormemente, não só pelo desenvolvimento dos meios de comunicação, mas sobretudo pelo efeito primordial que dele decorre: a *simultaneidade*. Agora se fazem comunicações simultâ-

---

[232] *Ibidem*, p. 150.
[233] *Ibidem*, p. 155.

neas a números elevadíssimos de pessoas, quiçá a toda a humanidade, sem que elas tenham tempo de digeri-las pela reiteração de suas propostas, como ocorria no passado.

> Produziu-se a *socialização dos estímulos*. Estes já não são mais individuais, recebidos de maneira individual por cada um dos homens e, portanto, repensados, transformados, mas a simultaneidade faz que tenham um sentido *literal*. A consequência é a homogeneidade, e com isso algo inteiramente novo: a *mecanização*.[234]

Numa palavra: as ideias individuais, os significados produzidos pela mídia e os comandos da engenharia social, são assimilados como crenças, ou seja, sem reflexão, sem discussão. Tenha-se em mente a distinção feita por Ortega y Gasset entre ideias e crenças. Uma ideia é algo que se pensa, se formula, se examina, se afirma; é algo problemático, questionável, discutível; a crença é algo do qual não se tem "nem ideia"; tenho uma ideia, mas a crença me possui, me sustenta.

> Normalmente me dou conta de uma crença se ela me falha ou é insuficiente ou entra em conflito com outras, quando então é formulada como ideia, deixa de funcionar *sensu stricto* como crença. [...] Pois bem, as "crenças" do nosso tempo não são pensadas, examinadas, postas em tela de juízo. [...] No caso dessas crenças singulares ou "ideias-crenças", resultantes da influência dos meios sociais, a manipulação do homem resulta sumamente provável. Não creio que tenha havido jamais uma época na qual o homem estivesse mais indefeso frente à manipulação, pelo seu caráter imediato, sendo que, em razão da inércia, no passado, tardavam a produzir efeitos.[235]

---

[234] MARÍAS, Julian. *Problemas del cristianismo*. Madri: B.A.C., 1979, p. 100.
[235] *Ibidem*, p. 101-102.

A TIRANIA DO SIGNIFICADO

De fato, quando se afirma que o Brasil é racista, que o brasileiro é homofóbico e vitimiza a mulher, essas afirmações são acatadas literalmente, sem reservas e sem reflexão. Isso é assim pelo império que exerce sobre o homem moderno o espírito totalitário. O totalitarismo está em voga já há algum tempo, talvez porque vem associado a uma forma de Estado, celebrada por quem desconfia da liberdade e deseja restringi-la ou suprimi-la. O totalitarismo, porém, não é só estatal; o adjetivo *totalitário* se aplica a outras entidades, muito embora com uma certa convergência de sentido relacionado à ocupação integral dos espaços: há um *estado de ânimo totalitário*, um *pensamento* totalitário e uma *atitude* totalitária. É claro que em relação a um *Eu* totalitário todo objeto é importante e digno de consideração: nada lhe escapa.

> O espírito totalitário, afirma Julian Mariás, consiste em considerar que nada é irrelevante, que de nada se pode prescindir, que é mister a intervenção e a manipulação de tudo absolutamente. Para isso ajuda muito, é claro, ter o poder do Estado; mas isso não é necessário: esse espírito se dá em Estados totalitários e fora deles; pode atuar em qualquer tipo de sociedades, e muito especialmente em sociedades livres. E então se produz um efeito muito grave: o desaparecimento da espontaneidade.[236]

Com efeito, na medida em que desaparece a espontaneidade, a massa da sociedade passa a responder uniformemente a estímulos uniformes; a cada incitação sobrevém um gesto correspondente: é a aplicação da teoria da Pavlov ao comportamento humano; é o desejo de Lênin realizado no *politicamente correto*.

Mas há também outras formas eficazes de manipulação sob cuja insidiosa atuação o manipulado se rende sem sequer se dar conta disso: ou se fala muito sobre algo ou se silencia sobre ele.

---

[236] *Ibidem*, p. 106-107.

Agora a coisa é mais grave, porque pode ocorrer que todo o mundo fale de um tema, que se imponha às consciências com um impacto quase universal, de modo que os homens têm que levar em conta esse tema e tomar posição – quase sempre "dirigida" – a respeito dele. Ah! Mas pode ocorrer o contrário – e é muito mais grave –: que *ninguém fale de um tema*; pode acontecer que uma proporção muito alta dos meios de comunicação seja utilizada de maneira que não se fale de um tema; existe, talvez pela primeira vez na história, a possibilidade de que *se faça silêncio* sobre determinadas questões, talvez sobre dimensões essenciais da vida humana.[237]

Dirá, com propriedade, Ludwig von Mises:

A história vai chamar nossa época "a idade dos ditadores e tiranos". Nos últimos anos assistimos à queda de dois destes super-homens de fama exagerada. Mas sobrevive o espírito que levou esses patifes ao poder autocrático. Permeia livros didáticos e periódicos, fala pela boca de professores e políticos, manifesta-se em programas partidários e em peças de teatro e romances. Enquanto esse espírito prevalecer não pode haver nenhuma esperança de paz duradoura, de democracia, da preservação da liberdade ou de uma melhoria constante do bem-estar econômico da nação. (*Caos planejado*, L.V.M. Editora, São Paulo, p. 97-98, 2017.

---

[237] *Ibidem*, p. 104.

4

A LIBERDADE DE INFORMAÇÃO

No dia 8 do mês de agosto de 2017, circulou um vídeo na internet dando conta de um depoimento estarrecedor prestado, ao que parece, por um ex-integrante da emissora sobre a qual o depoimento versava. O depoente não se identificou, mas tudo leva a crer tratar-se de um profundo conhecedor da rotina e do quadro de empregados da referida empresa jornalística. Dizia que "há uma caça às bruxas dentro do jornalismo da empresa X, procurando quem é mais alinhado com a esquerda; a partir de agora o público vai poder notar que as editorias e o jornalismo de X estarão mais alinhados com a esquerda, preparando a volta do ex-presidente Y, que está completamente alinhado com a família proprietária de X... Está tudo acertado, está tudo orquestrado com a editoria de jornalismo de X (declina o nome de vários empregados de X) para que toda notícia vinculada a Temer e a João Dória seja fracionada durante o jornalismo para que se fale o tempo todo dos dois, mas de forma caluniosa... Assim, vocês vão começar a notar que há uma tendência acertada com a esquerda para que se fale de forma até caluniosa de Temer e de Dória no jornalismo de X e nas programações de rádio. A ideia é de que seja entendido o máximo da notícia, falando 'coisas ruins' dessas duas personalidades que seriam os grandes adversários da propensa volta de Y ao poder. Outra coisa também é que a partir de agora nós vamos ver uma X mais avermelhada; vocês vão começar a ver na tela de X um tom mais vermelho do que os tons azuis que são uma tradição de X. Isso já foi usado como propaganda subliminar na época da retomada da democracia, em que não se sabia o quê que era, o que ia acontecer com o país. A X usou de artifícios para fazer propagandas subliminares, e assim é com as notícias fracionadas ao longo do jornalismo... Você fala muito, o tempo todo, durante o jornalismo, durante a apresentação dos jornais, sobre o mesmo fato ou de fatos diferentes, mas sempre vinculando os nomes dessas duas personalidades, que são o João Dória e o presidente Temer. Outra coisa também que nós vamos começar a reparar daqui pra frente vai ser notícia sobre o judiciário; vai ter notícias em programas jornalísticos, voltando a dar ênfase a juízes corruptos, a membros do Ministério Público ligados à corrupção... Vamos ver notícias sobre isso já repetidas ou velhas, notícias já arquivadas, que o público não lembra, trazidas de volta pra que sejam jogados o Ministério Público e a Polícia Federal um contra o outro e que seja feita a exposição principalmente dos juízes de primeira instância. Isso tudo para atingir o Moro e também a lava-jato. Acredite, a X é contra a lava-jato. Fiquem atentos e que nós sejamos contra esse imperialismo de X. Não estou jogando contra a casa não, mas eu não acho isso direito; acho que seria legal a população saber, principalmente por uma pessoa que está dentro de X e que está acompanhando de perto todo esse esquema que está sendo armado por X e que já está começando a ficar alinhado com algumas outras emissoras, porque vai rolar muito dinheiro, com a volta de Y, ao poder, nesses meios de comunicação. Um arraso."

Não está em causa aqui a veracidade ou a falsidade do depoimento descrito, até porque, ao que parece, foi desmentido. Mas a só plausibilidade de que um fato desse tipo ocorra faz estremecer os alicerces sobre os quais se assenta toda a construção do regime democrático. A engrenagem delicada da democracia só opera sobre a base estável da funcionalidade e eficiência de todas as suas peças, dentre as quais se incluem os meios de comunicação, de modo que se espera destes o dever de informar verazmente, porque a mentira e o engano, por meio da comunicação

A TIRANIA DO SIGNIFICADO

pública, podem converter-se em armas estratégicas com efeitos demolidores nas sociedades livres. A liberdade de informação e de expressão, justamente protegidas e encorajadas em nossa civilização ocidental, somadas ao uso de novos recursos tecnológicos, favorecem a hiperinformação e, consequentemente, a multiplicação das formas de engano. Não há domínios isentos nem *meios* infensos à instalação do mal de mentir. Os *meios* clássicos, o jornal, a televisão ou o rádio, tampouco estão hoje, como não estavam ontem, alheios à prática da mentira e da manipulação. Com efeito, importantes veículos de informação se viram estigmatizados por atuações indecentes, consistentes em "construir" informações que, posteriormente, descobriram-se falsas, manipuladas ou obtidas de forma ilícita. Os meios de comunicação têm a elevada missão de formar e informar a opinião pública. Esquecer isso seria enfraquecer a ideia de que a liberdade de expressão e o direito à livre e veraz informação são a base indiscutível do direito de participação e, portanto, constituem premissa de legitimação das instituições democráticas.

Admite-se que não existe notícia puramente objetiva, pois para aquele que enfoque o fato, quando o faz já o faz a partir da própria perspectiva, desde a própria posição e visão das coisas.[238] Por isso, renuncia-se a uma informação absolutamente coincidente com a realidade, ao mesmo tempo em que se tolera a presença de impurezas procedentes dos juízos, valorações e perspectiva do transmissor da notícia. Impurezas que parecem inevitáveis e que têm, *tout court*, que ser admitidas. No entanto, se bem seja indiscutível o reconhecimento da liberdade de informação de quem tem a função de informar, não se pode desconhecer o direito de todos a conhecer a realidade, não já isenta de algumas impurezas, mas separada ou separável da opinião de quem quer que seja, posto que também existe, como contrapeso da liberdade de informação, o

---

[238] AREAL, Manuel Fernandez. *Criterios para medir la calidad de los contenidos dentro de la obra coletiva.* p. 204, Disponível em: www.fundaciocoso.org. Acesso em: 14 abr. 2017.

direito a conhecer os fatos "limpos" e "desinfetados" de interpretações tendenciosas, para que a sociedade possa avaliá-los segundo seus próprios critérios e preferências. É um direito que permite ao cidadão atuar conscientemente na concepção e execução de seu próprio projeto de vida e no exercício da realização plena de suas liberdades, objetivos cujo atingimento reclama o conhecimento cabal da realidade em que se atua. A própria dignidade humana exige o íntegro exercício desse direito que se irradia a toda a sociedade por meio da possibilidade conferida a seus membros de acorrer a uma fonte fidedigna, na qual possam adquirir um produto informativo sem nenhum "tratamento químico".

ARTICULAÇÃO DA LIBERDADE DE INFORMAÇÃO COM O DIREITO À VERDADE

A busca da verdade há que se implementar, necessariamente, num cenário que permita conhecer os fatos, as opiniões e as ideias, tais quais foram produzidos. Em outros termos, é preciso contar com a liberdade de informação e de expressão se o que se deseja é o trânsito livre do pensamento, que permita ao homem aventurar-se na busca da verdade. A rigor, com essa definição, estamos apenas removendo a poeira de uma ideia que já brilhava em 1644.[239]

Duzentos anos mais tarde, John Stuart Mill iria reclamar a liberdade de expressão como meio de diversificação das opiniões que ensejaria, em síntese, a autorrealização do indivíduo e, consequentemente, o cultivo e o desenvolvimento de sua personalidade. Para o pensador inglês, a verdade pode estar contida em opiniões contraditórias ou antagônicas que se enfrentam, porque as opiniões contrárias, novas ou antigas, são o caminho inarredável para se passar do erro à verdade. O fundamento da verdade em Stuart Mill se converte numa prioridade que se traduz no necessário

---

[239] ARCE, Victoriano Gallego. *Actividad informativa, conflictividad extrema y derecho.* Madri: Dykinson, 2013, p. 138.

princípio da liberdade; liberdade que proíbe a supressão da opinião, porque, para suprimi-la, é preciso a certeza inabalável de que a opinião própria não se expõe à retificação, ou seja, é necessário postular uma situação de *infalibilidade*, que ainda que nos custe reconhecer nossos próprios erros, todos reconhecemos como irrealizável ou utópica.

A partir de sua teoria da falibilidade, Stuart Mill sustenta que, embora admitida como falsa e seja a única existente, uma opinião não pode ser afogada. Da mesma forma, ainda que verdadeira, por não ter sido até então refutada, qualquer opinião deve ser submetida à discussão, como único procedimento validatório e chancelador da verdade.

Outra teoria que fez fortuna na época do liberalismo clássico foi a do *mercado das ideias*. Inspirada em Adam Smith, essa teoria ensinava que as opiniões se corrigiam mutuamente ao serem submetidas, no mercado das ideias, à concorrência de umas com as outras. A noção de *Marketplace of ideas* surge com o voto de Oliver Wendell Holmes, por ocasião do julgamento do caso *Abrams vs United States* em 1919. Essa decisão reformulou a teoria da liberdade de expressão, a indicar que a verdade é a consequência do consenso, da aceitação majoritária do debate público, do livre mercado; é uma questão de ponderação serena que se obtém por meio da livre aceitação, de um puro ganho ou perda de cotação contínua no mercado, em que o embate de ideias dará lugar a um equilíbrio entre elas, equilíbrio que é a própria ideia de verdade a que se refere Holmes.[240]

Com esses fundamentos, a liberdade de informação aparece hoje diante da contemporaneidade como a mais legítima aliada da democracia, na medida em que favorece a construção da cidadania e permite ao cidadão a participação nos assuntos públicos. "O Estado tem responsabilidade em todo o processo de comunicação pública, porque tem de criar o clima idôneo que permita o exercício pleno do direito de participação nos assuntos públicos. Ninguém

---

[240] *Ibidem*, p. 141.

poderá pensar que esta intervenção do Estado se reduz à criação de estruturas que canalizem as iniciativas da cidadania se não pensamos no principal, isto é, no sangue do sistema que é a informação."[241] A liberdade de informação desempenha, portanto, um papel essencial como garantia institucional do princípio democrático em que se inspira a Constituição; princípio que pressupõe o direito dos cidadãos a contar com uma ampla e adequada informação, que lhes permita formar suas convicções e participar na discussão relativa aos assuntos públicos.

A liberdade de imprensa ou de informação não significa, porém, ausência de limites. E o principal deles é precisamente o direito à verdade, do qual está investido todo cidadão.

Que é a verdade? Desde que Pilatos fez essa pergunta a Jesus, rios de tinta foram empregados para respondê-la. Para o que aqui nos interessa, devemos renunciar a uma informação absolutamente coincidente com a realidade e precisamos conformarmo-nos com a presença das impurezas procedentes dos juízos, valorações, como também da perspectiva do transmissor da notícia. Assim sendo, seria mais apropriado falar-se não de um direito à verdade, mas de um direito à informação veraz. Esta última é uma noção que está próxima da verdade, porque entendemos como veraz tudo aquilo que tem a ver com a verdade, de modo que a veracidade na informação aparece como condição necessária, ainda que não suficiente da mesma, atuando como limite no exercício do direito à informação, porque a veracidade aqui não é sinônimo de verdade, mas de verossimilhança razoavelmente indagada e diligentemente contratada.[242] *Quid facere* quando uma informação é obtida ou transmitida de maneira temerária e sem o contraste devido e exigível do profissional da imprensa? O mesmo que se faz com uma mercadoria fora da validade na prateleira do supermercado: desprezá-la, por imprestável. "A veracidade

---

[241] *Ibidem,* p. 118.
[242] *Ibidem,* p. 163.

necessita ser estudada porque é o dado imprescindível e inescusável que deve existir na "*etiqueta*" do bem que vamos consumir – se é que a informação pode ser considerada um bem de consumo *stricto sensu* –. Se exigimos que todo envase ou envoltório de qualquer produto nos informe convenientemente sobre os ingredientes, componentes, peso, tamanho, indicações para o uso ou conservação, precauções, nome do fabricante, procedência, data de fabricação ou de caducidade, entre outras coisas, que critérios devemos exigir da informação que recebemos? Se se permite a redundância: que informação deve ser exigível da informação que recebemos? A veracidade aparece como o primeiro critério de valoração do produto."[243]

O homem, na democracia, necessita da verdade. A comunicação de massas não pode fundar-se na mentira nem no engano, escudando-se muitas vezes em processos capciosos, como o *politicamente correto*, que não são senão formas veladas de faltar com a verdade. É preciso estar sempre atentos e precavidos contra as múltiplas formas de mentira que a tecnologia põe à disposição dos meios de comunicação, consoante as proféticas palavras de Alexandre Koyré:

> [...] Mantemos que nunca se mentiu tanto como hoje em dia, e que nunca se mentiu tão massiva, tão completamente quanto na atualidade. Nunca se mentiu tanto...; com efeito, dia a dia, hora a hora, minuto a minuto. Se vertem mentiras no mundo, a rodo. A palavra, os escritos, o jornal, o rádio... todo o progresso técnico se pôs ao serviço da mentira. O homem moderno se banha na mentira, respira a mentira, está submetido à mentira em todo momento de sua vida. Quanto à qualidade – referimo-nos à qualidade intelectual – da mentira moderna, ela tem evoluído no sentido inverso de sua extensão. Aliás, é compreensível. A mentira moderna – aí reside seu valor distintivo – é fabricada em série

---

[243] *Ibidem*, p. 161.

> e se dirige à massa. Pois bem, toda produção de massas, isto é e especialmente, toda produção intelectual destinada à massa, é obrigada a rebaixar seu padrão. Assim como não há nada mais refinado que a técnica da propaganda política moderna, não há tampouco nada tão grosseiro como o conteúdo de suas assertivas, que manifestam um desprezo tão absoluto e total pela verdade. E inclusive pela própria verossimilhança. Desprezo que não é igualado senão – e ademais as supõe – pelas faculdades mentais daqueles aos quais se dirige.[244]

Quando se infringe o princípio da veracidade, abisma-se na desinformação, em suas mais variadas formas e matizes; todas preordenadas à dissimulação da verdade dos fatos ou à alteração do seu valor jornalístico. São elas, *grosso modo*: a versão fantasiosa, a manipulação jornalística, o sensacionalismo e o politicamente correto. Comecemos por este último.

4.1 O POLITICAMENTE CORRETO

O politicamente correto é uma forma eufemística de censura. Distingue-se dela, em geral, porque não ameaça a liberdade do meio de comunicação que, no particular, muitas vezes o acata e favorece.

> Temos que admitir que sofremos certo grau de censura sobre determinadas palavras e expressões que são limitadas por uma linguagem que conhecemos como "*politicamente correta*". A sociedade nos censura e nós mesmos nos autocensuramos através do veto a determinados temas e expressões. E nesse sentido, é indubitável que existe censura.[245] O politicamente correto é a variante mais hipócrita e ladina de falseamento da verdade, porque "a

---

[244] KOYRÉ, A. A função política da mentira moderna. *Revista de Estudos Modernos*, v. 3, 2015. Tradução de Andréa Bieri.

[245] ARCE, *op. cit.*, p. 124..

A TIRANIA DO SIGNIFICADO

verdade necessita da liberdade para manifestar seu esplendor sem limitações. [...] Só os que não perseguem a justiça, os que pretendem enganar e aproveitar-se dos demais, os que negam a realidade e a pretendem substituir por seus desejos particulares, se opõem a verdade. [...] Num mundo formalmente livre, os inimigos da verdade pretendem pervertê-la porque não podem fazê-la desaparecer [...] Nas ditaduras, a verdade poderia de certa maneira desaparecer; poderia receber um golpe que a prostraria moribunda. No âmbito da liberdade e da democracia é diferente, pois são necessários outros meios para ocultá-la. Contestando a verdade ou, pelo menos ladeando-a em ocasiões, surgiram os valores "politicamente corretos", isto é aqueles que se admitem socialmente sem levantar suspeitas de um pensar objetivo e livre, de forma que estes valores crescerão sempre dentro de limites perfeitamente preestabelecidos pela ortodoxia política e cultural imperantes. Estes limites assinalam o que se pode dizer, o que se pode fazer, freando a possibilidade de se dizer o que deve ser dito e de se fazer o que deve ser feito em cada caso concreto. [...] Estes valores postulam de fato uma "tirania da democracia" ao desconhecer os muitos matizes da realidade. [...] A experiência ensina que pode existir uma "tirania da democracia", expressão que não é um oxímoro, porque uma ditadura ou tirania, subterrâneas ou informais, podem ser mascaradas pela liberdade formal da democracia, ocultando-se aqueles atrás desta. [...] Também na democracia, as maiorias impõem seu critério. Correto, nada a objetar. Mas as minorias não devem ser asfixiadas pela eleição majoritária, mas respeitadas. Do critério majoritário surgem os chamados valores politicamente corretos, de maneira que não se costumam admitir interpretações da realidade contrárias ao estabelecido pela maioria, e às vezes também por

> minorias muito influentes, que impõem seus critérios: não se esqueça disto. O caso é que em muitas ocasiões as maiorias abusam de seu poder, estabelecendo taxativamente o que se deve fazer, falar e pensar em detrimento da verdade e da liberdade das minorias. A democracia garante a escolha majoritária, mas não a escolha ótima, nem, é claro, a verdade. [...] Este sofrimento não reconhecido, nem tampouco aceito, pode-se identificá-lo como uma manifestação da ditadura do "politicamente correto", já que seus preceitos costumam sufocar a liberdade, impondo uma tirania sutil que limita a liberdade de expressão e de conduta, ainda que operando dentro do lícito uso dos hábitos sociais. As proposições denominadas "politicamente corretas" são muitas vezes o sinal indicativo de uma ditadura revestida com o manto da liberdade. [...] Daí a grande e decisiva importância de se dizer o que não se espera ouvir... sobre o mundo de hoje, um mundo confuso, onde reina em excesso o eufemismo e a tirania do politicamente correto; a tirania, pois, de uma falsa liberdade.[246]

A bela citação de Carlos Baltés diz muita coisa, mas infelizmente não diz tudo. Não diz, por exemplo, o que fundamenta, ou melhor, o que está por trás da linguagem politicamente correta, adotada com tanto sucesso pela mídia, da qual a esquerda se utiliza como caixa de ressonância para promover a discórdia na população, por meio de leis que criam antagonismos entre os grupos sociais de modo a fazer do todo poderoso Estado o árbitro de questões privadas, que antes eram resolvidas no seio da própria sociedade.

O que o politicamente correto faz com maestria é cobrir as feridas sociais (previamente abertas como estratégia ideológica) com o emplastro da propaganda e do eufemismo, para que o doente não se dê conta da gravidade do

---

[246] BALTÉS, Carlos. *El mundo de hoy*. Madri: Vision Libros, 2011, p. 13-17.

A TIRANIA DO SIGNIFICADO

mal que o matará. Com a ajuda dos meios de comunicação, que ampliam as questiúnculas sociais, o Estado aparece como o *Big Brother*, o grande juiz de assuntos privados, insinuando-se em recintos que até ontem eram refratários à atuação de seu mecanismo repressor. De outro lado, a população, imbecilizada, ou melhor, infantilizada, põe-se a mercê de uma publicidade ruidosa, cujo estrépito se propõe a domesticá-la de tal modo que ela não sinta mais as concessões que faz aos interesses do poderoso Leviatã. A que ponto chegamos, a que nível de embrutecimento a legislação "politicamente correta" nos rebaixou! Não temos capacidade, melhor, não somos dignos de ser vistos como entes responsáveis e autônomos, porque renunciamos à nossa dignidade humana em favor da onipresente tutela estatal. E tudo isso em nome, inefável paradoxo, da própria dignidade humana. Se o marido fala alto com a esposa, o Estado aparece; se uma criança leva palmadas, o Estado aparece; se um idoso é destratado, o Estado aparece; se um cartola ofende um torcedor, o Estado aparece; se um amigo chama o outro de "negão", o Estado aparece; se algum desavisado olha fixamente para um gay, o Estado aparece, e aparecerá ainda mais, porque esse é o ideal de uma ideologia que faz numerosos prosélitos e que se infiltra resolutamente nas instituições e sobretudo nos meios de comunicação desse país.

Platão descreve os sofistas com essa pergunta retórica, que evidencia a estratégia politicamente correta e seus efeitos devastadores sobre os jovens: "É possível abusar dos jovens, ainda distantes da realidade das coisas, com palavras que enganam o ouvido, mostrando todo tipo de imagem entre as linhas, de modo a fazer com que acreditem que aquilo que escutam seja verdade e que quem fala seja o homem mais sábio do mundo?"[247]

Em vários domínios da moralidade, mudam-se alguns termos com o objetivo de justificar ou dar dignidade a condutas imorais. Na sociedade contemporânea, muitos

---

[247] *Sofista*, 234c.

conceitos sofrem distorções linguísticas por parte de pessoas ou grupos que tencionam mudar a sociedade. Esses militantes do mal não abrem mão desse instrumento de discórdia, que outra coisa não é que a "forma de controle da sociedade, a partir de várias formas de poder, em particular a mídia e o mundo acadêmico, que determinam, de modo mais ou menos absoluto, os temas a evitar nos debates e as opiniões a proibir nas conversações civis. Essas barreiras artificiais restringem, ou fecham, a cultura a muitas ideias novas ou preexistentes, e, na pior das hipóteses, chegam a eliminar do debate público ideias que até pouco antes eram parte da estrutura da cultura ocidental".[248]

4.2 VERSÕES FANTASIOSAS

Um dia em que um temporal interrompeu o tráfego aéreo e marítimo no Canal da Mancha, os jornais de Londres noticiaram: "O continente isolado".[249] Tal é a força da subjetividade na percepção de um fato. Nunca um acontecimento é percebido e descrito de forma idêntica, sequer similar, pelos sujeitos que o presenciam. Talvez porque esteja acima da possibilidade humana compartilhar experiências iguais, o que faz com que "cada um se introduza na trama do relato, para acrescentar algo diferente".[250] Nesse domínio, o das versões, reina absoluto o princípio da preeminência do significado sobre a referência, em que esta última, materializada no fato narrado, é livremente alterada e colorida com a cor dos interesses de quem narra. E estes podem se traduzir por infinitas variáveis: a história pessoal, a educação, as vivências acumuladas, as convicções morais e religiosas, a ideologia, e outros segmentos da cultura que, agregados, desenham formas de percepção e julgamento distintas de pessoa para pessoa ou de povo para povo, em função de suas vicissitudes históricas

---

[248] BARREIRO, Ignácio. *Manipulação verbal*. São Paulo: Lexicon, s.d., p. 586.

[249] ESCARPIT, Robert. Responsabilidad social del lenguage periodístico. *In:* MARCH, Juan. *Lenguage en Periodismo Escrito*. 1977, p. 61-62.

[250] LIPPMANN, Walter. *La opinión pública*. Madri: Cuadernos de Langre, 2003, p. 151.

A TIRANIA DO SIGNIFICADO

e culturais. Esse afastamento progressivo da referência, no marco da civilização ocidental, vai redundar num tipo de convivência social, vertebrada em torno de mecanismos artificiais, muito bem descritos por Michel Foucault:

> Cada sociedade tem seu regime de verdade, sua "política geral da verdade", ou seja, os tipos de discursos que ela acolhe e faz funcionar como verdadeiros; os mecanismos e as instâncias que permitem distinguir os enunciados verdadeiros ou falsos, a maneira de sancionar uns e outros; as técnicas e os procedimentos que são valorizados para a obtenção da verdade; o estatuto dos encarregados de dizer o que é que funciona como verdadeiro.[251]

Ao conceito atual de verdade é estranha qualquer consideração de referência; a veracidade passa por ser a convergência de vontades em torno de alguns significados. "Esquecemos com demasiada facilidade que a veracidade de uma informação deriva, antes de mais nada, de certas convenções e delegações. Não existe nenhum dicionário do falso e do verdadeiro no qual se possa apoiar. A noção de verdade e do verificado expressa um consenso social; por esse motivo dizemos que a realidade é essencialmente social. Para o leitor de *L'Humanité*, o que diz o *Le Figaro* não é certo, e *vice versa*. Não há, portanto, uma só realidade, como uma espécie de padrão da verdade, mas várias realidades.[252]

É evidente que quem detém o monopólio da verdade, num contexto social tal como o descrito, há de impô-la a toda sociedade pelo mesmo processo psicológico com que a Mademoiselle de Sommery se apodera da vontade e do discernimento de seu amante, para fazê-lo crer na sua versão (significado), a despeito da palmária realidade (referência) dos fatos. Sobre estes, diz Stendhal:

---

[251] FOUCAULT, M. Verdad y poder. *In*: FOUCAULT, M. *Microfísica del Poder*. Madri: La Piqueta, 1980, p. 187.

[252] KAPFERER, Jean-Noel. *Rumores*. El medio de difusión más antiguo del mundo. Barcelona: Plaza y Janés, 1989, p. 21.

> É conhecida na França a anedota de Mademoiselle de Sommery, que, surpreendida por seu amante em flagrante delito, nega o fato temerariamente, e como o outro protestasse, lhe diz: 'Ah, agora vejo que não me amas!; crês mais no que vês do que naquilo que eu te digo'.[253]

É certo que o que persegue o jornalismo não é a verdade, mas a notícia, que, embora digna de fé, não se confunde com a verdade. "Não há informação veraz, como não há informação mendaz, mas informação verdadeira ou informação falsa".[254]

Por isso, Blázquez distingue entre informar com objetividade e ser veraz. O primeiro seria

> falar das coisas tal como elas são por si, em seu próprio contexto, sem manipular ou distorcer nenhuma de suas circunstâncias, enquanto que "ser verazes", ao revés, equivale a dizer, primariamente, o que sabemos das coisas, adequando o que dizemos ao que sabemos, que pode não coincidir necessariamente com o que as coisas são exatamente ou em sua objetividade pura.[255]

A parcialidade é uma característica elementar do ser humano: cifra-se, basicamente, em dispensar ou recusar simpatia, hábito que está tão arraigado em cada um de nós (todos somos indulgentes com os amigos e impacientes com os demais) que seria bem difícil suprimi-lo. Como assinala Voyenne, "os fatos podem ser interpretados de muitas maneiras. Só os valores são capazes de dar um sentido às decisões humanas. As provas materiais, por mais necessárias que sejam, não dispensam nunca o julgamento. E no juízo, nos comprometemos por inteiro".[256]

---

[253] *Del amor*. Alianza, Madri, p. 187, 1973.

[254] AGUINAGA, Henrique de. *Información veraz?* Em estudos sobre el mensaje periodístico nº 4, UCM, Madri, p. 123-124, 1998.

[255] BLÁSQUEZ, N. *El desafio ético de la información*. Salamanca: Edibesa, 2000, p. 195.

[256] CH. VOYENNE. La objetividad en la información. *Nuestro Tiempo*, Pamplona, v. 30, n. 169-170, p. 22, 1968.

Entretanto o problema não está em que o jornalista interprete, mas que ele o faça distorcidamente, fragmentariamente, e escamoteando dados essenciais, em prejuízo dos leitores. Donde se deduz que toda interpretação correta deve apoiar-se numa suficiente objetividade expositiva. [...] O mal não está em que se interpretem as notícias, mas em como e para que se interpretam.[257] Aqui termina a liberdade jornalística e começa a manipulação; exatamente onde declina a dignidade humana e tem início a coisificação do homem.

4.3 MANIPULAÇÃO JORNALÍSTICA

Manipular implica "intervir deliberadamente nos dados de uma notícia por parte do emissor; distorcer sutilmente esses dados, de modo que, sem anulá-los inteiramente, deem à notícia um sentido distinto do original, em função de interesses preconcebidos por parte do emissor. E tudo isso de tal forma que o receptor não possa se dar conta dessa intervenção, sem recorrer a outras fontes de informação."[258] Sem esse procedimento manipulador, não teria sentido a conhecida expressão, atribuída a Lord Northcliff, proprietário do *Daily Mirror*, segundo a qual "Deus ensinou os homens a leitura, para que eu possa encher suas mentes de fatos, fatos, fatos... E logo depois dizer-lhes a quem devem amar, a quem devem odiar e o que devem pensar."[259]

Três elementos caracterizam, portanto, a manipulação: o caráter oculto da mão que manipula; a alteração da mensagem, de forma que não corresponda aos fatos e provoque engano no receptor e a intencionalidade, perseguindo um fim.

---

[257] ALBERTOS, J. L. Martinez. *La noticia y los comunicadores públicos*. Madri: Pirámide, 1978, p. 112-113.

[258] BLÁZQUEZ, *op. cit.*, p. 40.

[259] Citado em T. Daniel, 1994.

Mário Pimentel Albuquerque

O caso das imagens grosseiramente manipuladas das falsas covas de Timisoara, na Romênia, que comoveram a opinião pública, no fim de 1989 e começo de 1990, é um claro exemplo que reúne essas três condições elementares. As imagens, que se converteram em fator legitimador da mudança brusca do regime, resultaram ser uma montagem, na qual os cadáveres alinhados sob os sudários não eram as vítimas dos massacres de 17 de dezembro, mas eram corpos desenterrados do cemitério dos pobres e oferecidos à necrofilia da televisão.[260] Nove anos depois, em outubro de 1998, algo semelhante voltou a ocorrer em Kosovo, quando foram descobertas covas comuns de cadáveres, os quais foram apresentados pela mídia como prova do massacre de albaneses, cometido pelos sérvios. Quando se arrefeceram as pressões militares sobre Belgrado, as investigações de peritos em medicina legal atestaram que se tratava de cadáveres que datavam provavelmente da Segunda Guerra Mundial.[261]

No terreno informativo, a manipulação se materializa em diversos âmbitos jornalísticos; desde o título da matéria falso ou ambíguo, que induz à má interpretação do texto ou que o sensacionaliza, alterando o conteúdo da informação; até a falta de escrúpulo no uso das estatísticas, constitutiva também de uma ofensa à veracidade informativa, seja proporcionando resultados de pesquisas desprovidos de seriedade científica, seja oferecendo percentagens sem as fontes e o ponto de partida, muitas vezes para favorecer os próprios interesses ideológicos. Não é a intenção deste trabalho explorar todas as formas de manipulação nem avançar no domínio das consequências desse tipo de desinformação no meio social. É o bastante concentrar-nos sobre uma forma muito utilizada pelos meios de comunicação desse país, que responde por mais da metade do noticiário político e da cobertura policial: *o sensacionalismo.*

---

[260] RAMONET, Ignacio. *La tirania de la comunicación*. Madri: Debate, 1998, p. 71-72.
[261] RAMONET, I. *La golosina virtual*. Madri: Debate, 2000, p. 36.

A TIRANIA DO SIGNIFICADO

4.4 O SENSACIONALISMO

O sensacionalismo se define como "o exagero inten-cional do conteúdo da notícia, mesmo que, no fundo, haja verdade".[262] Ou ainda como "um tratamento da informação que alvoroça a sensibilidade de grandes massas de pessoas, que exagera as paixões, devido a que se apresentam e só se destacam na notícia e no seu comentário aspectos par-ciais passionais e escabrosos".[263] O sensacionalismo, porém, por ser uma técnica, um estilo, uma forma de apresentar a realidade e de interpretá-la, não pode ser considerado *per se* um antijornalismo, desde que, de antemão, o leitor saiba tratar-se de um veículo que trabalha com essa técnica, que constitui um divertimento para ele, mais do que uma fonte de certeza e de informação rigorosa. Contudo a perspectiva muda radicalmente quando esses exageros partem de um meio qualquer de comunicação que pretenda ser sério ou de referência. Nesse caso, "devemos condenar, sim, que se utilizem suas técnicas (o rumor, o exagero) em meios que se apresentem como sérios e rigorosos, porque isso acarreta um engano para o leitor".[264] Assim, o sensacio-nalismo é censurável quando "se disfarça com o que não é: jornalismo de referência, de investigação, independente. A técnica é desenfocar e manipular ideologicamente o importante e o interessante [...] e como se não bastasse, inventar acontecimentos [...] ou falseá-los. Apela para a sensação do escândalo, da denúncia. [...] Sensacionalismo e imprensa amarela costumam manifestar-se nos mes-mos meios de comunicação".[265] Entre nós, "a imprensa de informação pode oferecer-nos tudo sobre qualquer assunto, desde que nos disponhamos a prestar ouvidos ao

---

[262] BLÁZQUEZ, *op. cit.*, p. 52.

[263] CUNILL, Ramón. La veracidad en los medios de comunicación de masas. *In:* CUNILL, Ramón. *Los medios de comunicación de masas ante la moral.* Madri: C.E.S. del Valle de los Caídos, 1970, p. 37.

[264] GRIJELMO, Alex. *El estilo del periodista.* Madri: Santillana, 2003, p. 536.

[265] CASALS, Maria Jesús Carro. *Periodismo y sentido de la realidad. Teoria y análisis de la narrativa periodística.* Madri: Fragua, 2005.

sensacionalismo que desliza sobre a superfície da notícia, que se emprega no tratamento desta e na opinião que almeja mais fazer campanhas ideológicas que analisar e julgar os fatos, com certa independência de critérios".[266] É o que se convencionou chamar de *seleção*. Nela reside o autêntico poder dos meios de comunicação: escolher o que se vai publicar e o que se deixará de publicar. Porque "o que não se conta não existe; ou, mais modestamente, suas possibilidades de formar parte da realidade percebida são mínimas. [...] A cultura midiática consiste naquilo que os meios de comunicação contam do mundo. Como o mundo real não está ao nosso alcance, a nossa vista, esta costuma ser nossa única perspectiva do mundo. Desta forma, são os meios de comunicação que criam "pseudo-crises" e "pseudonovidades", cuja única condição é que sejam oportunas e referidas ao momento".[267]

De fato, a repetição da notícia e o estrondo noticioso muitas vezes provocam o acontecimento. O caso histórico mais conhecido é a guerra de Cuba. Conta-se que quando William Randolph Hearst recebeu de seu enviado a Havana um telegrama pedindo permissão para regressar porque tudo estava tranquilo, levando a crer que não haveria guerra, o famoso jornalista respondeu com outro telegrama: "Permaneça na cidade. Mande-me fotos e textos, que eu criarei a guerra". A campanha que a imprensa fez para mobilizar a opinião pública praticamente obrigou o Governo de William McKinley a declarar guerra a Espanha.[268]

De outra natureza, mas não menos agressivo, resulta o uso enganoso da linguagem. Trata-se de uma manipulação informativa cujos efeitos sociais podem ser demolidores. Pode-se escrever e publicar uma informação sem faltar à verdade, mas ainda assim mentir-se. "Não basta escrever com absoluta correção gramatical e fidelidade aos fatos. É

---

[266] *Ibidem*, p. 219.

[267] BURGUEÑO, José Manuel. *Los renglones torcidos del periodismo*. Barcelona: Advisory Board, p. 127-128. s.d.

[268] *Ibidem*, p. 134.

preciso também evitar o engano e os danos injustificados eventualmente derivados das informações tecnicamente mais corretas".[269]

Alex Grijelmo dá alguns exemplos de como pode a mídia ser delicada e lisonjeira com alguns acontecimentos:

> Os jornais falam de "limpeza étnica", não de "genocídio". De "incursões aéreas", e não de "bombardeios". De "imposto revolucionário", e não de "extorsão", ou "chantagem". De "refugiados bascos", não de "fugitivos". De "execução de reféns", não de "assassinatos". De "distintas sensibilidades" no partido, e não de "facções". De "confronto", e não de "conflito". De "interrupção da gravidez", e não de "aborto".[270]

A linguagem nos meios de comunicação é peça essencial para informar e comunicar, mas também é um veículo idôneo para promover a discórdia, o ódio e o rancor entre os segmentos sociais, o confronto no seio das instituições, o temor na população e as crises no governo. Evelyn Waugh, em sua célebre obra *O Furo*, revela esse lado obscuro da imprensa:

> Aparentemente tudo estava calmo, mas dizer isso equivalia a perder seus empregos, com Jakes enviando cinco laudas diárias de sangue e violência. De modo que preferiam fazer coro com Jakes. As letras do Tesouro caíram de preço, houve pânico no mercado financeiro, foi declarado estado de emergência e as forças armadas foram postas de prontidão, fome, revoltas, e assim, menos de uma semana depois havia uma autêntica revolução em curso no país, exatamente como dissera Jakes. Ainda duvida do poder da imprensa?

---

[269] BLÁZQUEZ, *op. cit.*, p. 151.

[270] *Ibidem*, p. 519.

— Deram a Jakes o Prêmio Nobel da Paz por suas pungentes descrições da carnificina, mas aquilo foi puro sensacionalismo.[271]

Mas, por que o público digere essas patranhas? Precisamente porque o sensacionalismo não permite que o leitor construa o sentido da informação a partir dos signos e índices deixados pelo jornalista. Portanto será sensacionalista toda notícia, texto ou imagem que não deixa espaço para a reflexão. Deixemos que Hernando nos conte os meandros da sedução jornalística:

> O caso de reportagens ou simples gazetas repletas de termos conotativos ou de afagos ao leitor, de gestos de complacência, autossuficiente, de giros verbais literários (não jornalísticos), de autênticas agressões ao informado, cuja opinião se suscita descaradamente num sentido, não lhe dando liberdade para seu próprio pensamento... Tudo isso é o pão nosso de cada dia e basta ler os títulos das matérias jornalísticas. A mesma notícia – ao menos o mesmo acontecimento – oferece matérias não somente díspares, mas contraditórias, porque nelas se mesclam à notícia a ideologia; ao fato o comentário; ao comentário a opinião editorial. Poucos jornalistas são capazes de manter uma honrada neutralidade, um firme respeito à realidade, vencidos que estão pelo afã desmedido do brilhantismo ou pelo abismo encantador da enganosa agudeza. A organização e emissão da notícia deve respeitar de tal modo o fato, o acontecimento, que há que se selecionar com lupa as palavras, eliminar pela raiz toda cor opinativa, toda qualificação subjetiva, todo adjetivo gratuito, toda ligeireza "graciosa"... Tudo o mais é manipulação, ou é editorial, ou artigo opinativo, mas não informação.[272]

---

[271] WAUGH, *op. cit.*, p. 68.

[272] HERNANDO, B. M. Manipulación y medios de comunicación social. *Sal Terrae*, n. 72, p. 517-518, 1984.

A TIRANIA DO SIGNIFICADO

"Para amenizar o risco de parcialidade, afirma G. Durandi, o informante pode enunciar claramente qual é sua postura ante certo fato para que o público possa conhecer seu ponto de vista. A imprensa de opinião tinha nesse ponto algo de louvável: era parcial, mas anunciava sua coloração política".[273] Na atualidade, ainda que os órgãos de imprensa demonstrem com maior ou menor claridade suas tendências políticas ou inclinações ideológicas, o certo é que não se apresentam como imprensa de opinião, pelo que chama a atenção a enorme disparidade de perspectiva entre meios de comunicação concorrentes no tratamento da mesma notícia, mais exatamente em temas que afetam o Governo, em relação ao qual apoiam, atacam ou mantêm neutralidade. Para Martínez Albertos, sempre há, pois, interpretação, "sempre há subjetivismo, inclusive no simples relato do fato, posto que alguém aplicou um critério pessoal e subjetivo para decidir se valia a pena ou não converter aquele fato em relato noticioso e incorporá-lo ao processo informativo dos *mass-midia*. Sem contaminação da subjetividade não seria possível que diferentes meios apresentassem habitualmente versões tão diversas dos mesmos acontecimentos".[274]

O motor principal que move esse tipo de imprensa é a promoção do sobressalto generalizado: a versão catastrófica vende mais que a tranquilizadora, sem embargo de que o indivíduo sobressaltado é mais crédulo e mais disposto a adquirir a informação. Daí a propensão do sensacionalismo para ampliar a notícia, convertendo hipóteses e teorias em afirmações categóricas e em fatos confirmados. "Os jornalistas sabem que as suposições incertas não captam a atenção do leitor. Por isso, tendem a ser categóricos e a alterar as declarações dos cientistas que insistem em dizer que não há nada comprovado. [...] Como, ademais, buscam-se os fatos e os enfoques mais espetaculares, sobretudo em questões de medicina e saúde, recorre-se

---

[273] *La información, la desinformación y la realidad.* Paidós, Barcelona, p. 43, 1995.
[274] *Ibidem*, p. 58.

profusamente à criação de imagens dirigidas a suscitar a preocupação pública com a enfermidade, criando falsas expectativas e profundas decepções".[275]

O efeito *feedback*, nesses casos, costuma ser de difícil mensuração, uma vez que afeta as reações imprevisíveis da sociedade, e os sentimentos das pessoas como indivíduos e como povo, de modo que a força que brota dos sentimentos, agravada pelo furor sensacionalista, não é fácil predizê-la, controlá-la e preveni-la.

Em 2005, ocorreu um fato jornalístico que abalou os alicerces do continente europeu. O sismo deveu-se à explosão de sentimento religioso desencadeado por publicações de caricaturas do profeta Maomé no diário dinamarquês de maior tiragem – o *Jylland-Posten*. De tudo quanto se disse e escreveu sobre o assunto, registramos as palavras de Benjamin Barber, autoridade na matéria, para quem tal publicação "reflete a incapacidade do Ocidente para compreender o significado e objeto de sua cacarejada tradição da liberdade de imprensa e para aceitar ao menos parte da responsabilidade pelas consequências de dita incapacidade, já que afetou a sociedade muçulmana de todo o mundo".[276]

E o que se diz dessa estúpida guerra cultural pode ser dito, por idênticas razões, das crises internas artificiais, ambas provocadas pelo sensacionalismo irresponsável de um tipo de imprensa, que privilegia o significado da notícia em desfavor de sua referência. Se a linguagem e a liberdade de expressão e informação são usadas para incitar a violência, o ódio, atiçar conflitos e propagar o erro, então, em nossa opinião, estamos diante do abuso da liberdade informativa, porque não pode ser legitimado quem se ampara na liberdade de expressão para denegrir, ofender ou iludir a quem está numa situação de mais debilidade ou não dispõe de meios para defender-se.

---

[275] GALDÓN, Gabriel L. *Desinformación*. Método, aspectos y soluciones. Pamplona: Eunsa, 1994, p. 38.

[276] BARBER, B. R. ¿Guerra cultural o mala interpretación de la libertad? *Tribuna de El País*, 2005.

A TIRANIA DO SIGNIFICADO

Cremos, ensina Victoriano G. Arce, que nenhuma informação deve banalizar a violência (seja de que tipo for) e nenhuma informação sobre a mesma deve ser pública ou fazer-se pública sem se proceder à serena reflexão de suas consequências. O aprofundamento e o progresso no exercício das liberdades devem ser acompanhados de um crescimento paralelo e proporcional de responsabilidade, particularmente praticada por aqueles que se dedicam à difusão de notícias.[277]

4.5 DIREITO SUBJETIVO À INFORMAÇÃO VERAZ

Para Peter Häberle existe o dever e a responsabilidade dos Estados constitucionais e da sociedade aberta de não atuar de conformidade com a *não-verdade*. Ao autor alemão preocupa o dever de não mentir que recai sobre o poder público: o dever da verdade exige não enganar os próprios cidadãos. Porque a mentira é um desprezo da essência moral que a democracia encarna. Häberle adverte que "o Estado constitucional se contrapõe a qualquer tipo de Estado totalitário da cor que seja, a qualquer ambição de verdade absoluta e a qualquer monopólio de informação e ideologia totalitária. Sua característica mais importante reside em não dar ensejo à verdade absoluta, mas em atuar permanentemente na sua busca".[278]

Conhecer a verdade e criar o contexto adequado para que os cidadãos se posicionem de acordo com ela, eis um dos mais elevados compromissos do Estado. "Condiciona o exercício dos direitos e deveres de participação. Em suma, afeta o próprio funcionamento da democracia, porque esta se torna insustentável sem aquelas condições de acessibilidade à verdade".[279] "A verdade é comparável

---

[277] *Op. cit.*, p. 215.

[278] HÄBERLE, P. *Verdad y estado constitucional*. México: Universidad Nacional de México, 2006, p. 113.

[279] ARCE, *op. cit.*, p. 174.

a um diamante cujo brilho emana de todos os flancos e não somente de um deles."[280]

O itinerário traçado por Häberle nessa busca se resume numa forma de técnica negativa: primeiramente se trata de proibir e evitar as novidades, ou melhor, de que maneira se pode proibir e evitar uma *não-verdade*. A necessidade de buscar a verdade se traduz na evitação dos efeitos negativos e contraproducentes da *não-verdade*. Para Häberle, a busca judicial da justiça começa, primeiro, evitando a injustiça e depois, estabelecendo as condições para se achar a verdade.[281] "Verdade como processo – assim como a Justiça e o bem-estar comum – é uma noção básica da democracia plural e do Estado constitucional. E enquanto isso seja assim, é uma possibilidade e necessidade permanentes as aspirações de definir a verdade material."[282]

Estabelecido que ao Estado compete tutelar a verdade e ao Judiciário segui-la, por que se tolera que a mídia se afaste dela? Não é esta uma prestadora de um serviço público? Em caso positivo, não estaria o cidadão, em face de uma *não-verdade*, autorizado a pedir-lhe contas?

> O que ora estamos cuidando é de um direito à notícia verdadeira, sem que exista um prejudicado determinado, divisível, individualizado, titular do direito de ser indenizado por violação ao seu patrimônio ou à sua honra. O que se propõe é um direito de alguém por todos pleitear a correção de uma notícia inexata e, em caso de negativa, de postular judicialmente que o órgão da imprensa seja obrigado a publicar a correção.[283]

Como vimos, o poder que os meios de comunicação detêm não só para informar, o que já é muito, mas também para promover o controle social, o que resulta ser

---

[280] HÄBERLE, *op. cit.*, p. 114.
[281] *Ibidem*, p. 126.
[282] *Ibidem*, p. 126.
[283] CARVALHO, L.G. Grandinetti Castanho de. *Liberdade de informação e o direito difuso à informação verdadeira*. Rio de Janeiro: Renovar, 2003, p. 108.

demasiado. Não é concebível que um poder tão formidável seja outorgado a um particular, em flagrante desrespeito à paridade de forças que deve haver entre os agentes sociais, a menos que esse poder esteja associado a um serviço de natureza pública.

> Aceita a ideia de que efetivamente existe um autêntico dever de verdade por parte da imprensa e, em contrapartida, um direito público de receber informação verdadeira... [É perfeita a extensão destas lições à noção de informação em geral e à exigência de verdade, de forma a caracterizar um autêntico direito difuso. A conclusão que se impõe é que todos esses titulares são submetidos à tutela do Estado para proteção de seu direito difuso.[284]

Essa tutela é exercida na forma prevista pelo Direito do consumidor, segundo o que preconiza L. G. Grandinetti Castanho de Carvalho, que acrescenta: Por tais razões, na falta de previsão expressa a esse respeito nas legislações tradicionais sobre a imprensa, é que se propõe a utilização das normas a respeito da Ação Civil Pública – Lei 7.347, de 24 de julho de 1985, com as alterações da Lei n° 8.078/90 – para tutelar esse direito difuso.[285] Mormente porque se trata de um serviço público, explorado direta ou indiretamente pela União.[286]

---

[284] *Ibidem,* p. 103-108.

[285] *Ibidem,* p. 109.

[286] "Observando-se os termos da Constituição brasileira, no artigo 223, vamos chegar à conclusão de que, pelo menos, o rádio e a televisão são considerados serviço público. E, no artigo 21, determina a Constituição que compete à União explorá-lo direta ou indiretamente. Explicando os textos, José Afonso da Silva conclui que "todas essas formas previstas no art. 21, XI e XII, constituem serviços públicos da União". Buscando apoio no Direito Administrativo, vamos encontrar a lição de Hely Lopes Meirelles e, por meio dela, verificar que a radio-difusão de sons e de imagens e sons se enquadra inteiramente na definição do autor de serviço de utilidade pública: "São os que a Administração, reconhecendo sua conveniência... para os membros da coletividade, presta-os diretamente ou aquiesce em que sejam prestados por terceiros (concessionários, permissionários ou autorizatários"." (CARVALHO, 2003, p. 111).

5

O ABORTO

Dar-se o trabalho de ler com olhos críticos o texto de uma decisão judicial não constitui o hábito de uma curiosidade vã, própria de temperamentos metediços, mas é, assim o cremos, um saudável exercício de responsabilidade democrática. A tal ponto isso é verdade, que podemos afirmar, sem o menor temor de pecar por excesso, que os destinatários de um *decisum*, principalmente os que emanam da Corte Suprema, não são somente as partes litigantes, mas também a cidadania em geral. Daí a obrigatoriedade de motivar as decisões, princípio que atende não só o requisito de seu reexame técnico, senão que incorpora também um mandamento jurídico-político atinente à sua controlabilidade pelo próprio povo, depositário que é da soberania e em cujo nome se exercem os poderes constituídos.

Admitimos que a inevitável consequência dessa dimensão extraprocessual (controle social) impõe que as decisões judiciais, na medida do possível, sejam redigidas num linguajar acessível ao cidadão de cultura média, o que, por outro lado, pode contrastar com o imperativo de motivar adequadamente, levando-se em conta que uma motivação adequada muitas vezes exige a utilização de um discurso técnico-jurídico incompreensível para a generalidade dos leigos em Direito.

Entretanto, nas decisões constitucionais, há uma porção, ordinariamente a mais atrativa, cuja análise não requer habitualmente o adestramento na arte de Ulpiano, nem sequer a mediação de conhecimentos jurídicos básicos. Falamos da parte concernente a valores e da sua repercussão normativa na consciência social.

O tema da motivação entronca com um aspecto medular do exercício jurisdicional: o do compromisso dos tribunais com a normatividade vigente. E se trazemos à colação esse assunto é porque a decisão que vamos analisar provocou uma série de censuras, dentre elas as que alinhamos a seguir:

> • *A imprecisão técnica;*
>
> • *Dissintonia com a moral média do povo brasileiro.*

A aparente coincidência entre as convicções jurídicas e morais dos magistrados e seus votos não pode deixar de ter leituras políticas, e a suposição de que o Supremo tenha ficado *imune* a toda pressão externa é, no mínimo, questionável. Destarte, não é ociosa a análise de ambas censuras à luz daquela leitura, de modo a desentranhar o que está oculto na decisão, se é que algo há *in pectore* nos votos proferidos.

5.1 A DISSINTONIA COM A MORAL MÉDIA DO POVO BRASILEIRO

A maneira de breve *memento*, não é ocioso recordar que a *independência* é uma garantia de juízes e tribunais frente aos centros de poder. Mas seu valor não brilha com luz própria nem tem em si mesma sua razão de ser, que é a de assegurar a *imparcialidade* dos órgãos jurisdicionais, de modo que é lícito afirmar-se que um juiz é independente para ser imparcial, como admitir a presunção de que "o juiz não independente tampouco deva ser imparcial".[287]

Por isso, a imparcialidade não suprime, mas, ao contrário, reforça o dever de motivar a sentença, pois "o juiz

---

[287] TARUFFO, M. *La motivación de la sentencia civil*. Madri: Trotta, 2013, p. 400.

A TIRANIA DO SIGNIFICADO

não só deve ser imparcial, mas é preciso que a imparcialidade possa ser verificada em qualquer decisão concreta: a decisão não é imparcial em si, mas só o é quando demonstra sê-lo".[288]

Dito isso, dizemos ainda que não constitui o objetivo deste tópico investigar possíveis vestígios de pressões externas sobre o aludido acórdão pró-aborto, nem examinar com lupa a orientação ideológico-política de cada membro da Corte Suprema. Será o nosso objetivo examinar apenas as razões de decidir, no ponto em que se rejeitam os argumentos de grupos religiosos, com base em seus *dogmas* e sua *fé*, uma vez que não superam "a objeção de que esses são argumentos que não encontram espaço no domínio da razão pública. Sendo esse o caso, não se pode considerar que exista um consenso social significativo sobre essa matéria".[289]

No Ocidente contemporâneo, a hostilidade anticristã não costuma adotar a forma da perseguição aberta. Contudo os cristãos, principalmente os católicos, são o alvo de uma forma sutil de discriminação: a chamada doutrina das "razões públicas", que exclui a possibilidade de que os que professam o cristianismo façam valer, nos debates jurídicos e políticos, argumentos derivados de suas convicções religiosas. Com a doutrina das *razões públicas*, as pessoas religiosas são assim reduzidas na prática a "cidadãos de segunda classe", sem expectativa de que as leis reflitam seus pontos de vista morais.

> Esta discriminação dos religiosos – os quais, diferentemente dos ateus, não poderiam pressionar em favor de leis estatais coerentes com suas convicções morais – constitui, na opinião de Janne Haaland Matlary, uma vulneração da Declaração Universal de Direitos Humanos: "O artigo 18 da Declaração afirma que todo ser humano tem direito a culto público e privado, a

---

[288] *Ibidem*, p. 399.
[289] Excerto do Acórdão.

predicar em público, e naturalmente isso significa que a todas as religiões é permitido influir nos costumes, ou seja, na ética da sociedade. Resulta inquietante a interiorização de dito critério discriminador por muitos cristãos insuficientemente formados (quem já não encontrou alguma vez fiéis que dizem, por exemplo, "eu não abortaria, mas não me sinto com direito de impor meu critério a pessoas que não pensam como eu"?). Na realidade, o cristão tem tanto direito quanto qualquer cidadão de influir – a partir de suas convicções – no conteúdo das leis. Há um dever que se impõe a todos os cristãos: o de influir na sociedade para dirigi-la a valores (jurídico-naturais, mas também cristãos). Não pertencem à esfera privada. [...] um cristão que deixa de ser cristão na esfera pública não é um verdadeiro cristão e não conhece decididamente a sua fé.[290]

A doutrina das *razões públicas* recebeu diversas formulações. Analisaremos a de John Rawls, que é, ao que parece, a que melhor explica o aludido acórdão pró-aborto. Na sua obra *O liberalismo político*, Rawls parte do dado do *pluralismo razoável*: as sociedades contemporâneas se caracterizam por sua heterogeneidade cosmovisional. Daí que seja essencial conseguir – mediante um consenso entrecruzado (*overlapping consensus*) entre as diversas visões onicompreensivas – uma "base pública de justificação" cosmovisionalmente neutra. Toda a doutrina de Rawls gira em torno da separabilidade do *político* e do *metafísico*: é possível, segundo o autor, conciliar critérios de justiça cosmo-*visionalmente imparciais*, quaisquer que sejam as crenças metafísicas dos membros da comunidade. No caso da polêmica sobre o aborto, por exemplo, o laicista rawlsiano se inclinará pela rejeição do argumento dos cristãos, em razão de que este se fundamenta em crenças religiosas ou metafísicas. Ao Estado rawlsiano não caberia

---

[290] CONTRERAS, Francisco José; POOLE, Diego. *Nueva izquierda y cristianismo*. Madri: Encuentro, 2011, p. 76.

julgar se a referida crença é verdadeira ou falsa: limita-se a rejeitá-la como *inutilizável no espaço público*, porque se apoia numa visão do mundo teísta, não compartilhada por todos os cidadãos.[291]

Há duas possíveis linhas de resposta à falácia de Rawls:

- Sustentar que a neutralidade de cosmovisão do Direito e do Estado é impossível; que as leis e as decisões que são alardeadas como metafisicamente neutras são, na realidade, baseadas numa *determinada concepção do mundo* (materialista, ateia);

- Mostrar que os argumentos dos cristãos são *razões públicas*, compreensíveis por todos (e não razões religiosas); que não argumentam contra o aborto – ou contra a eutanásia ou a favor da família – a partir da fé, mas desde a razão.

A IMPOSSIBILIDADE DA NEUTRALIDADE ESTATAL

Não são poucos os autores que questionaram a doutrina das *razões públicas*. Todos eles são unânimes em atribuir a seus defensores um truque intelectual – a *Lei do Funil* – mediante a qual estes, amparados numa falsa neutralidade do Estado, impõem unilateralmente aos demais cidadãos, geralmente aos cristãos, sua própria visão do mundo, invariavelmente materialista, ao mesmo tempo em que se esforçam por banir da praça pública as opiniões rivais.

Essa falácia tem nome – *ignoratio elenchi* – e, no caso que nos ocupa, patrocina a ideia de que a legalização do aborto é a solução metafisicamente neutra, ao passo que

---

[291] RAWLS, John. *El liberalismo político*. Barcelona: Grijalbo, 1996, p. 15.

a posição contrária – pró-vida – representa uma versão comprometida com dogmas religiosos.[292]

Identificando-se a falácia e removendo-se a intenção que está por trás dela, salta aos olhos a verdade que o truque falacioso queria esconder: não há neutralidade alguma na solução alvitrada por Rawls e defendida por seus epígonos quanto ao aborto. "Se indagamos sobre as crenças privadas destes pensadores laicistas, todos eles resultam ser ateus ou agnósticos. Creem que a humanidade é mais uma espécie animal, e que os animais não são, no fundo, senão matéria orgânica complexamente organizada. Temos direito de conjecturar que sua aprovação do aborto está condicionada por dita crença metafísica. (O materialismo ateu é também uma metafísica!). Pensam que o embrião não é mais que uma insignificante bola de células, que pode ser suprimida – ainda que possua um código genético próprio – quando ainda não alcançou um certo grau de maturação. Em seguida, pretendem fazer valer sua opinião – condicionada por suas crenças materialistas – como a única aceitável do ponto de vista "puramente político" (neutro, *weltanschauungsfrei*, livre de metafísica)".[293]

A falácia tem isso de particular: os falaciosos empregam-na não só para enganar os outros, mas também, muitas vezes, para enganar a si próprios. No caso do aborto,

---

[292] Essa falácia é empregada por um autor esquerdista que, equiparando fatos acidentais (sacrifício da própria vida), confunde situações absolutamente distintas: o heroísmo dos 300 de Esparta e os atos terroristas do Estado Islâmico. G.K. Chesterton explica o funcionamento desse embuste linguístico, *in verbis*: "Mais ou menos na mesma época li uma solene bobagem de algum livre-pensador. Dizia ele que um suicida era simplesmente o mesmo que um mártir. A patente falácia desse texto ajudou-me a esclarecer a questão. Obviamente um suicida é o oposto de um mártir. Um mártir é um homem que se preocupa tanto com alguma coisa fora dele que se esquece de sua vida pessoal. Um suicida é um homem que se preocupa tão pouco com tudo o que está fora dele que ele quer ver o fim de tudo. Um quer que alguma coisa comece; o outro, que tudo acabe. Em outras palavras, o mártir é nobre, exatamente porque (embora renuncie ao mundo ou execre toda a humanidade) ele confessa esse supremo laço com a vida; coloca o coração fora de si mesmo: morre para que alguma coisa viva. O suicida é ignóbil porque não tem esse vínculo com a existência: ele é meramente um destruidor". *Ortodoxia*, Mundo Cristão, São Paulo, p. 95-96, 2017.

[293] CONTRERAS; POOLE, *op. cit.*, p. 80.

A TIRANIA DO SIGNIFICADO

seus defensores deslocam, às vezes inconscientemente ou por ignorância, o tema central do discurso (a vida humana) para questões paralelas e acidentais (o direito da mulher ao próprio corpo, ausência de razões públicas, no argumento dos cristãos), em ordem a sobrepor ao mais eminente valor constitucional o interesse secundário de sua parcialidade discursiva. Com esse estratagema lógico, perseguem uma fraude metafísica, que consiste em priorizar sistematicamente as posições ateias e materialistas, ao mesmo tempo em que penalizam as opiniões contrárias, sobretudo as religiosas.

Procurando, embora, esconder, com arte seu imenso ardil, a olhos atentos não pode escapar o intento fraudulento do secularismo ateu: com mostras de neutralidade, disfarça uma doutrina onicompreensiva e materialista que rivaliza com muitas outras construções metafísicas na sociedade contemporânea. Daí a apreciação certeira de F.J. Contreras de que o secularismo, ou laicismo, é "uma doutrina que teve a habilidade de disfarçar-se de "imparcialidade cosmovisional" – ser ao mesmo tempo árbitro e julgador – para assim perseguir mais eficazmente seus fins".[294]

Para a mesma opinião convergem eminentes pensadores, como Robert P. George, Alasdair MacIntyre que, falando do laicismo, denomina-o "progressismo (*liberalism*)" e Francisco J. Contreras: "O progressismo tem, de fato, uma concepção do bem que trata de impor política, jurídica, social e culturalmente sempre que pode; [...] ao fazê-lo, reduz bastante sua tolerância para com as concepções opostas do bem no âmbito público."[295]

"O próprio laicismo é uma doutrina sectária, com seus próprios pressupostos e fundamentos metafísicos e morais, com seus próprios mitos e, caberia afirmar, inclusive seus próprios rituais. É uma pseudorreligião."[296]

---

[294] *Ibidem*, p. 81.
[295] MACINTYRE, A. *Whose justice?* Which rationality Duckworth. Londres, 1988, p. 321.
[296] GEORGE, R. P. *The clash of orthodoxies:* law, religion, and morality. Londres. I.S.I., 2001, p. 7-8.

O ateu típico considera a inexistência de Deus, a ausência de qualquer propósito ou plano na criação, a aniquilação da consciência individual na morte física, o caráter epifenomênico-casual do aparecimento da espécie humana num universo em última instância inóspito e absurdo, etc., não como opiniões filosóficas suas, mas como a expressão do "sentido comum" neutro, universal, acessível a todos (salvo aos crentes religiosos, que se aferram ainda ao pensamento mágico e a uma cosmovisão pré-científica). O ateu médio crê não crer nada: está convencido de que não crê, mas que *sabe*. Na medida em que considera suas teses materialistas como *conhecimentos* (e não como crenças), não se sente obrigado a fazer abstração delas quando participa de debates públicos sobre questões jurídicas ou políticas: não se aplica a si mesmo esse imperativo de neutralidade cosmovisional que, ao contrário, está sempre pronto a exigir dos cidadãos religiosos. O ateu acusará sempre o crente de pretender impor suas crenças a toda a sociedade, mas se reserva a faculdade de impor as suas... porque não as considera crenças, mas dados indiscutíveis.[297]

ARGUMENTOS NÃO CONFESSIONAIS

Uma segunda estratégia de resposta à tese dos que acusam os católicos de confessionalismo nas suas reivindicações seria que, na questão do aborto, o cristão não defende um dogma, ele repele um crime.

Com efeito, converter a defesa da vida do nascituro em uma postulação fundada num dogma religioso é sofismar a fraqueza de um argumento com os enredos de uma falácia. *Servata distantia*, é a mesma falácia que usou o juiz Harry Blackburn, do Tribunal Supremo dos E.U.A., para justificar seu voto favorável a *Roe vs. Wade* em 1973: sustentou que

---

[297] KELLER, Timothy. *The reason for God, Hodder e Stoughton.* Londres, 2008, p. 15.

A TIRANIA DO SIGNIFICADO

não existia evidência científica sobre o momento exato do começo da vida "no estado atual de nossos conhecimentos" (o que, certamente, era empiricamente falso já em 1973, e continua sendo com maior razão agora), e que portanto a opinião sobre a licitude ou não do aborto depende de crenças metafísicas.

Ora, o julgador norte-americano, falaciosamente, subverteu um princípio básico de interpretação jurídica, quando se trata de dúvida sobre a existência de bens jurídicos fundamentais. O magistrado em questão estruturou sua decisão na forma de um raciocínio hediondo: "Não sabemos se esse corpo tem vida; só possuímos soluções metafísicas; eliminemo-lo, portanto, embora corramos o risco de nos tornar assassinos". Ou seja: *in dubio pro mors*, malgrado seja a vida contemplada como bem jurídico, eminente, superior e indisponível em todas as constituições democráticas modernas. Di-lo melhor o mestre de todos nós, Olavo de Carvalho:

> O aborto só é uma questão moral porque ninguém conseguiu jamais provar, com certeza absoluta, que um feto é mera extensão do corpo da mãe ou um ser humano de pleno direito. A existência mesma da discussão interminável mostra que os argumentos de parte a parte soam inconvincentes a quem os ouve, se não também a quem os emite. Existe portanto aí uma dúvida legítima, que nenhuma resposta tem podido aplacar. Transposta ao plano das decisões práticas, essa dúvida transforma-se na escolha entre proibir ou autorizar um ato que tem cinquenta por cento de chances de ser uma inocente operação cirúrgica como qualquer outra, ou de ser, em vez disso, um homicídio premeditado. Nessas condições, a única opção moralmente justificada é, com toda a evidência, abster-se de praticá-lo. À luz da razão, nenhum ser humano pode arrogar-se o direito de cometer livremente um ato que ele

> próprio não sabe dizer, com segurança, se é ou não um homicídio. Mais ainda: entre a prudência que evita correr o risco desse homicídio e a afoiteza que se apressa em cometê-lo em nome de tais ou quais benefícios sociais hipotéticos, o ônus da prova cabe, decerto, aos defensores da segunda alternativa. Jamais tendo havido um abortista capaz de provar com razões cabais a inumanidade dos fetos, seus adversários têm todo o direito, e até o dever indeclinável, de exigir que ele se abstenha de praticar uma ação cuja inocência é matéria de incerteza até para ele próprio.[298]

Com isso, já tocamos no âmago da segunda parte deste tópico, relativa à imprecisão técnica do aludido acórdão. Contudo, cumpre ainda registrar, em abono do caráter racional e lógico do argumento cristão, que a maior parte da doutrina moral do cristianismo é acessível pela razão natural, à margem da Revelação.

Sem pretender esboçar aqui uma história do pensamento jusnaturalista cristão, registramos apenas que a Igreja sempre considerou que grande parte de sua doutrina moral é acessível pela razão natural, à margem da Revelação. Assim, São Paulo escreve que também os gentios, que não conhecem a revelação, "mostram que os preceitos da lei estão escritos em seus corações; a consciência deles também testemunha isso, assim como os julgamentos interiores, que ora os condenam, ora os aprovam" (*RM* 2,15). No mesmo sentido, diz São Tomás que "as coisas para as quais o homem sente inclinação natural são apreendidas naturalmente pela inteligência como boas"[299] a lei natural é racionalmente discernível, é algo preordenado à razão (*aliquid pertinens ad rationem*)", e indica ao homem os atos que conduzem à perfeição de sua natureza. Pontifica ainda John Finnis, talvez o filósofo cristão mais influente na atualidade, ao definir o direito natural como "um conjunto

---

[298] CARVALHO, Olavo. *O dever de insultar*. Campinas: Vide Editorial, 2016, p. 257-258.

[299] *Suma teológica*, 1-2, q. 94, a.2.

de princípios práticos que indicam as formas básicas de florescimento humano"[300]: ditos princípios são compreensíveis à margem da fé.

Muitos outros exemplos poderiam ser citados, mas não é o objetivo deste tópico, como se disse, catalogar referências que em diversas obras se acumulam, sempre em favor da tese que aqui se sustenta, segundo a qual o código moral cristão – o direito natural – pode ser lido e interpretado pela razão.

5.2 A IMPRECISÃO TÉCNICA

Há causas, para cujo julgamento não basta a erudição jurídica: ou se há de recorrer à inspiração poética[301] ou, então, às luzes da filosofia buscar socorro.

Ao que parece, por nenhuma das duas alternativas decidiu-se o referido acórdão, que limitou-se a dar razões, *a posteriori*, do que já se havia decidido de antemão. Isso que para Bartolo constituía uma virtude, poderá se tornar um flagelo se mãos mais açodadas e menos talentosas quiserem se igualar às do célebre jurisconsulto italiano. É dever de todo juiz, portanto, ter sempre em mente as palavras de Calamandrei sobre os efeitos desastrosos de uma decisão equivocada e injusta:

> O aforismo, caro aos velhos doutores, segundo o qual *res judicata facit de albo nigrum et de quadrato rotundum*, hoje faz sorrir; mas, pensando bem, deveria fazer tremer. De fato, o juiz, como o mago da fábula, tem o sobre-humano poder de efetuar no mundo do direito as mais monstruosas metamorfoses e de dar às sombras aparência eterna de verdade; e, já que em seu mundo sentença e verdade devem acabar coincidindo, ele pode, se a sentença não se

---

[300] FINNIS, John. *Natural law and natural rights*. Oxford: Clarendon, 1988, p. 23.

[301] "*Os juízes precisam ler mais poesia, romances e jornais para entender mais a realidade da sociedade*". Carlos Ayres Britto, no Fórum Mundial de Juízes.

ajusta à verdade, reduzir a verdade à medida da sua sentença.[302]

Precisamente sob essa censura se inscreve a aludida decisão, na medida em que foram incorporadas nela, sem a preocupação de sopesar e comparar todos os argumentos aduzidos, as convicções particulares do julgador. Isso observaram Lenio Luiz Streck e Rafael Giorgio Dalla Barba:

> Conforme o voto-vista, o direito constitucional à vida se trata ao fim e ao cabo, de uma questão de *compensação*. [...] Ocorre que a ponderação do Ministro Barroso já pressupõe que a criminalização do aborto protege insuficientemente os direitos sexuais e reprodutivos da mulher, sua autonomia, integridade e a igualdade de gênero. Acrescenta que a criminalização gera "custos sociais para o sistema de saúde", que "decorrem da necessidade de a mulher se submeter a procedimentos inseguros". A grande questão é: como o Ministro Barroso verifica o peso do princípio de proteção à vida em relação ao da autonomia da gestante? Como se demonstra que o grau de não-satisfação de um princípio é proporcional ao da importância da satisfação do outro? Existiria um cálculo, uma fórmula pela qual possamos ter acesso a essa realidade a ele – Ministro – tão evidente? *Não se trataria, simplesmente, de um juízo ideológico-pessoal?*[303]

Não se veda ao juiz ter crenças ou convicções íntimas; o que se lhe proíbe é ter decisões prontas. Por outras palavras, durante o curso do processo, o juiz deve ser aberto às argumentações, deixar-se de certo modo convencer por elas, compará-las e, ao final, escolher dentre elas a que mais se ajusta ao seu ideal de justiça e às leis.

---

[302] GALAMANDREI, Piero. *Eles, os juízes, vistos por um advogado*. Martins Fontes, São Paulo, p. 10, 1996.

[303] STRECK, L. L.; BARBA, R. G. D. Aborto – a recepção equivocada da ponderação alexyana pelo STF. Disponível em: https://www.conjur.com.br/2016-dez-11/aborto-recepcao-equivocada-ponderacao-alexyana-stf. Acesso em: 13 abr. 2020.

A TIRANIA DO SIGNIFICADO

Se o direito não predetermina univocamente a solução para alguns casos, segue-se disso que não há limites que fixem o perímetro da discricionariedade judicial? A indeterminação, da qual, em alguns casos, padece o direito faz com que, às vezes sejam aceitáveis várias soluções *a priori*, de acordo com a opinião de quem as patrocina. Mas, desde que iniciado o processo, o julgador começa a construir peça por peça sua decisão, de forma que, quanto a esta, do mesmo modo que provamos o movimento andando, o juiz decide decidindo.

Com efeito, *a priori* não se sabe o que se pode ganhar, em termos de convicção plena, extratando a verdade, à medida em que se leem os argumentos. É possível que em algumas ocasiões, notadamente quando os argumentos são relevantes e o caso é ambíguo, que emerja uma pletora de soluções razoáveis após diversos e disputados esforços de argumentação. Mas então, a pluralidade de opções não será um *prius*, à maneira de uma escolha pessoal discricionária, mas um *posterius*. Portanto a liberdade de movimentos do juiz não é algo dado, muito menos *a priori*, mas é algo conquistado, na exata medida em que os membros de um colegiado são capazes de oferecer, motivadamente, soluções alternativas razoáveis.

Portanto o vício metodológico de inverter a ordem dos fatores se deveu à prática de outro ainda maior, perceptível também no acórdão em questão, cuja motivação não tem senão o valor de um discurso falacioso e autorreferencial, desarraigado dos valores e princípios do ordenamento jurídico, assim como dos argumentos derivados do contraditório. Contra esse tipo de postura intelectual, Herbert Spencer já nos advertia há mais de um século: "Frequentemente, a razão serve para justificar uma decisão já tomada por motivos sentimentais ou passionais mais ou menos conscientes, e, em todo caso, alheios a uma inteligência imparcial e soberana".

A DESCONSTRUÇÃO DA VIDA

Muitos reputam social a origem das ideias. Embora se admita com reservas essa explicação, parece que não há outra que possa dar conta das razões que inspiraram o referido acórdão. Só numa sociedade e numa época relativistas, alheias aos valores e indiferentes a vidas humanas se tornou um fato corriqueiro e banal o asilo de um assassino terrorista, só numa sociedade assim, dizíamos, é possível o surgimento de ideias tão anoréticas aos valores humanos.

Causa estupor advertir que se queira justificar com "razões" a eliminação de algo que maravilha por sua grandeza. Precisamente desde a altura privilegiada da razão, entendida aqui como a inteligência, a capacidade de construir conceitos, racionar e discernir, se toma partido contra a vida, e se a desprestigia ao medi-la com valores dos quais aquela é o pressuposto, a condição e o sentido. É espantoso pensar que enquanto as sociedades mais desenvolvidas, as Constituições mais democráticas e as mentes mais brilhantes, reverenciam a vida, cercando-a com o prestígio das normas e com as declamações de filósofos e poetas, haja ainda alguém que se sinta autorizado a investir contra o enigma da vida, contra a forma de vida mais eminente, que é a vida humana.

Apenas a ideia de uma vida humana em risco já nos causa calafrios, o que dizer quando esse risco é provocado frivolamente por um ser racional, ao argumento de que não sabemos exatamente em que momento da gestação o feto passa a ser uma pessoa?

Às vezes, a intuição da poesia vem suprir o que em vão busca a ciência. Em seu belo poema, *O sábio antigo*, dizia Tennyson:

> Não podes provar o inefável, ó filho meu! Nem podes provar o mundo em que te moves; não podes provar que és só corpo, nem podes provar que és só espírito, nem que és ambos em um; não podes provar que és imortal, nem

tampouco que és mortal; sim, meu filho, não podes provar que eu, que contigo falo, não és tu que falas contigo, porque nada digno de ser provado pode ser provado ou des-provado, pelo que sê prudente, agarra-te sempre à parte mais evidente da dúvida e sobe até a *Fé* além das formas da *Fé*!

Ser prudente em tais casos não é só agir com inteligência, mas é fazê-lo também, respeitando a justiça.

Desde o princípio da gestação, o ser humano é rigorosamente homem, ainda que não tenha naquele momento alcançado o estágio de desenvolvimento correspondente à personalidade. Contudo não é lícito afirmar-se que o embrião seja um homem em potência, porque não pode ver, ouvir, falar, pensar e se comunicar plenamente. Ora, tais funções não as desempenham também os recém-nascidos, assim como os deficientes privados delas?

É necessário, portanto, que os partidários do aborto esquivem as falácias e se concentrem em demonstrar a plausibilidade das premissas sobre as quais apoiam a justeza e a racionalidade do aborto, afinal sobre os mesmos pesa o ônus da prova, como acertadamente afirmou Robert Spaemann, uma das maiores autoridades mundiais em Ética:

> Deveria possuir-se uma completa certeza de que as crianças não nascidas não são pessoas para poder justificar que sejam levados à morte. Qualquer dúvida, qualquer incerteza nesse ponto só pode operar em favor da vida. Quem dispara sobre algo que se move na espessura de um bosque, com a dúvida de que possa tratar-se de uma pessoa, pode ser condenado por homicídio culposo.[304]

Acresce ainda que se a ideia pró-aborto é em si mesma preocupante, sê-lo-á muito mais na medida em que o S.T.F. a encampa como sua. As decisões do órgão máximo

---

[304] SPAEMANN, Robert. *Etica, política y cristianismo*. Madri: Palabra, 2007, p. 222.

do judiciário nacional deixam marcas indeléveis na consciência social, ao mesmo tempo em que provocam um caos de adesões irrefletidas, a ensejar o embrutecimento progressivo de inteligências grávidas de discursos demagógicos e ocas de valores morais. Essa consciência social extraviada impermeabiliza as inteligências e as letargia espiritualmente, dispondo-as para cometer, dando-se o caso, grandes crueldades e muitas injustiças, em nome de ideias abstratas e de princípios "progressistas".

UM CONFLITO DE DIREITOS?

A razão que se dá como definitiva em favor da legalização do aborto é a existência de um conflito entre o direito à vida do feto e o direito da mulher sobre o próprio corpo.

Sem embargo de que os conflitos sociais devam ser resolvidos com serenidade e lucidez, impende, porém, antes de resolvê-los, certificar-se de que se trata realmente de conflito ou se é o caso de uma qualificação açodada, movida pelo desejo de transformar uma mera divergência numa relação conflituosa. Afinal, num passado recente, sustentava-se – em alguns lugares ainda se sustenta – que entre a sociedade e o criminoso há um conflito insolúvel, de modo a justificar a pena de morte. A razão disso parece ser o caráter sumamente ambíguo do termo conflito.

Com total clarividência, Alfonso López Quintás esclarece o ponto em questão, deixando claro que "para que o conflito, entre dois direitos possa considerar-se como insolúvel, deve analisar-se com o maior cuidado se não existe alguma possibilidade de se resolver a situação e evitar a confrontação abrupta de direitos. A ambiguidade – e, portanto, o perigo nesse contexto – do termo *conflito* se intensifica ao máximo se se fala de conflito entre os direitos do *nascituro* e o direito da mãe à sua *saúde mental* ou *psíquica*. Esses vocábulos apresentam uma vaguidade tal que não permitem basear neles uma ação tão carregada de consequências de toda ordem como é o aborto. O estudo

A TIRANIA DO SIGNIFICADO

da mente, da psique, do cérebro, do espírito humano em geral se acha ainda engatinhando. Quando há alguma discussão sobre temas não traduzíveis em pesos e medidas, os maiores pensadores se expressam com pouca precisão por tratar-se de questões extremamente sutis entre as quais não resulta viável traçar limites estritos. Como é possível que se intente justificar a anulação de uma vida humana com o mero recurso a um possível conflito de tipo "psíquico"? Vê-se, à simples vista, que é uma temeridade".[305]

Atualmente, ninguém minimamente informado ignora que o embrião não é um mero apêndice biológico da mãe. No entanto, os partidários do aborto inculcam à mulher o direito de se despojar legitimamente do filho não nascido, rejeitando-o como se rejeita algo imprestável. Arvora-se a mulher, seduzida pelos profissionais da confusão, em proprietária de seu próprio corpo e do corpo que se lhe adere. "Trata-se simplesmente do direito de dispor de um objeto". Engana-se, porém, quem pensa que nesse contexto o termo objeto corresponde exclusivamente ao feto, o que seria de se supor no caso de que, adquirindo a promoção, a mulher não tivesse que levar o pacote inteiro.

Assim, erigida em proprietária de seu próprio corpo, a mulher tem que aceitar necessariamente a consequência de sua nova situação jurídica, amargando miseravelmente a redução de seu próprio corpo às proporções de um objeto de direito de propriedade. Rebaixou-se, pois, ao ignominioso papel de pupila dos interesses que devia conter e desarmar.

> A Antropologia Filosófica desqualifica certas afirmações que estão na base das "argumentações" pró-abortistas. Afirmar, por exemplo, que "a mulher tem um corpo e pode decidir arbitrariamente os processos que no mesmo têm lugar é situar-se fora da realidade, porque o ser humano *não tem corpo; é corpóreo*. Felizmente, nosso corpo não é um objeto que possa

---

[305] QUINTÁS, Alfonso López. *Las sinrazones del aborto*. Madri: Palabra, 2015, p. 38.

> ser possuído. Já o famoso cavalo da *História de um cavalo* – de Leon Tolstói – afirmava com razão que os homens se deixam levar por sua tendência possessiva e reduzem a meros objetos realidades que estão muito acima do nível objetivista. Ao se dizer "tenho mulher, tenho filhos, tenho corpo", no mesmo plano em que se afirma "tenho dinheiro, tenho casa, tenho carro...", a linguagem nos trai e nos delata.[306]

O movimento abortista, que é feminista e, portanto, defensor da mulher, a si mesmo se contradiz quando, por um lado ataca a discriminadora redução da mulher a objeto de contemplação e de prazer, e, por outro, a denigre, rebaixando seu corpo à condição de coisa apropriável e disponível. De todas as formas de envilecimento da mulher, há uma que, por sua generalidade e vileza, se destaca das demais e constitui o elemento comum a todas elas: a objetivação do corpo feminino. É uma curiosidade legítima adivinhar qual seria, sobre esse argumento, a opinião de filósofos como Karl Jaspers, Maurice Merleau-Ponty e tantos outros pensadores existencialistas, fenomenólogos e personalistas que se esforçaram tanto por ampliar os limites da dignidade humana até os confins inóspitos da discriminação. "Sua decepção seria sem dúvida absoluta ao observar que foram vãos seus esforços por superar o *"objetivismo"*, a atitude de domínio e manipulação das realidades *"inobjetivas"*, que, por seu alto nível entitativo, exigem um tratamento respeitoso, dialógico e criador".[307]

AS PALAVRAS "MÁGICAS"

A honestidade intelectual é um pressuposto básico de toda análise séria. Define-se pela vontade consciente de afastar toda forma de manipulação, de modo a privilegiar a busca da verdade acima de qualquer interesse ou ideologia. Quando ela está ausente, o diálogo se transforma em

---

[306] *Ibidem*, p. 26.
[307] QUINTÁS, *op.cit.*, p. 81.

combate sem regras, em que uma das partes – ou ambas – quer *vencer* e não *convencer*, mesmo que seja ao preço do sacrifício do bem, em defesa do qual se iniciou o diálogo. Por outros termos, escamoteia-se a finalidade desejada mediante a utilização astuciosa de vocábulos – sobretudo as *palavras mágicas* – para dar visos de plausibilidade a raciocínios falazes.

São, em grande medida *mágicas* as palavras que a opinião pública associou com *status* individual ou socialmente positivos ou com situações que a lei abstratamente protege ou que o imaginário social idealiza. Com elas, pretende-se franquear a resistência da tradição e dos costumes, em ordem a introduzir no meio social comportamentos ou formas de vida, que, de outro modo, não teriam o livre curso desejado. Palavras como liberdade, cidadania, emancipação, progresso, direito, empoderamento etc., se prestam facilmente a camuflar teses ordinariamente indefensáveis, não fosse o prestígio que envolve esses termos. Enfim, não esqueçamos a máxima sempre atual de Orwell: "A corrupção da política começa pela corrupção da linguagem", invariavelmente, dizemos nós, por meio da manipulação dos significados, à margem do que diga a referência.

A seguir, articulamos alguns exemplos de palavras e expressões mágicas.

— LIBERDADE

Fala-se muito em liberdade da mulher relativamente a gestar ou não um filho indesejado. A quem não estiver sugestionado pelo poder mágico do termo em questão, a liberdade de escolha referida anteriormente soa absurda e até mesmo monstruosa. É exatamente aí que se reclama astuciosamente a ação letárgica da palavra mágica *liberdade* que, por ser tal, é direcionada para o primeiro plano da atenção e a ofuscação do brilho que lhe é peculiar deixa na sombra do esquecimento questões irresolvidas inerentes ao verdadeiro significado do aborto.

— PLANEJAMENTO FAMILIAR

Outra estratégia para demonstrar a legitimidade do aborto é revesti-lo de uma coloração agradável aos olhos. Faz-se isso atribuindo-lhe uma relevante finalidade social que o aborto supostamente teria em comum com alguns meios contraceptivos legítimos. Constitui uma aplicação prática do princípio *os fins justificam os meios*.

— IGUALDADE

"Já que os homens não engravidam e, portanto, a equiparação plena de gênero depende de se respeitar a vontade da mulher nessa matéria". (Excerto do acórdão). Essas palavras soam à censura não aos seres humanos por serem o que são, mas à natureza por tê-los feito tão desiguais. De modo que, seguindo o raciocínio do acórdão, se a natureza, que repartiu a força e a fraqueza entre os sexos, privilegiou injustamente um deles, cabe então à nossa respeitável civilização igualá-los em tudo.

Só o prestígio da palavra igualdade teria o poder mágico de patrocinar uma tamanha extravagância, sem expor o raciocínio à pronta invalidação.

— INTERRUPÇÃO VOLUNTÁRIA DA GRAVIDEZ

Geralmente, não se fala em direito a abortar – o que poderia repugnar aos ouvidos sensíveis – mas defende-se o direito à interrupção da gravidez, mediante um truque linguístico, pelo qual o significado esconde a abjeção da referência.

Interrupção é um termo da vida cotidiana que carece de sentido pejorativo. Parece completamente neutro quanto a valores. Ao pronunciá-lo, não se alude nem levemente à anulação definitiva de um processo vital que em breve teria dado lugar a um ou mais seres humanos. Usa-se um verbo que sugere uma ação acidental e passageira: *interromper*. Mas se insiste ainda na tarefa de suavizar o trauma do aborto. A pequena carga negativa que o verbo *interromper* possa implicar fica neutralizada ao se acrescentar o adjetivo "voluntária", que implica liberdade. Ao se associar com este *termo talismã*, o vocábulo "interrupção" parece ficar a salvo de qualquer reproche de tipo moral...[308]

— DIREITOS SEXUAIS E REPRODUTIVOS DA MULHER

Todos os tempos não são igualmente favoráveis aos trabalhos do pensamento. Há épocas em que a filosofia, que faz a força do espírito humano, está em evidência e projeta luz sobre as grandes questões da humanidade. Então, os métodos se aperfeiçoam, as relações da vida se intensificam, e os mistérios do universo se esclarecem. A cada grande movimento do espírito humano, o conhecimento dá mais um passo e a humanidade cresce com ele. As normas, as artes, as descobertas científicas se ligam, por laços estreitos, às crenças intelectuais dos povos que não são, não agem, nem se desenvolvem senão em virtude do que eles pensam. Aí onde não há filosofia, não há também civilização; a cultura perece, e se avilta a humanidade.

Se tocamos um desses momentos, que parece ser o nosso, em que a inteligência se abate e a humanidade cansada não aspira senão a repousar e a deleitar-se; em que os sistemas falsos comprometem as ideias verdadeiras; em que por se reclamarem direitos excessivos, abandonam-se os necessários; chegados a um tal momento, repetimos, cumpre buscar um lugar que, em tese, deveria

---

[308] *Ibidem,* p. 54.

permanecer impermeável a tais fraquezas e leviandades e onde se crê seja o depositário do culto perseverante do pensamento: o tribunal.

Custa a crer que os membros da primeira turma do S.T.F. não tenham se dado conta da extravagante utilização de termos em contextos que de modo algum os comportam. É o caso de *direito* referido a uma função orgânica. Não se sabe ao certo qual a natureza desse direito, visto não possuir as características nem dos direitos pessoais nem dos reais. Dos primeiros, falta-lhe um devedor determinável; dos últimos, embora se possa dizer forçadamente que é exercitável *erga omnes*, não lhe é adequada a utilização dos interditos, a menos que se reconheça à proprietária do útero e das vias urinárias o manejo da reintegração de posse para reavê-los de um improvável esbulhador.

O que se pretende, na verdade, ao se aludir ao direito, nessas circunstâncias, é revestir a pretensão dos partidários do aborto com o brilho e a respeitabilidade que o vocábulo *jus* ostenta naturalmente. Por ser, na atualidade, um termo mágico, a palavra *direito,* utilizada de modo ambíguo, sem determinação alguma, presta-se a toda sorte de excessos demagógicos e inconfessáveis.

A GENERALIZAÇÃO DO ABORTO

Os poetas e os filósofos têm muito o que ensinar aos doutos em ciência e em direito, principalmente quando a inteligência destes, insegura e claudicante, hesita ante os umbrais de um problema moral, pasmosamente abertos à intuição daqueles. Sobre essa sabedoria especial conferida aos filósofos e poetas, Papini observou que estes "gozam, ou sofrem, de uma sensibilidade mais viva, de uma intuição mais previsora, e por isso percebem, muito antes que os demais, o que um dia acontecerá na história. Os gatos advertem os terremotos muito antes que nós; os poetas são os felinos dos acontecimentos futuros. Basta esperar – às vezes meio século, às vezes algum século – e advertirmos que as ideologias passam do papel impresso para a verdade vivida".[309]

De fato, graças a essa sensibilidade e a essa intuição, Virgílio prognosticou a encarnação, Dante antecipou o juízo final, Edgar Allan Poe pressentiu a teoria da relatividade e Fernando Pessoa previu a data de sua fama futura. O relaxamento moral do homem contemporâneo não escapou também à intuição desses vates, preceptores da humanidade. Olavo de Carvalho diz que "toda a história do século XX – e a do começo deste XXI – já estava contida, sinteticamente, no poema *The second coming*, publicado por William Butler Yeats em 1919. [...] Mas o que mais me impressiona nesse compactado de profecias são os versos: "*The best lack all conviction, while the worst are full of passionate intensity*": Aos melhores falta toda convicção, enquanto os piores estão cheios de intensidade apaixonada. É a psicologia completa do homem contemporâneo, inflado de entusiasmo moralista na defesa do crime e da mentira, paralisado por doentia escrupulosidade cética ante o apelo da razão e da verdade".[310]

Não se poderia descrever com maior preito à verdade essa tendência à permissividade que os dicionários modernos confundem com tolerância. Há um culto ao erro, como o há também ao crime. Parece que à força de conviver com todo tipo de agressão à vida, perde-se progressivamente aquele impulso inato de que estão cheios os animais: o instinto de conservar o que para eles é o maior dom da natureza, mas que para nós se transformou num fardo que não vale a pena carregar. Sacrificá-la, por que não? Se a verdade – que não existe – não afiança mais a superioridade da vida, por que não trocá-la por um pseudovalor, mais afim do desregramento epicurista, e menos digna de ser defendida por quem não sabe ainda desprezá-la?

Vejamos como o aludido acórdão respondeu a essas questões, limitando-nos aqui à resposta relativa à gene-

---

[309] *Obras*. Aguilar, Madri, tomo III, p. 583, 1957.
[310] *O Globo*, 11 de setembro de 2004.

Mário Pimentel Albuquerque

ralização do aborto, por meio da qual afirma-se "que praticamente nenhum país democrático e desenvolvido do mundo trata a interrupção da gestação durante o primeiro trimestre como crime".

Mal comparando, essa argumentação tem a mesma força persuasiva que aquela que diz: "*Em terra de sapos, de cócoras com eles*", porque ambas têm em comum o recurso à falácia naturalista. Dizer que o aborto deve ser permitido aqui porque alhures o foi não constitui um fundamento convincente no plano do *dever ser*, até porque poder-se-ia objetar que, a despeito dos países citados como exemplo de desenvolvimento material, a sua decadência moral deve-se à descriminalização do aborto.

Na órbita das normas, a pergunta pela fundamentação desempenha um papel central. *Não matarás, não roubarás, não mentirás.* Mas por que não? Exige-se aqui uma fundamentação. A argumentação desse tipo dá lugar à aplicação do que se convencionou chamar o *princípio de Hume*. Trata-se de um princípio puramente lógico, a saber: *Não se argumenta de forma válida nas proposições de dever ser quando nos argumentos não há, por sua vez, princípios que façam referência ao dever ser.* Ficam assim excluídas, no plano normativo, argumentações centradas na constatação de fatos. A afirmação contrária redundaria numa transição logicamente inadmissível do *ser* ao *dever ser*. Por exemplo: Não matarás porque o homicídio é duramente sancionado em todos os povos da terra; ou o aborto deve ser permitido porque praticamente nenhum país democrático e desenvolvido do mundo trata a interrupção da gestação durante o primeiro trimestre como crime. Passa-se de uma descrição dos fatos a uma valoração arbitrária deles, por meio da utilização do argumento entimemático, ou seja, dá-se sub-repticiamente como provado o que se cumpriria antecipadamente provar. No caso, demonstrar que o que foi descriminalizado lá deve ser permitido aqui porque é justo, bom, conveniente etc., de modo que, do ponto de vista puramente lógico, nunca se pode passar de um caso particular a outro, como tampouco deduzir uma tese geral.

O que se pode concluir desse procedimento comparativo? Absolutamente nada, porque de uma comparação nada pode ser concluído. Do ponto de vista lógico, os argumentos desse tipo não são mais que imagens que representam uma proposição geral, isto é, um princípio. Na hipótese em questão, o princípio reza mais ou menos assim: se o aborto é permitido em vários países desenvolvidos é porque é bom. É sobre a legitimidade deste princípio que deve conduzir-se a discussão, sob pena de capciosamente se incorrer num *entimema*.

Falácias desse tipo são frequentes na vida prática, mas seu valor argumentativo é muito escasso. Podem estimular o pensamento ou excitar a imaginação, mas não podem demonstrar nada; antes, pelo contrário, podem induzir à confusão.

A PONDERAÇÃO DE DIREITOS FUNDAMENTAIS

É voz corrente entre nós que o aparelhamento estatal é caro e perverso porque é omisso. A bem da verdade, talvez fosse mais certo afirmar não que o Estado peca pela ausência, mas porque intervém muito. Sua mão e seu chicote estão sempre presentes na vida privada dos cidadãos: a primeira, para extorquir tributos; o último para impor sua vontade inapelável até mesmo em questões íntimas dos indivíduos, como que a adverti-los incessantemente de sua incapacidade para resolvê-los.

Com efeito, a vida privada do brasileiro está inteiramente publicizada. Não somente a do brasileiro. Insistimos quanto a ele, porque o brasileiro sente continuamente sobre as costas o peso de um Estado hipertrofiado que ele mantém e ajuda a engordar. De outros países nos chegam queixas semelhantes, invariavelmente dos governados por partidos socialistas, como não poderia deixar de ser.

Mário Pimentel Albuquerque

Num Estado despótico ideal, no qual a tirania não encontrasse resistência nem limites seu poder, talvez houvesse um só homem politicamente satisfeito: o tirano. Qualquer outro regime semelhante e menos declarado traz consigo uma graduação ascendente de descontentes: mais que em nenhum outro, a "democracia" que se proclama democrática. O nosso regime político é um deles. Excetuado o período de vigência da Constituição de 1946, o povo brasileiro suporta o jugo sufocante de um Estado paternalista e invasivo. Suportou a "democracia" de Vargas, a "democracia" dos militares, a "democracia" do PSDB e a "democracia" do PT. Não se suspira aqui por um ideal de Estado nem se quer fazer proselitismo partidário. Um é o nosso objetivo: mostrar o tratamento que essas "democracias" têm dispensado ao povo brasileiro e em virtude do qual transformaram-no num agregado contingente, sem fibra, sem ambição e socialmente irresponsável.

A despeito das várias ideologias que sustentaram essas "democracias", há um traço comum que as caracteriza todas: o excessivo paternalismo estatal em face de um povo submisso e incapaz. Todas acostumaram o povo a ver o Estado como a instância decisória irrecorrível até mesmo nas questões privadas do cidadão. "O que começou com intervenções políticas na economia passou a incidir na esfera da limitação da liberdade de escolha e de decisão, e extrapolou para a orientação dos modos de vida e dos comportamentos individuais, como impedir que os pais eduquem os seus filhos em casa ou inserir no currículo escolar estímulos para que as crianças se masturbem e tenham relações sexuais. [...] No âmbito cultural, a influência do Estado-babá é ainda mais grave porque transfere para o Estado a responsabilidade de cuidarmos de nós mesmos e das nossas famílias, de ajudarmos aqueles que precisam e de sofrermos as consequências positivas e negativas de nossas escolhas. Quanto mais leis e políticas que orientem e regulem as nossas escolhas, mais o governo tutela as nossas vidas,

A TIRANIA DO SIGNIFICADO

esvazia o sentido de dever e assume responsabilidades e deveres que pertencem a cada um de nós brasileiros, não ao Estado, não aos políticos".[311]

A hipótese do acórdão em tela nada mais é do que um exemplo prático da ideia geral exposta. Argumenta-se ali com veemência em favor dos direitos sexuais e reprodutivos da mulher, mas não há uma referência sequer, como se fosse uma questão desimportante, à responsabilidade do ser humano sobre as consequências de seus próprios atos. "Hoje em dia, toda adolescente sabe bem que, se realiza certos atos sexuais, pode provocar uma gravidez. Se não é responsável para gerir suas relações amorosas ou meramente passionais, deve sê-lo ao menos na hora de assumir a vida que surgiu mercê de sua colaboração".[312]

O reverso da liberdade é a responsabilidade; ambas operam juntas, limitando-se reciprocamente. De tal modo isso é exato, que o Direito não reconhece como justificante a reação do agente a uma situação que ele próprio tenha dado causa. As soluções traumáticas, portanto, ou são rechaçadas geralmente pelo ordenamento jurídico ou são excepcionalmente permitidas quando respondem a situações involuntárias e imprevistas.

Não são poucas as vezes que ouvimos dizer que, em caso de gravidez, à mulher deve se permitir resolver o "problema" o mais rápido possível. Esse eufemismo envolve frequentemente soluções traumáticas, não só necessariamente para o feto, mas também para a própria mãe, a se levar em conta os testemunhos concernentes aos penosos sintomas da "síndrome pós-abortiva". Por essa razão, recorrer precipitadamente ao aborto para esquivar uma situação embaraçosa e imprudentemente provocada, revela uma irresponsabilidade injustificável e indigna de ser invocada no judiciário.

---

[311] GARSCHAGEN, Bruno. *Pare de acreditar no governo*. Rio de Janeiro: Record, 2017, p. 252.
[312] QUINTÁS, *op. cit.*, p. 135.

A PONDERAÇÃO DE PRINCÍPIOS

Quando o pendor metafísico dirigia as mãos dos juristas, uma elevada significação tinham ainda as sentenças, que se reputavam mais eruditas quanto menos casuístas fossem, a demonstrar que para o convencimento de seus prolatores era suficiente uma argumentação que, sem sair da pureza dos princípios, projetasse uma intensa luz sobre o caso concreto, descobrindo-o por inteiro. Ocorre-nos um exemplo:

> Nossa relação com os antepassados e os descendentes não é de origem hierárquica, mas de natureza fraterna. Todos, mortos, vivos e não nascidos, somos partícipes de uma comunhão universal que transcende a presença e a ausência e não tem em conta nem a morte nem o nascimento. Sempre somos devedores dos antepassados, credores dos descendentes e responsáveis uns pelos outros, já sejam aqueles que dormem nos sepulcros, ou aqueles que nascerão nos séculos. Existe uma comunhão de épocas como há uma comunhão dos santos e uma comunhão de delinquentes.[313]

Que juiz terá em conta a sabedoria que encerra essa argumentação? Que juiz se serviria dela para fundamentar sua decisão? Por outras palavras, que juiz, a exemplo de Salomão, preferiria a estrada inglória da sabedoria milenar ao atalho fácil da aprovação contemporânea?

A sabedoria de Salomão, fiada na inelutável força do instinto materno, que predispõe a mulher à renúncia extrema quando a vida do filho está em risco, premiou aquela que renunciou mais, convencido de que o sacrifício materno delatava a verdadeira mãe. Hoje, a sabedoria dos tribunais aquinhoa a mulher que, a despeito do instinto materno, sobrepõe seu interesse de não ser mãe ao direito à vida daquele que precisa ser seu filho para viver.

---

[313] PAPINI, *op. cit.*, p. 574.

A TIRANIA DO SIGNIFICADO

Essa mudança radical será um indício de progresso cultural ou, como se diz hoje, responde à irrupção de um novo paradigma epistemológico, mais justo por que mais evoluído? Pensamos que a resposta a essa questão corresponde dá-la, antes que ao juiz, ao homem sensato e sábio, que circunstancialmente se acha investido da elevada missão de julgar.

Desçamos agora à consideração do caso concreto.

A decisão da 1ª Turma do STF contém dois corpos separados, mas contíguos, destinado o primeiro a identificar os direitos em conflito, e o segundo reservado a demonstrar a superioridade de um sobre o outro. A análise do primeiro dá conta de uma construção extravagante, muito a gosto das firulas jurídicas contemporâneas, por meio da qual passa-se de uma função orgânica – a reprodução – ao *status* de objeto de direito, aureolado de fundamental. Veja-se a que exageros se expõe um pensamento que se extravia pela vastidão do significado, sem deslizar sequer na referência. O poder que a linguagem tem de "abrir" o mundo se reforça e multiplica quando à interpretação linguística não se opõem limites afirmados na natureza da coisa. A imaginação faz então o pensamento adejar sobre a realidade, servindo a linguagem de ponte fictícia entre ambos, de modo a dar fisionomia real ao que não passa de quimera, utopia e devaneio.

Do ponto de vista da teoria dos direitos fundamentais e servidos apenas do sortilégio dos significados, podemos sustentar a juridicidade fundamental de outras funções menos óbvias. O direito à respiração, por exemplo, visto que o ato de respirar é de importância fundamental para o ser humano e garantia de sua vitalidade, conquanto possamos detê-lo, apressá-lo e retardá-lo. Seria a respiração, visto a sua relevância, um direito fundamental irmanado à liberdade e suscetível de ser ponderado com ela? O absurdo é flagrante.

De qualquer forma, a 1ª Turma do STF, relativamente ao caso em questão, rotulou-o de difícil e não resolúvel pelo tradicional esquema lógico da subsunção. Impunha-se então, na visão dos ministros daquele colegiado, aplicar o princípio da proporcionalidade para verificar a extensão da restrição ao direito fundamental invocado, por meio da atribuição de pesos relativos a cada um dos princípios.

A colidência existiria, segundo o acórdão, entre os direitos fundamentais da mulher e o bem jurídico tutelado pelos artigos 124 a 126 do Código Penal. Apesar do estratégico silêncio a respeito deste último, cujo nome permaneceu *in pectore* no corpo do referido acórdão, entendemos que na motivação do *decisum*, a linguagem serve não para ocultar, dissimular ou tergiversar, mas para iluminar, identificar e denunciar, chamando a cada ideia ou a cada coisa por seu nome, com desassombro e sem a suscetibilidade que uma avassaladora prepotência midiática trabalha por inculcar naqueles que por vocação e por ofício deveriam falar claro. Limita-se o acórdão a enumerar as consequências negativas que advêm das referidas normas penais, sem, contudo, mencionar o bem jurídico que elas tutelam, de modo a medi-lo com os direitos reprodutivos da mulher.

O maior desserviço que a linguagem presta à comunicação radica na persistente inclinação da mente em fixar o campo significativo das palavras mediante o uso, até o abuso, de formas binárias de expressão e a preferência pelo emprego de *contrários* para deslindar o espaço semântico dos vocábulos. Na intelecção e na comunicação, essa simplificação idiomática comporta graves riscos, pois nada contribui mais para a cristalização de falsos *estereótipos* que as definições por negação ou contraposição, em que o valor conotativo e compreensivo das palavras fica empobrecido, até mesmo desfigurado.

O caso do termo embrião é singularmente demonstrativo. Costuma-se reduzir seu sentido ao de uma mera negação. É embrião aquilo que não tem determinação, não tem contornos, não tem perfil, não tem limites precisos. Então, baseado nesse conceito de embrião, chegou-se a várias conclusões, por exemplo, que o embrião é disforme, anormal, monstruoso etc. Concluiu-se, portanto, a partir desse conceito negativo que o feto humano é um nada, é uma deficiência, uma anomalia, um fardo para a mulher. Essa é a noção de embrião para os abortistas e feministas que se dizem apoiados na ciência, mas não fazem senão proselitismo. Será que a maioria das mulheres comparti-lha esse ponto de vista? Será que elas reputam a mater-nidade como um encargo penoso? Será que a mãe que carrega no ventre o broto do que será um dia seu consolo materno se associa a tal opinião? Será que a mulher que deseja desesperadamente ser mãe, mas não pode sê-lo, subscreve a concepção abortista?

Todos os esforços feitos em favor da descriminaliza-ção do aborto procedem de uma raiz comum: a vontade de defendê-la de modo indireto, sem abordar de frente o cerne da questão. Mas "a fidelidade ao real exige ir ao núcleo das questões e estudá-las de modo cabal, com o afã de descobrir a verdade, não de vencer o adversário sem necessidade de convencê-lo. A questão nuclear é só uma: há dois valores que disputam a primazia: por uma parte, a liberdade de manobra de uma mulher que não deseja ter um filho e quer livrar-se dele; por outra, o direito da vida nascente a se desenvolver cabalmente.[314]

Postas as coisas nesses termos, impõe-se uma recon-figuração da questão, mediante a qual se priorize o direito à vida do embrião, severamente deturpado por uma visão reducionista, que os fautores de declarações de direitos ado-taram em nossos dias para promover suas *verdades* como prioritárias, inclusive, no limite, frente ao valor absoluto da vida. Por uma manobra linguística, escamoteia-se este, como dissemos, pelo uso do conceito negativo de embrião.

O reducionismo semântico que se gera mediante a aparente inocência do simples advérbio de negação tende a situar o embrião na posição de quem *não* é frente a quem é plenamente, que seria o homem adulto. Caímos assim

---

[314] QUINTÁS, *op. cit.*, p. 93.

num perigoso equívoco dentro da prática social, pois *ser* define um paradigma aplicável ao sujeito de direito, frente ao *não ser* subjetivo das coisas e dos animais. Mas o embrião ostenta em realidade um ser porque tem personalidade, ou melhor, tem personalidade porque é um ser humano.

DIREITOS SEXUAIS E REPRODUTIVOS VS DIREITO À VIDA

O calcanhar de Aquiles da fundamentação do acórdão em questão reside em dar por indiscutíveis premissas não discutidas. Aliás, é um eficaz recurso retórico esconder-se atrás de frases estereotipadas, fundadas em duvidosa estatística, para poupar-se o esforço de precisar o que elas habilmente dissimulam. A pertinência das palavras não se esgota em sua exegese parcial, mas sobretudo compreende a relação delas com fatos verificados à margem delas, com os quais deve haver uma inegável sintonia.

> O recurso à linguagem aqui é importante. Repete-se: "vítimas são mulheres negras e pobres", "saúde pública", "questão urgente", "superar machismo", "sexismo" e "direitos humanos" como em um mantra hipnótico um verdadeiro transe coletivo. Proferir frases de efeitos como essas impede que as pessoas realmente reflitam a respeito do que elas exaustivamente repetem.[315]

Mas a referência constitui uma barreira de contenção segura contra o transbordamento de significados arbitrários, cuja ambiguidade permite compreendê-los como o oposto do que indica a referência. "É de grande astúcia adotar expressões capazes de informar exatamente o contrário do que significam. Todo esse esforço de controle semântico não é inocente, e o objetivo é alcançar os fins mediante o controle do pensamento. Ao alterar o significado das palavras, os autores evitam a rejeição da opinião

---

[315] RAZZO, Francisco. *Contra o aborto*. Rio de Janeiro: Record, 2017, p. 136.

pública, que, com palavras mais brandas, aceita as ideias ali transmitidas. A exaustiva repetição dos termos tem a finalidade de provocar hábitos irrefletidos nos falantes, pois escapam da necessidade de justificar a validade das expressões. Nesse caso, a confusão é tão diabólica que as palavras assumem significado contrário do que expressam: escravidão passa a significar liberdade, o assassinato de um filho se identifica com direitos reprodutivos, um movimento anticatólico é visto como manifestação do direito de católicos, o mal significa o bem e a mentira passa a ser vista como a verdade".[316]

Não burla o direito somente quem inverte a verdade, senão também quem a omite. E se a omite ardilosamente aqui quando se sonegam subrepticiamente os verdadeiros termos da ponderação constitucional, a pretender que exista entre ambos algum fator de comparação. Não! Não se pode legitimamente declarar inconstitucionais normas legais que tutelam a vida humana em quaisquer fases de sua existência, ainda que para isso se invoquem a excelência de outros direitos fundamentais. Onde não há termo comparativo, a comparação é indevida.

5.3 A INDIVIDUALIDADE DO NASCITURO

Custa a crer que uma questão de tamanha relevância tenha sido resolvida com argumento tão débil. Argumento que deveu sua espantosa singeleza, sobretudo, ao desprezo com que foram tratadas as razões de ordem ética, filosófica, científica e religiosa, todas elas ligadas necessariamente a uma reflexão interdisciplinar, tal como a exige a importância da questão em apreço. Ignorou-se abertamente as recomendações de pensadores, cientistas e religiosos, profissionais da medicina e professores de ética, com vistas a compensar a mulher do intolerável encargo que a natureza exclusivamente lhe impõe: o de ser mãe. "Como o homem não pode sê-lo, corrijamos a atrocidade

---

[316] *Ibidem*, p. 128.

da natureza, indenizando-se a mulher do molesto ônus da maternidade".

Ademais, o estatuto ontológico do embrião não pode ser determinado a partir de enunciados negativos, que expressam apenas o que ele não é, mas nada dizem sobre sua individualidade humana. Para esse fim, para caracterizar sua personalidade, nada mais indicado do que o depoimento de especialistas na matéria, de modo a reforçar com seus testemunhos, a tese já professada pela metafísica e pelo bom senso.

O eminente cientista Jérôme Lejeune, que dedicou toda a sua vida ao estudo da genética fundamental, chegando a descobrir a síndrome de Down (mongolismo), afirma:

> Não quero repetir o óbvio, mas, na verdade, a vida começa na fecundação. Quando os 23 cromossomos masculinos se encontram com os 23 cromossomos da mulher, todos os dados genéticos que definem o novo ser humano já estão presentes. A fecundação é o marco do início da vida.[317]

Às experiências de Lejeune vieram somar-se as do doutor Liley, mundialmente conhecido como o *pai da fetologia*. São dele estas palavras:

> Sete dias depois da fecundação, o novo indivíduo comanda o seu ambiente e o seu destino com tenacidade, implanta-se na parede esponjosa do útero, numa demonstração de vigor fisiológico, interrompe a menstruação da mãe. Aquela vai ser a sua casa durante os 270 dias seguintes. Para torná-la habitável, o embrião desenvolve uma placenta e um envoltório protetor com o líquido aminiótico. Ele resolve sozinho o problema de sua conformação e faz o arranjo extraordinário da sua convivência com sua mãe durante nove meses, embora

---

[317] CIPRIANI, Giovanni. *O embrião humano*. São Paulo: Paulinas, 2007, p. 24-25.

sejam um e outra imunologicamente diferentes. Apesar de tudo, toleram-se mutuamente em união de vidas por nove meses.

Enfim – prossegue Liley – "ele mesmo é quem determina o dia em que vai nascer, porque sem sombra de dúvida o começo do parto é um decisão unilateral no feto".

Na mesma linha vão as conclusões do psicanalista Moisés Tractemberg, a maior autoridade brasileira em psiquismo fetal, o qual, desde a década de 60, desenvolve linhas de pesquisa nessa área. Ele afirma que

> [...] psiquismo fetal quer dizer uma mente consciente, um *ego*, um *eu*. Na vida intra-uterina, o feto já possui as funções de memória e é dotado de uma percepção auditiva, táctil, gustativa e visual e já tem as funções de controle motor". "Não sou eu quem diz que o feto já demonstra controle motor, é a ultra-sonografia", explica Tractemberg. As imagens mostram claramente que o feto busca posições mais cômodas, encosta a cabeça, chupa o dedo. E tem registro de memória. Ele reconhece a voz da mãe. Por isso, a voz dela é capaz de acalmar o recém-nascido. E o acalma, porque guardou na memória o seu timbre. Ele tem memória visual e percebe a luminosidade que passa através da barriga da mãe que vai a praia por exemplo. Um especialista em ultrasonografia, após constatar que o feto estava dormindo, disparou um potente *flash* de uma câmara fotográfica e ele acordou nitidamente sobressaltado. Outro exemplo: uma mulher deu a luz uma menina que, de saída, rejeitou o leite materno. Colocaram-na a mamar numa outra e ela sugou vorazmente o seio... Descobriu-se depois que essa criança fora rejeitada, pois a mulher, que era solteira, fizera tentativas de aborto.

Continuando a falar na vida autônoma do bebê no útero, Liley traz mais estas explicações:

> Sabemos que o feto está sempre se movimentando naquele líquido, e sua posição depende de como ele se sente mais confortável. Sente dor, pressão externa, frio, e percebe o som e a luz. Bebe o líquido aminiótico, mais se for artificialmente adoçado, e menos se o gosto for desagradável. Ele soluça e chupa o dedo. Dorme e acorda. Às vezes fica chateado, mas pode ser ensinado a ficar atento a um sinal diferente. Também pode ser ensinado por sinais sonoros a conhecer antes e a recuar perante um estímulo doloroso. Mas não existem dois desses pequeninos seres que respondam da mesma maneira; eles já são indivíduos.[318]

A individualidade do ser humano foi também objeto de reflexões metafísicas. A filosofia define o indivíduo como um ser *indivisum in se* (indivisível em si) e *divisum a quolibet allio* (dividido de qualquer outro). Mas desde quando e até quando? Para dar respostas a tais questões muita tinta foi derramada. Coube, porém, à escolástica tardia, especialmente a Tomás de Aquino e Duns Scoto, o mérito de elevá-las à altura da reflexão filosófica de fundamental importância, de cujo desate depende a solução de problemas atinentes à biologia, antropologia, genética, embriologia, ética etc.

Como pode existir dentro da mesma essência (humanidade) uma pluralidade de indivíduos (homens particulares)? Os homens não podem distinguir-se pela forma, pois em tal caso já não teriam a mesma essência; a distinção deve, consequentemente residir na matéria. Pois bem, a matéria pela qual os homens se distinguem, não é a matéria prima, mas a matéria segunda, que já está delimitada quantitativamente (*quantitate signata*). Segundo Tomás, todas as diferenças psíquicas procedem só da estrutura hereditária material. Como os anjos não têm matéria, cada

---

[318] CESCA, Olívio. Aborto: a guerra aos inocentes, p. 41. *apud* MOREIRA, Márcio Martins. *A teoria personalíssima do nascituro*. São Paulo: Livraria Paulista, 2003, p. 17.

anjo é uma nova espécie (*species*), ainda que resulte incompreensível como uma espécie possa existir como indivíduo.

Outro, porém, é o pensamento de Duns Scoto. Para esse eminente franciscano, o princípio de individuação radica na forma. Assim, para que da forma "homem" resulte a forma de Sócrates, deve-se acrescentar a determinação especial (*haecceitas*) da *socratidade*. A forma, pois, que anima ou informa o homem real particular é, portanto, mais que a forma geral *homem*; é, por exemplo, homem + *socratidade*. Como há milhares de milhões de homens particulares, assim há também outras tantas formas particulares. Assim, chega Scoto a uma avaliação mais positiva do indivíduo, que pode ser compreendido diretamente como tal e até o último resíduo de sua individualidade.

Na obra intitulada *Ordinatio*, Duns Scoto pergunta se a substância material seria individuada por meio de uma entidade positiva que teria a função de contrair a natureza comum (*espécie*), tornando-a singular e incomunicável (indivíduo): a unidade dessa entidade positiva deveria se combinar com a unidade específica da natureza comum e, por sua combinação, constituir-se-ia o indivíduo concreto, intrinsecamente uno e acabado em si.[319]

Ninguém soube responder mais incisivamente essa pergunta que Edith Stein. Para ela o indivíduo se torna o resultado da combinação entre a natureza comum (*espécie*) e a entidade individual. Ambas são distintas entre si, por meio de uma distinção formal da parte da coisa (*distinctio formalis ex parte rei*), de modo que a singularidade do indivíduo não está para a natureza comum como uma coisa está para outra, mas como um atual está para um potencial em um mesmo ente.[320]

A realidade última do ente não pode ser a forma, pois todas as formas são compartilháveis, mas ela é o ato

---

[319] ALFIERI, Francesco. *A pessoa humana e singularidade em Edith Stein*. São Paulo: Perspectiva, 2014, p. 42.

[320] STEIN, Edith. *L'être fini et l'être éternel*. Lovaina: Éditions Nauwelaerts, 1972, p. 271.

mesmo de realização que torna acabada a própria forma.[321] Portanto o eu individual, para Edith Stein, experimentado na sua unicidade, não pode ser uma característica acidental qualquer da pessoa, mas o centro que constitui o fundamento de sua atualização.[322]

A esse centro, reduto último da individualidade, Edith Stein dá o nome de forma vazia (*Leerform*). Como temos insistido, o princípio de individuação não pode ser considerado algo que se acrescenta do exterior ao indivíduo, mas uma qualidade positiva do ente (*etwas positiv seiendes*) que já está contida no seu interior como perfeição do seu ser. A qualidade positiva consiste no fato de a natureza individual (*o ser isto*) não ser considerada como uma segunda natureza ao lado da natureza comum (*espécie*), mas a natureza comum realizada na natureza singular: "Nada é acrescido à forma específica de homem pelo ser Sócrates, mas é no ser Sócrates que está contida a forma de homem, assim como no ser Cálias, no ser Pedro, no ser Maria e assim por diante".[323]

A forma vazia, pois, é o último fundamento do nosso ser, e a plenitude deste é conferida pelo preenchimento qualitativo daquela.

Em que isso implica particularmente no caso do ser humano? Na pessoa humana encontramos características (tipos de conteúdo) que são compartilhadas por todos os seres de sua espécie; porém cada indivíduo reúne esses conteúdos de modo inteiramente singular, por sua maneira individual de realizá-los.[324] Daí que a forma vazia jamais se apresente empiricamente; na empiria, só captamos formas sempre preenchidas por um conteúdo, segundo um registro único, particular e irrepetível de indivíduo. Para Stein, o indivíduo é não somente um portador extático das características de sua espécie, mas algo de singular, uma

---

[321] ALFIERI, *op. cit.*, p. 44.
[322] *Ibidem*, p. 46.
[323] *Ibidem*, p. 51.
[324] *Ibidem*, p. 58; STEIN, p. 261.

A TIRANIA DO SIGNIFICADO

vez que o preenchimento qualitativo confere uma identidade própria e única em relação às outras singularidades da mesma espécie.[325]

Não é difícil concluir que a forma vazia e o seu respectivo preenchimento correspondem à distribuição das particularidades individuais, segundo uma combinação única do código genético de cada indivíduo. A contração da essência no indivíduo dar-se-ia nesse momento, determinando a irrupção vital da personalidade humana. "Descrevendo o desenvolvimento biológico do embrião, ensina Giovanni Cipriani, vimos que a única novidade substancial que acontece ocorre na fecundação. É aqui que se dá a fusão das duas membranas celulares e a "fusão nuclear", ou seja, a união dos pronúcleos. O patrimônio genético da nova célula, chamada "zigoto", passa a ser completo ou diplóide, com 46 cromossomos. Nesse momento, parece-me que acontece o milagre da vida: os 46 cromossomos da nova célula não são apenas a soma dos cromossomos dos dois gametas (paterno e materno), mas um conteúdo genético próprio, diferente do da mãe e do pai, chamado genoma. O genoma é a constituição genética ou o código genético do novo ser humano".[326]

---

[325] *Ibidem*, p. 54.
[326] *Ibidem*, p. 17-18.

6

MULHERES VÍTIMAS E HOMENS AGRESSORES?

Com o colapso da URSS, na década de 90, a esquerda mundial reinventou estratégias de sobrevivência, que demonstraram ser, ao longo do tempo, bastante eficazes. Todas tinham em comum a percepção generalizada de que os meios preconizados pelo marxismo clássico para a destruição do Estado burguês não correspondiam mais às condições materiais e culturais das sociedades modernas. Novos tempos, novas táticas, que incluíam também uma inovação fundamental: o proletariado deixava de ser a classe privilegiada, a quem se atribuía, até então, a tarefa messiânica de construir um novo homem e um novo mundo comunistas.

A versão latino-americana dessas estratégias é o Foro de São Paulo, entidade marxista, criada por Lula e Fidel Castro em 1990, que tem como objetivo congregar as forças regionais de esquerda em torno de ideias que não visam mais "expropriar os latifúndios, nem reformas agrárias, nem divagar com a mais-valia, nem tampouco seduzir a potenciais clientes com a batida luta de classes. Já nada de todo este discurso resultava atrativo para a opinião pública ocidental e ademais, cheirava a naftalina".[327] Impunha-se, então, dar um ar de novidade, oxigenar o discurso esquerdista, de modo a justificar a troca do fuzil marxista-leninista pela hegemonia de Gramsci e Laclau.

---

[327] MÁRQUEZ, Nicolás; LAJE, Agostin. *El libro negro de la nueva izquierda*. Madri: Unión Editorial, 2016, p. 16.

Não vale a pena debatermos sobre as nuances do significado do termo *hegemonia*. Será o bastante assinalar sua importância para a compreensão não só das mudanças ocorridas no seio do marxismo, mas também para a compenetração de sua envergadura intelectual, a exigir de seus críticos muita reflexão, seriedade e firmeza.[328]

Gramsci não foi o gênio que ideou, nem mereceu a fama de sê-lo, mas teve as mãos que escreveram o mais original trabalho sobre *hegemonia*, ou a arte de fazer revolução sem armas. De sua lavra brotou o engenhoso plano para desarraigar culturalmente o homem e uniformizar a sociedade, dois projetos que Gramsci confiou aos intelectuais marxistas que, embora não devessem brilhar pela erudição, deveriam possuir, em grau eminente, o atributo que tornou Tibério, ao mesmo tempo, imperador e monstro: o ressentimento.[329]

A eles se encarregou a anônima e silenciosa tarefa, que antes ao estrépito das armas incumbia realizar, ou seja, torcer a mente cristã, mediante capciosa doutrinação, a ponto de fazê-la adorar, sem se dar conta da trampa, os antigos ídolos do materialismo ateu.

A esquerda, que no século passado, viu se desvanecerem suas ilusões políticas, mostra, nessa centúria, uma extraordinária capacidade de reação, decisiva para sua sobrevivência como expressão ideológica, especialmente

---

[328] PORTELLI, Hugues. *Gramsci e o bloco histórico*. Rio de Janeiro: Paz e Terra, 2002, p. 82.

[329] "Meu argumento é o seguinte: os sistemas totalitários de governo e as ideologias totalitárias têm uma única fonte: o ressentimento... Vejo o ressentimento como uma emoção que aparece em todas as sociedades, por ser um resultado natural da competição em busca de lucro. As ideologias totalitárias são adotadas porque racionalizam o ressentimento e unem os ressentidos em torno de uma causa comum. Os sistemas totalitários surgem quando os ressentidos, depois de tomarem o poder, incumbem-se de abolir as instituições que deram poder a outros: instituições como a lei, a propriedade e a religião, as quais dão origem a hierarquias, autoridades e privilégios, e permitem que os indivíduos sejam soberanos em relação a sua vida. Os ressentidos acreditam que essas instituições são a causa de desigualdade e, portanto, de suas próprias humilhações e falhas. Na verdade, elas são canais que possibilitam o enfraquecimento do ressentimento. Logo que a lei, a propriedade e a religião são destruídas – e é importante observar que a destruição delas é o resultado habitual de um governo totalitário –, o ressentimento assenta raízes e torna-se o princípio diretor do Estado". (SCRUTON, Roger. *Uma filosofia política. Argumentos para o conservadorismo*. São Paulo: É realizações, 2017, p. 186).

A TIRANIA DO SIGNIFICADO

receptiva à substituição da revolução socioeconômica pela revolução sexual, familiar e moral. Privada, pois, de seu projeto originário, a esquerda propõe agora uma agenda mais viável, do ponto de vista de sua aceitabilidade por parte de espíritos ingênuos e desprevenidos, e pugna por objetivos permissivistas, na linha dos ideais proclamados pela geração de 68: ideologia de gênero, permissividade sexual, aborto livre, agressão à família tradicional, hostilidade ao cristianismo, pacifismo disfarçado, multiculturalismo assimétrico (promoção das culturas exóticas e detratação da ocidental), ecologismo profundo (*deep ecology*), anti-industrial e anti-humanista.

> Antonio Gramsci, com efeito, teorizou já nos anos 30 a necessidade de que a esquerda conquistasse a hegemonia cultural ("guerra de posição") antes de intentar o assalto do Estado e das relações de produção ("guerra de manobra"); a revolução dos costumes, das crenças, dos códigos morais, devia preceder e facilitar a revolução político-econômica. Dita tarefa incumbia aos "intelectuais orgânicos" da esquerda, que deviam trabalhar coordenadamente para conquistar o imaginário social, substituindo a visão do mundo tradicional pela marxista. A rival natural dos intelectuais orgânicos gramscianos era – assegura o próprio autor dos *Cadernos de Cárcere*... a Igreja. A esquerda deve centrar-se especialmente em combater as crenças religiosas.[330]

Conquanto o pensamento de Gramsci seja relevante para a elucidação do tema proposto neste tópico, sua compreensão radical e abrangente, porém exige a análise prévia, ainda que superficial, da teoria de outro autor muito festejado pela esquerda latino-americana: Ernesto Laclau. O que caracteriza o pensamento do socialista argentino e o exibe como novidade em face do conjunto da obra esquerdista, é a supressão do conceito de classe social,

---

[330] CONTRERAS; POOLE, *op. cit.*, p. 38.

assim como de classe social privilegiada, como elementos teóricos relevantes para a esquerda. "Contra o intento desesperado por *descobrir* novos sujeitos para a revolução anticapitalista, Laclau e Mouffe põem o acento na *construção* discursiva dos sujeitos. Que significa isto? Que os discursos ideológicos podem dar origem a novos agentes da revolução (o discurso tem caráter performativo diria o filósofo da linguagem John Austin). Simplificando um pouco: há que se fabricar e difundir relatos que gerem conflitos funcionais para a causa da esquerda".[331]

De posse de um novo significado do conceito de hegemonia, Laclau e sua mulher vão explorar todos os conflitos sociais, articulando-os entre si, de modo que a união deles dê lugar a uma força potencializada em um contexto de conflitos. A identidade de cada um se esvai pela articulação dos antagonismos sociais, habilmente provocados por discursos performativos, cuja resultante é apropriada pela causa da esquerda. "Essas demandas, separadamente, carecem de força hegemônica. Mas a esquerda tem a missão de instituir um discurso que, sobre um terreno de conflito maior, articule estas forças em um processo hegemônico que as faça equivalentes frente a um inimigo comum: o capitalismo liberal".[332] Por outras palavras, por meio de um discurso ideológico, a esquerda não só suscita e agrava conflitos, mas também os unifica e potencializa, ainda que estes não se originem de causas econômicas.

De fato, é no terreno socialmente conturbado das democracias que o projeto socialista tem mais chance de vingar. Com a revolução democrático-burguesa se instaurou um discurso igualitário que suplantou a doutrina teológico-política da aristocracia, deslegitimando e ao mesmo tempo transformando uma série de *subordinações* em *opressões*, favorecendo assim a proliferação dos antagonismos sociais. Dizem Laclau e Mouffe:

---

[331] MÁRQUEZ; LAJE, *op. cit.*, p. 38.
[332] *Ibidem*, p. 39.

> [...] É evidente que não se trata de romper com a ideologia liberal democrática, mas ao contrário, de aprofundar o momento democrático da mesma, a ponto de provocar o rompimento da articulação do liberalismo com o individualismo possessivo. A tarefa da esquerda não pode, portanto, consistir em renegar a ideologia liberal democrática, mas ao contrário, em aprofundá-la e expandi-la na direção de uma democracia radicalizada e plural.[333]

> O termo pouco satisfatório de "novos movimentos sociais" amalgama uma série de lutas muito diversas: urbanas, ecológicas, antiautoritárias, antiinstitucionais, feministas, antirracistas, de minorias étnicas, regionais ou sexuais... O que nos interessa destes novos movimentos sociais não é... sua arbitrária reunião numa categoria que os oporia aos de classe, mas a novidade dos mesmos, na medida em que através deles se articula essa rápida difusão da conflitividade social a relações cada vez mais numerosas, que é hoje em dia característica das sociedades industriais avançadas.[334]

À luz dessa doutrina infame, fica claro o propósito de boa parte da imprensa, todas as vezes que as matérias jornalísticas alardeiam com estridência que o brasileiro é racista, homofóbico e machista. Averiguar as causas remotas desses fenômenos, sobre ser inoportuno nesse momento, escandalizaria ouvidos delicados e pouco habituados a manobras indecentes de uma poderosa elite global, a nível mundial. Fiquemos, pois, com a repercussão delas em nosso país, para refutá-la com os dados de que dispomos, todos alinhavados em torno da obra *Hombres víctimas y mujeres agresoras*, de María de La Paz Toldos Romero.

---

[333] MOUFFE, C.; LACLAU, E. *Hegemonia y estrategia socialista*. Hacia una radicalización de la democracia. Buenos Aires: F.C.E., 2011, p. 222.

[334] *Ibidem*, p. 203.

Antes de entrar no mérito, propriamente dito, deste tópico, convém deixar registrado que os objetivos perseguidos pela mídia já foram parcialmente alcançados. As notícias concentram-se invariavelmente em torno da violência masculina, dando-se a entender que o homem é violento por natureza, e a mulher vítima dele por imposição machista da sociedade. Generalizam-se os termos de uma equação injusta, mediante a pré-fabricação de indicadores alarmistas, obtidos a partir de pesquisas manipuladas ou mal conduzidas. Os exemplos são legiões:

> A cada 7.2 segundos uma mulher é vítima de violência física.

> Em 2013, 13 mulheres morreram todos os dias de feminicídio.

> O Brasil registrou 1 estupro a cada 11 minutos em 2015.

> Há, em média, 10 estupros coletivos notificados todos os dias no sistema de saúde do país.

Que concluir daqui? Ou que o homem é, por essência, um monstro; ou que lhe vão deliberadamente falseando a imagem. Em qualquer caso, elas e eles começam a radicalizar desconfianças mútuas, ao ponto de interpretarem como uma ameaça o que antes era atribuído à gentileza ou à educação. Esse fato constitui a matéria de capa da *Veja*[335], para quem o afastamento progressivo dos sexos determina comportamentos irreconhecíveis do ponto de vista de contextos sociais monogâmicos característicos do Ocidente, onde até pouco tempo atrás havia uma unanimidade acerca dos benefícios que o relacionamento entre os sexos traz tanto para o homem como para a mulher.

"Sim, os códigos de conduta entre os sexos estão passando por uma transformação radical, impulsionada pela explosão das denúncias de assédio e pela crescente afirmação feminina. E há gente confusa com isso – em

---

[335] Veja, 10 de janeiro de 2018.

particular, homens criados no tempo em que era aceitável virar a cabeça diante da passagem de um *derrière* feminino. Mas, ei, isso também não pode mais? Não, senhores, não pode. O mundo não apenas mudou – mudou rapidamente. Daí o fato de muitos homens reagirem com perplexidade aos olhares de repreensão provocados por algo que eles sempre fizeram e que ninguém antes lhes havia dito que não podiam fazer."

"Como costuma acontecer em momentos de grandes e velozes transformações, as novas regras ainda não estão claras para todo mundo. O que "pode" e o que "não pode" se embaralham, a depender do ambiente e dos protagonistas da ação. Gestos como abrir a porta para uma mulher, por exemplo, uma manifestação de cavalheirismo para a maioria, já podem parecer ofensivos para algumas mulheres, que enxergam ali um galanteio indevido. Dessa forma, episódios de grosseria explícita e atitudes sem segundas intenções correm o risco de acabar entrando no mesmo índex, penalizando igualmente machistas irremediáveis e pobres exemplares do gênero masculino francamente boquiabertos com o mundo novo. Pelo sim, pelo não, muita gente – e um número crescente de empresas – tem preferido a prevenção."[336]

Depois de identificar o problema, a revista não pode ignorar o exagero que o provocou, embora o faça timidamente e sem se comprometer:

> O dado nebuloso é como tudo isso vem afetando, de modo mais amplo, as relações entre os gêneros. O Brasil, nessa história, corre o risco de estar importando certas concepções culturais dos Estados Unidos, um país cuja moral sexual é distinta da brasileira. Entre os americanos, há uma tradição puritana que nunca chegou a ser expressão majoritária por aqui. Lá, por exemplo, o beijo de cumprimento e

---

[336] p. 66.

o contato físico em geral não têm a mesma aceitação que no Brasil.

Com o alerta amarelo da acusação constantemente aceso, também aumentam os riscos de injustiça e linchamento de "réus", pondera o sociólogo Francisco Bosco, autor do livro *A Vítima Tem Sempre Razão?*, editado pela Todavia. "As acusações têm misturado casos de evidente comportamento abusivo e outros em que, mesmo diante das inconsistências das denúncias, os homens são sumariamente considerados culpados pela opinião feminista". Para Bosco, não há dúvida de que "os homens devem mudar radicalmente sua conduza em interações heterossexuais". Mas há um equívoco no que ele chama de "convocações totalizantes" – a adesão automática de latinos a denúncias feitas por latinos; de negros a acusações oriundas de negros; de mulheres a relatos feitos por mulheres, tudo isso sem que se dê muita atenção a provas ou argumentos da defesa. "O princípio da empatia tende a fazer com que as pessoas valorizem aquelas mais parecidas com elas mesmas", afirma Bosco. Assim, os julgamentos morais podem se tornar muito próximos do preconceito, diz o sociólogo.[337]

Sobre esse exagero, sobre esse linchamento, verbera a Dra. Maria de La Paz T. Romero, mesmo sem apontar suas causas profundas, esgrimindo argumentos irrefutáveis, todos baseados em estudos sérios e pesquisas controladas cientificamente.

Faremos a seguir um resumo articulado da aludida obra, procurando destacar as proposições temáticas que mais quadram com a matéria versada nesse tópico.

---

[337] *Ibidem*, p. 71.

QUE É A VIOLÊNCIA?

A violência não é sinônima de agressão... "O termo violência é muito mais amplo e costuma aludir a fenômenos de destruição, de força e coerção, que ocorrem nas relações, na sociedade ou inclusive na natureza, como, por exemplo, quando se fala da violência de fenômenos meteorológicos. No conceito de violência se incluem não só as condutas, mas os atos, as atitudes, as motivações, as emoções, os desejos, o dano físico, psicológico e material... Contudo não nos referiremos aqui à violência em seu sentido mais amplo, mas à violência que ocorre nas relações interpessoais.

A pessoa que agride pode utilizar métodos verbais (como insultar e gritar), físicos (bater e empurrar), psicológicos (como ignorar, humilhar e acossar afetiva e moralmente), indiretos (falar mal de outra pessoa ou criticar às suas costas) e/ou materiais (como atos de vandalismo ou situações pelas quais se destroem objetos significativos para as pessoas). O resultado é sempre a destruição ou a possibilidade de situar a vítima em risco de sofrer danos, qualquer que seja a forma que este adote".[338]

AS MIL FACES DA VIOLÊNCIA

"A variedade de atos violentos disponíveis para os seres humanos é virtualmente interminável: pode-se agredir com um olhar, uma atitude, um gesto, uma palavra, uma expressão, um sinal ou uma conduta... É importante matizar que com esta classificação não se pretende opor ou considerar de maneira independente as distintas formas que pode adotar a violência e que a ocorrência de uma não exclui as demais. Todos os tipos de violência estão

---

[338] ROMERO, María de La Paz Toldos. *Hombre víctimas y mujeres agresoras*. Alicante: El Árbol del Silencio, 2013, p. 20-21.

estreitamente relacionados e geralmente encontramos vários tipos de violência juntos".[339]

TIPOS DE VIOLÊNCIA

- **Violência física**: "Refere-se a atos que provocam ou podem ocasionar um dano ou sofrimento físico, enfermidade ou risco de padecê-la, e onde existe um contato direto com o corpo ou um contato instrumental entre duas ou várias pessoas. Trata-se de um tipo de conduta direta e ativa, porque se produz principalmente em uma confrontação ou em um encontro "cara a cara" durante uma interação social. Esse tipo de conduta é mais evidente, facilmente observável, daí porque tem sido o foco de atenção nos estudos sobre a violência, desenhando-se assim muitos instrumentos para sua medição".[340]

- **Violência verbal**: "Refere-se a afirmações verbais que são proferidas para ferir outras pessoas (como gritar, discutir ou insultar). Tal como a violência física, também é um tipo de conduta direta, onde existe contato com a parte confrontada e tem lugar durante uma interação social. Também se trata de um tipo de conduta facilmente observável e, portanto, fácil de medir".[341]

- **Violência indireta**: "Trata-se de um tipo de violência em que não há um contato direto entre duas partes durante a interação social, conquanto exista uma terceira, outra pessoa ou coisa, que pode participar. Isto é, o dano infligido, em lugar de ocorrer cara a cara, se apresenta indiretamente ou de maneira encoberta. Esta forma de violência foi definida como um tipo de manipulação social, que ataca o objetivo por caminhos tortuosos. É um tipo de comportamento pelo qual o agressor intenta infligir dano, mas de forma que não pareça que o faz, ou seja, evita demonstrar que agride, para, se for possível, permanecer não identificado... Exemplos deste tipo de violência são: manipular um grupo, de modo a impedir que uma pessoa se torne membro dele, estender ou difundir rumores, falar negativamente ou dizer mentiras sobre uma

---

[339] *Ibidem*, p. 23.
[340] *Ibidem*, p. 24.
[341] *Ibidem*, p. 25.

pessoa, planejar às escondidas formas de aborrecer alguém, contar segredos de outrem, criticar ou desvalorizar alguém".[342]

- **Violência psicológica**: "A violência psicológica se refere a todas as condutas, atos ou exposição a situações que podem ocasionar dano emocional ou perturbar a existência e o desenvolvimento são da vítima. Compartilha características com a violência indireta, só que neste caso pode existir contato direto entre duas pessoas, sem que exista uma terceira que participe. Tal como na indireta, o dano pode ser também encoberto, isto é, o agressor pode intentar provocá-lo, sem que pareça que houve intenção de ferir ou demonstrar violência e sem que a vítima seja consciente de que está sendo agredida. Provavelmente as pessoas com maiores habilidades e recursos psíquicos e psicológicos utilizarão esse tipo de violência mais rebuscado e subliminar. Exemplos desse tipo de violência são: desacreditar uma pessoa, ofender, humilhar, isolar, ameaçar, intimidar, ridicularizar, espreitar, perseguir, chantagear, induzir medo ou criar insegurança... As condutas violentas de tipo psicológico podem incluir desde um episódio isolado... até a inflicção de dano psicológico de maneira persistente e deliberada mediante certas atitudes, comentários e manipulações... O que pretende o ofensor é desvalorizar a vítima... para mantê-la submissa e controlada. O agressor quer que sua vítima se convença de que é ela que provoca a situação e que, portanto, é a culpada pelo que ocorre".[343]

- **Violência sexual**: "A violência se refere a todo ato ou atividade que atenta contra a liberdade sexual da pessoa, que ameaça ou vulnera seu direito a decidir voluntariamente tanto sobre o ato sexual quanto sobre a forma de contato sexual, genital ou não genital. Mediante o uso da força física, psíquica ou verbal se reduz a pessoa a condições de inferioridade, com o objetivo de impor ou manter uma conduta ou relação sexual contra sua vontade. Também se incluem os atos ofensivos e não desejados, que tenham uma finalidade sexual, ou os comentários e referências sexuais utilizados para intimidar, humilhar ou agredir a vítima. Exemplos desse tipo de violência são: o abuso sexual (qualquer forma de contato físico, com ou sem acesso carnal, com contato e sem contato físico), agressão sexual (qualquer forma de contato físico, com ou sem acesso carnal, com violência), assédio sexual (solicitar

---

[342] *Ibidem*, p. 26.
[343] *Ibidem*, p. 27.

favores sexuais no âmbito laboral, docente ou de prestação de serviços, gerando para a vítima uma situação hostil). O abuso, o assédio e a agressão cobrem a penetração, a incitação em qualquer lugar, o estupro, a instigação ou coação à prostituição, as carícias não desejadas, a exploração e turismo sexual, a incitação ao aborto, as proposições verbais explícitas, a provocação sexual, a corrupção de menores, o exibicionismo, obrigar alguém a ver pornografia ou realizar condutas que não deseje ou que o humilhem, etc."[344]

- **Violência familiar e íntima**: O termo "violência familiar", também denominado intrafamiliar, alude a todas as formas de violência (abuso, maltrato e/ou abandono), que ocorrem de maneira sustentada, repetida e habitual no seio familiar... a violência íntima conjugal ou doméstica, se refere ao maltrato que ocorre entre os membros de um par doméstico, que podem ou não estar casados; é a violência que se produz no âmbito privado no qual agressor e vítima mantêm uma relação íntima... É violência contra a mulher quando o que maltrata é o varão; é violência contra o varão quando quem a exerce é a mulher, e é violência cruzada quando ambos se agridem mutuamente.

A violência familiar e íntima se produz em todas as classes sociais, sem distinção de fatores sociais, étnicos, econômicos, educacionais e religiosos. Esse tipo de violência costuma causar consideravelmente muito mais dor que a violência que ocorre em outros contextos, entre outras coisas porque, geralmente, aquele que exerce a violência ocupa uma posição superior ou tem mais poder relativamente à vítima, que está em situação de desvantagem física, psicológica, social, econômica ou pessoal... A violência íntima se expressa pela violência física, violência verbal e violência psicológica. Esta última é a que costuma ocorrer mais amiúde, mas a que menos se denuncia porque é difícil detectá-la por parte de quem a sofre e demonstrá-la judicialmente. São exemplos desse tipo de violência... ocultar o que não quer que a vítima saiba para fazê-la crer que está mentalmente enferma, criar preocupação, sobrecarregar com exigências e expectativas que não se podem cumprir,

---

[344] *Ibidem*, p. 28.

dificultar a realização de atividades e tarefas importantes para a vítima, chamá-la com sobrenomes ou adjetivos degradantes, fazer gracejos pesados, assustá-la gestualmente, interrompê-la quando está trabalhando sob risco físico, criticar tudo o que diz e faz, obrigá-la a realizar atos que não deseja fazer, interrompê-la quando fala, ridicularizar seus gostos, opiniões e sentimentos, lançar acusações falsas, exibir-se mal vestido ou sujo para molestá-la, fazê-la sentir-se inútil, débil ou ignorante, confundi-la com argumentos contraditórios, degradá-la por meio de recordações aviltantes para ela, induzi-la ao suicídio, obstaculizar as iniciativas da vítima, anular suas atividades, acercar-se de maneira intimidatória, acusá-la com o dedo, enfadar-se porque não é suficientemente masculino ou feminina, exigir-lhe atenção continuamente etc. Em caso de separação, a violência psicológica continua com ações como gestionar para que a vítima renuncie à custódia dos filhos, limitar-lhe as visitas em caso de separação ou divórcio, e um largo etecetera.[345]

QUE É VIOLÊNCIA DE GÊNERO

A definição de violência de gênero seria aquela segundo a qual a violência se exerce porque existe uma luta de poder entre os sexos. Neste sentido, o exercício de poder inclui não somente os homens, senão também as mulheres, de modo que, embora na violência o homem a exerça majoritariamente contra as mulheres, algumas mulheres também podem empregá-la. Tanto os varões quanto as mulheres podem querer mais poder, podem desejar obter mais dinheiro, progredir na carreira profissional, ficar com a custódia dos filhos nas separações, obter pensão nos casos de divórcio, etc. Para isso podem utilizar a violência como um meio de obter aquilo que desejam ou entabular e

---

[345] *Ibidem*, p. 37-43.

> manter relações para conquistar ou manter o poder... A violência de gênero inclui agressores homens e mulheres, sejam eles de quaisquer preferência sexual. Entretanto, o termo tem sido utilizado incorretamente, uma vez que se pôs o foco de atenção unicamente nas mulheres como vítimas desse tipo de violência, ainda quando o poder e o *status* entre duas pessoas explicam, mais que o sexo biológico, a perpetração da violência[346]

A organização das Nações Unidas, porém, define a violência de gênero como aquela praticada exclusivamente contra as mulheres, ou seja, "baseada no pertencimento ao sexo feminino, que tenha ou que possa ter como resultado um dano ou sofrimento físico, sexual e psicológico contra a mulher... Essas definições entendem que a violência de gênero é exclusivamente violência contra a mulher, uma formulação teórica carente de respaldo empírico e muito perigosa, posto que deixa o homem na posição extática de agressor e a mulher na de vítima. Segundo essas definições, o varão ordinariamente dá início à violência, e a mulher quando o faz é sempre para se defender... Não se tem em conta que também há mulheres que podem iniciar a violência e que, da mesma maneira que há mulheres vítimas, também há homens vítimas da violência em qualquer contexto. Um dos mitos mais difundidos sobre a violência que se exerce nas relações heterossexuais do casal é que o agressor é quase sempre o homem e a vítima a mulher. Numerosas investigações demonstraram que a violência doméstica ou íntima pode ser perpetrada tanto pela mulher quanto pelo homem. Parece ser que qualquer varão, pelo só fato de sê-lo, se torna suspeito de maus-tratos ou é um agressor em potência; que em qualquer conflito, o homem é sempre o culpado e a mulher a vítima. Inclusive os termos que empregamos tampouco são neutros, ao associarem o agressor com "ele" e a vítima com "ela", uma linguagem que está longe de ser neutra... Com essas definições se intentou

---

[346] *Ibidem*, p. 49.

A TIRANIA DO SIGNIFICADO

enfatizar que o objetivo da violência contra a mulher é o de promover ou perpetuar as relações hierárquicas entre varões e mulheres, mantendo-se o controle e o domínio daqueles sobre estas. Com frequência devastadora, os condicionamentos socioculturais, que regulam os papéis e os estereótipos de gênero, situam a mulher numa posição de inferioridade e subordinação a respeito do homem, nos âmbitos familiares, sociais e inclusive laborais. Mas limitar a violência entre duas pessoas a um único motivo significa simplificar os numerosos motivos para utilizar a violência e os múltiplos fatores que a explicam. Não estamos levando em conta que há muitas outras agressões e formas de violência que não guardam relação com fato de ser homem ou mulher, nem com a desigualdade entre varões e mulheres, que mantêm estas em situação de inferioridade... Por último, crê-se que, na maioria dos casos, o maltrato contínuo infligido à mulher precede o evento criminoso que ela comete, como um recurso de defesa pessoal. Mas, no caso dos homens, pode ocorrer o mesmo... Investigações sobre o tema sugerem que, geralmente, nem a violência exercida por varões nem por mulheres se cometem em defesa pessoal e que somente uma pequena percentagem o faz: 10% das mulheres e 15% dos homens utilizam a violência em defesa própria. Por exemplo, num estudo longitudinal realizado nos Estados Unidos por Murray Straus e Richard Gelles, com mais de 430 mulheres maltratadas, concluiu-se que o varão perpetrava o primeiro golpe em 42,6% das vezes, enquanto a mulher o fazia em 52,7% dos casos. De maneira que, tanto os varões quanto as mulheres tinham a mesma possibilidade de desferir o primeiro golpe nas situações de violência física... Na linha desse argumento, também poderíamos recordar o famoso caso da norte-americana Lorena Bobbit que, em 1993, amputou as genitais de seu marido, enquanto este dormia, vingando-se por infidelidade e contínuas agressões. O tema em questão foi objeto de piadas e gracejos variados, despertou um interesse doentio e foi tratado pela mídia de uma maneira sensacionalista e justificadora do ato cometido pela mulher: o marido bem que merecera; era justo que sofresse um castigo. Quanto à conduta da mulher, acreditava-se ser inteiramente legítima... Mas quais seriam as consequências se o contrário houvesse ocorrido? Que teria acontecido se um marido amputasse os seios da mulher se a visse deitada ao lado de outro homem? Seguramente a questão teria sido tratada de forma diferente, sem ironias e como um problema muito sério e de grande repercussão social, onde claramente teríamos identificado o agressor e a vítima... Em suma, a violência é violência e é igualmente condenável tanto se é cometida por varões como por mulheres. Qualquer tipo de violência deve ser erradicada, e não é menos importante a que se exerce contra eles do que a que se exerce contra elas. A violência, seja qual for o sexo da vítima ou do agressor, ou da orientação sexual que seja, é um problema grave, a exigir uma compreensão de seu significado real... para assim poder-se desenhar programas de prevenção e intervenção... Trata-se de uma forma de dar a conhecer que somos bastante parecidos uns com os outros, e que embora se utilizem métodos ou formas diversos de violência, tanto homens como mulheres podem ser iguais neste sentido, lamentavelmente iguais em algo tão negativo como é a violência".[347]

NEM TUDO É O QUE PARECE. O POLITICAMENTE CORRETO

"Em toda investigação ou estudo existe uma teoria prévia, explícita ou implícita, que sustenta o estudo e que guia a interpretação que se faz dos resultados derivados dele. É muito difícil que se comece um trabalho sendo totalmente neutro, já que existem crenças, valores, ideais, orientações religiosas, políticas e ideológicas, que impregnam a investigação desde o início. Ademais, muitos deles e delas estão politicamente envolvidos com as investigações, pelo que

---

[347] *Ibidem,* p. 55-58.

A TIRANIA DO SIGNIFICADO

tendem a dirigir os resultados com base no que esperam encontrar. Consciente ou inconscientemente, algumas vezes se torcem os dados para obter o que se espera com base em suas hipóteses iniciais. Deve-se ter em conta que quando se faz uma investigação entram em jogo os pontos de vista prévios e preconceitos do investigador e da instituição que o subvenciona. Por isso, ao ler um estudo, devemos "ler entre linhas" e valorar o trabalho em função da tendência política ou moral que determina o estudo. Devemos ser mais críticos com os informes e estudos que lemos... Muitas autoridades se basearam exclusivamente em informes policiais para demonstrar que a maioria dos homens agridem as mulheres, sem levar em conta outros fatores ou informações... Outras vezes, as instituições que levam a cabo esses estudos estão carregadas de prejuízos sexistas,... mas o mais triste é que fazem propaganda de índole sexista, que se reflete nos meios de comunicação, os quais acabam adotando esses prejuízos... A socióloga Suzanne Steinmetz publicou um artigo que demonstrava que os maridos, tanto quanto as mulheres, eram vítimas da violência no lar. Nesse estudo revisou numerosas investigações relacionadas com o tema e concluiu, contrariamente ao que alguns setores radicais proclamavam, que as mulheres não só eram vítimas da violência, mas também agressoras. Imediatamente Suzanne recebeu ameaças de morte, que incluíam também seus filhos, foi atacada por grupos radicais e por outros investigadores que intentaram distorcer e tergiversar suas conclusões... Estes são alguns casos dentre muitos que mostram que algumas organizações e serviços para atenção à violência... manipulam as estatísticas e ativamente mantêm uma falsa representação da violência doméstica, por razões políticas e/ou econômicas... De maneira que o mito de que a mulher é não-violenta tem sido difícil de evitar... Além disso, devido à existência de um vocabulário limitado para se entender a violência feminina, e sobretudo porque a violência é concebida como unicamente física, a maioria dos estudos limitou-se a analisar exclusivamente esse tipo de violência... Inclusive, apesar da existência de homens maltratados ou mortos por suas parceiras ou ex-parceiras, os títulos da imprensa escrita unicamente fazem referência às mulheres mortas pela violência doméstica e familiar, mas nada se diz sobre os homens mortos nas mesmas circunstâncias; as notícias se publicam parcialmente... Com isso não se pretende minimizar o problema da violência contra a mulher nem negar os números das mulheres maltratadas ou mortas por seus parceiros, a intenção não é outra senão a de evitar o discurso "politicamente correto", que em ocasiões ignora os casos de mortes e maltratos relativamente ao outro setor da população".[348]

QUANDO AS VÍTIMAS SÃO ELES

"Não resta dúvida de que a violência doméstica dirigida contra a mulher é um problema muito sério, sendo uma das chagas sociais que padecemos em nossa sociedade. As notícias diárias que nos fornecem os meios de comunicação representam um claro exemplo da gravidade do problema e à luz de suas consequências parece quase impossível entender, e muito menos aceitar, que as mulheres também exercem a violência contra os homens e inclusive mais do que pensamos. O esquema que se exibe nos meios de comunicação pode estar influindo negativamente na imagem que temos de homens e mulheres. A imagem, em muitos casos, se distorce, reduzindo o problema ao binômio *mulher-vítima, varão-agressor*... Quando ocorre um caso de violência doméstica, onde o homem é a vítima, os meios de comunicação... não fazem menção aos termos violência doméstica ou abuso por parte da parceira, menos ainda à expressão violência de gênero, onde eles não são incluídos, e só podem ser agressores, nunca vítimas.. Falar de violência contra o varão nas relações domésticas é um tema bastante delicado. Como dissemos no capítulo anterior, muitos investigadores tiveram dificuldades em

---

[348] *Ibidem,* p. 70.

A TIRANIA DO SIGNIFICADO

dar a conhecer esse fato, foram ameaçados, suas investigações não foram publicadas, e inclusive alguns deles tiveram suas carreiras truncadas... Muitos dos varões que são vítimas de suas parceiras... não são conscientes de que uma pessoa menos corpulenta e menos forte fisicamente que eles também possa exercer a violência com ou sem a ajuda de armas. Alguns têm a sensação de que podem controlar e suportar a situação de violência. Tentam agradar a parceira, freando sua conduta, conquanto tentar frear-lhe a conduta possa ser perigoso, posto que alguns observadores poderiam interpretar sua intenção como violência contra a mulher e, portanto, como violência de gênero. Ou seja, segundo algumas definições de violência de gênero, a mulher exerce a violência para defender-se do varão, mas, no caso contrário, não se utiliza o mesmo argumento... A sensibilidade às campanhas de consciência pública conseguiu que, em alguns casos, se justifique a violência que a mulher exerce... Outras vezes (os homens) não são conscientes de que estão sendo agredidos nem se precatam de que são vítimas de violência por parte de sua parceira, porque sofrem a violência psicológica, emocional ou indireta, que não deixa signos visíveis nem produz lesões físicas tão graves, a ponto de buscar socorro ao hospital para caracterizá-las, e daí denunciá-las perante juízes, policiais e advogados que conduzem o caso... A violência psicológica é menos evidente e mais sutil, mas nem por isso menos significativa... Os programas televisivos, assim como a publicidade e o cinema, podem estar potencializando a aceitação e permissividade de algumas formas de violência feminina... A vitimização do varão por uma mulher, ou a violência de uma mulher contra aquele, costuma parecer-nos divertida e graciosa, inclusive se trata o ato violento humoristicamente... Nesse intento de salvar as mulheres, nos esquecemos da outra metade, dos varões. Eles também sofrem a violência, mas o problema se cifra em que carecemos de muita informação a respeito pela seletiva atenção que prestamos num único setor. E porque a sociedade em geral, e eles em particu-

Mário Pimentel Albuquerque

lar, não se atreveram definitivamente a reconhecer que (os homens) também são vítimas da violência íntima... os homens não se atrevem a denunciar os casos de violência porque quando buscam ajuda são incapazes de encontrá-la numa sociedade onde não se crê neles nem se os entende. A violência contra o varão é um problema social ao qual a opinião pública não se mostra sensível. Dessa maneira, os homens não costumam pedir ajuda, entre outras coisas, pela ineficiência dos apoios jurídicos para proteger a vítima e pela falta de apoio da própria família e das instituições em geral... Os varões se envergonham quando têm que pedir ajuda porque só existem centros para mulheres, pelo que é muito mais difícil encontrar apoio em alguma instituição. Contam com poucos recursos e não encontram apoio nas instituições públicas ou nos meios de comunicação, com o que se incrementa sua desolação... As implicações políticas se basearam em que a violência contra os homens não existe, só existe a violência contra as mulheres, de forma que, com base nessas crenças, criaram-se organismos, que são necessários para a proteção da mulher; comissões governamentais criadas para estudar e servir as necessidades da mulher; enquanto que o homem, assim como os gays e lésbicas, não têm direito a ser atendidos nem reconhecidos como vítimas da violência de gênero nem da violência doméstica... Alguns varões não denunciam por medo de que sua parceira ou ex-parceira os acuse de ser ele o agressor, já que é mais provável que a elas se dê mais fé sobre esses fatos... Pela mesma razão,... ao deparar-se com a violência contra o homem, a sociedade em geral pode ridicularizá-lo e rir-se dele, ninguém acreditaria nele, considerariam-no culpado, provocador e desejoso da situação de conflito, justificando assim a violência contra ele... A violência de qualquer tipo dana e afeta a saúde física, emocional e mental da vítima. E ainda que a violência física possa ter consequências mais nocivas, outros tipos de violência, que não deixam marcas físicas, a longo prazo, podem inclusive ser tão ou mais letais. Por exemplo, podem ocasionar a perda de autoestima,

A TIRANIA DO SIGNIFICADO

diminuição da capacidade intelectual para trabalhar, para estabelecer relações com os demais, ansiedade, depressão, apatia emocional, consequências para a personalidade etc. Além disso, a pessoa pode desenvolver um quadro de *stress* pós-traumático, desencadeante de crise psicótica que altera temporalmente a conduta e a leva a realizar atos não atribuíveis à sua vontade. Ante essa situação estressante, uma pessoa pode perder o contato com a realidade, sua consciência se altera e se torna incapaz de exercer controle sobre seus impulsos, o que a conduz a cometer delitos graves. Esse poderia ser o caso de alguns varões que matam suas esposas após anos de maltrato psicológico ou de mulheres que também cometem homicídios contra seus parceiros, depois de sofrerem e aguentarem contínuas ofensas".[349]

ESTUDOS SOBRE HOMENS MALTRATADOS

"A seguir citam-se alguns estudos (não obstante existem muitos mais) procedentes de fontes governamentais e universidades, com amostras amplamente representativas do respectivo país, que podem ser consultadas se ainda subsistia alguma dúvida sobre o mito da mulher não-agressora.

Um dos estudos pioneiros e o primeiro que trouxe à luz a existência de homens maltratados foi o conduzido por Murray Straus, Richard Gelles e Suzanne Steinmetz, em 1980, autores que se dedicaram, durante muito tempo, a investigar a violência contra as mulheres... Quando começaram o trabalho não tinham a menor ideia do que estavam a ponto de descobrir; o que descobriram foi muito revolucionário e contrário à ciência e à sabedoria popular, posto que até então o debate só se limitava à violência familiar e masculina... Segundo esse estudo, um de cada três lares experimentou algum tipo de violência doméstica, mas em 50% dos casos a mulher foi a perpetradora. Na metade dos

---
[349] *Ibidem*, p. 121-132.

Mário Pimentel Albuquerque

casos, aproximadamente, de violência física recíproca as mulheres foram as instigadoras; as primeiras em esbofetear ou arremessar um objeto. A violência masculina contra a parceira passiva ocorreu em uma quarta parte dos incidentes e em outra quarta parte, foram as mulheres que atacaram seus parceiros não violentos. Portanto se concluiu que as mulheres não só se envolvem em violência física tão frequentemente quanto os homens senão que iniciam os atos violentos tão frequentemente quanto eles... Mais tarde se realizou a continuação do estudo, publicando-se o resultado em uma importante revista científica, onde se concluiu que os varões e as mulheres se agridem mutuamente em taxas similares, e que as mulheres se envolvem em atos leves de violência numa escala maior que os homens... Outros estudos confirmam esses resultados iniciais. Os estudos sobre violência física mostram que os homens e as mulheres, nas relações de parceria ou casados, informam na mesma proporção a violência e a vitimização. Por exemplo, Daniel O'Leary, Julian Berling, Ilena Arias, Alan Rosembaum e Jean Malone, encontraram numa amostra nacionalmente representativa de jovens adultos que 37% dos homens e 43% das mulheres informaram ter empregado a violência contra seus parceiros durante o ano anterior. Em estudos mais atuais se concluiu que as mulheres têm maior tendência para as disputas domésticas sérias que os varões e nos Estados Unidos a cifra de homens maltratados já chega a ser maior que a das mulheres... Um estudo levado a cabo pelo *Law Enforcement Assistance Administration* sobre mulheres abusadas concluiu que entre casais violentos 38% dos ataques foram cometidos pelas mulheres contra os homens. As mulheres afirmaram que haviam iniciado o comportamento violento. Numa entrevista em 1975, no primeiro albergue do mundo para mulheres maltratadas, localizado na Inglaterra, concluiu-se que das 400 mulheres entrevistadas, 82,5% participou de uma relação violenta mútua. Numa outra entrevista, realizada com 100 mulheres no mesmo centro, concluiu-se que 62% manifestou uma inclinação violenta e que foram tanto vítimas como agressoras de atos de violência frequentes, inclusive algumas destas foram mais violentas que os homens... Um estudo realizado na Universidade de Lima revela que as mulheres iniciam e atacam física e psicologicamente em maior proporção e com maior frequência que os homens; tendem a repetir seus ataques psicológicos e cometem agressões físicas de gravidade, como queimar, dar socos, golpear com objetos contundentes etc. Nesse sentido, as mulheres atacam psicologicamente em 93,2% dos casos, frente a 28% dos casos do sexo oposto. Ademais, concluiu-se que 97,6% dos varões resolvem seus problemas dialogando, contra 92,1% das mulheres. Segundo a Universidade Nacional do México, com dados recolhidos do Centro de Atenção à Violência Intrafamiliar no México, dois de cada 50 homens sofrem violência física e psicológica de suas parceiras. Outros países, como Coreia, Japão, Índia, Espanha, e outros países da América Latina concluíram que esta tendência se mantém e que a mulher é tanto ou mais violenta que o homem."

Dispensamo-nos de introduzir neste tópico, dedicado à violência da mulher, uma de suas formas mais torpes e abusivas, caracteristicamente feminina, e muitas vezes tolerada pelos poderes públicos e pela mídia: a denúncia falsa. Fazemo-lo, sobretudo, porque não é nosso intento aqui investigar se este ou aquele sexo é mais agressor ou mais vítima, nem se um é mais culpado que o outro. Pretendemos demonstrar apenas que a violência comum e recíproca no ambiente doméstico é distorcida pelos órgãos de comunicação por meio da manipulação de dados e pela fabricação de significados factícios e carregados de apelos emocionais.

> Esse fenômeno reflete, de um lado, o clássico verbalismo nacional, onde as palavras despertam reações emocionais diretas sem a mínima intermediação dos objetos que designam, e, de outro lado, a hegemonia do pensamento marxista, onde a distinção entre o agir e o conhecer

> é considerada ilegítima e o que se busca não é analisar o mundo, mas transformá-lo, sobretudo pela confusão deliberada entre teoria e *praxis*.[350]

A criação de significados ideológicos, alheios à verdade da referência, é a estratégia de Ernesto Laclau para propor uma nova esquerda, mediante o aprofundamento do elemento democrático do liberalismo, consistente no aproveitamento, fomento e multiplicação dos pontos de antagonismos que a democracia liberal naturalmente produz.

Deve ter-se sempre em mente que a esquerda sobreviveu porque sabia dissimular; e se agora vive é porque dissimula ainda. Por trás de um vocabulário sedutor se esconde com arte infinita sua imensa vilania; se escondem uma intenção e um objetivo que delatam ambos um ardiloso plano: a intenção de destruir a tradição cristã e com ela os pilares do Estado, mediante a realização de um objetivo sórdido: promover, multiplicar, alimentar e aproveitar conflitos sociais, sob a aparência de que se defendem direitos e se promove a justiça.

Ficou claro neste tópico que não há conflito generalizado entre homem e mulher, pelo menos não no nível alarmista que querem fazer crer a mídia e a esquerda. Não há também uma unidirecionalidade da violência, de forma a justificar o binômio *homem agressor x mulher vítima*, mas a bidirecionalidade dela permite concluir que a violência doméstica se deve a outras causas, não exclusivamente à distinção sexual.

Com a astúcia de fingido altruísmo e dissimulada sinceridade, a esquerda tenta enganar os que vacilam ou por ignorância ou por ingenuidade. Não podendo lutar com intelectuais honestos nas disputas honestas, os comunistas vão convertendo gradualmente em ódio o antigo ressentimento.

Cumpre ao homem de bem deste país avivar o ânimo dos tíbios ou indiferentes, ingênuos ou incautos, de modo

---

[350] CARVALHO, *op. cit.*, p. 73-74.

A TIRANIA DO SIGNIFICADO

a levantar uma barreira humana contra o ímpeto avassalador desse flagelo que ameaça tudo o que representa um valor autêntico e abala os fundamentos da tradição cristã, convencido de que vença quem vencer no plano dos significados, só um triunfará na realidade: o cristianismo.

CONCLUSÃO

Amédée Thierry descreve a irrupção das hordas bárbaras de Alarico, durante o saque de Roma, quando essa cidade e sua população experimentaram o horror e a desolação que a barbárie deixa, por onde quer que a sua marcha sanguinária não seja prontamente repelida. Diz o historiador francês:

> Os godos entraram ao som das trombetas e acompanhados de cantos selvagens que normalmente anunciavam sua aproximação. Marchando, eles punham fogo nas casas, e os jardins de Salústio, essa maravilha das artes, logo desapareceram sob montões de cinzas. Sobressaltados pelo tumulto, os habitantes compreenderam, sob o clarão crescente do incêndio, que a cidade estava em poder do inimigo. No momento de franquear a porta Salária, Alarico, ao que parece, sentiu em si mesmo um terror secreto. Em luta com um desses movimentos interiores pelos quais o homem semicivilizado e cristão combatia nele o bárbaro, ele diz para si mesmo que Roma, que ele ia saquear, não era somente a metrópole do mundo, mas era também a Cidade dos Apóstolos, de modo que era preciso contar com o céu, sendo assim que ordenou ao seu exército que respeitasse as basílicas de São Pedro e de São Paulo, com tudo o que elas continham de gente e de riquezas.[351]

Conquanto mais grave, algo semelhante está ocorrendo atualmente entre nós. Sofremos também o rigor de uma invasão silenciosa que, por sê-lo, nem é menos

---

[351] THIERRY, Amédée. *Alaric. L'agonie de l'empire*. Paris: Didier et cie., 1880, p. 444.

devastadora nem é mais fácil de ser vencida, dentre outras coisas, porque recruta partidários entre o refugo moral da sociedade. De que outra coisa poder-se-ia chamar indivíduos que, em nome de um ideal bárbaro, abatem e prostram quanto há de mais valioso no homem e na civilização? Alarico recuou seus homens e suas armas diante dos monumentos da cristandade, aos quais tributava o respeito que se deve às coisas eternas. Os bárbaros de nossos dias, ao contrário, elegeram como seus inimigos comuns, merecedores, portanto, de ser destruídos, o Cristo e a sua Igreja, o Evangelho e seus pregadores.

Na versão brasileira, a invasão bárbara é realizada, por enquanto, sem derramamento de sangue e sem violência física; incorpora, além do receituário padrão da contracultura gramsciana, algumas novidades introduzidas pela esquerda tupiniquim, e lucidamente advertidas por Mário Ferreira dos Santos, na obra *Invasão vertical dos bárbaros*, da qual destacamos alguns excertos:

> [...] A invasão que é a penetração gradual e ampla dos bárbaros não só se processa *horizontalmente* pela penetração no território civilizado, mas também *verticalmente*, que é a que penetra pela cultura, solapando os seus fundamentos, e preparando o caminho à corrupção mais fácil do ciclo cultural, como aconteceu no fim do império romano, e como começa a acontecer agora entre nós... Os elementos ativos corruptores, guiados por uma inteligência, de vontade maliciosa, sempre souberam aproveitar-se do barbarismo como instrumento para solapar a cultura. E hoje, mais do que nunca, manejam-no com uma habilidade de estarrecer, dispondo de meios capazes para tal, imprimindo ao trabalho corruptivo uma intensidade e um âmbito nunca atingidos em momento algum... *Valorização do visual sobre o auditivo*... O barbarismo vertical processa uma supervalorização do visual, de modo que

os espetáculos são mais organizados para os olhos do que para os ouvidos... *Supervalorização romântica da intuição...* o romantismo, pelos apelos que faz à irracionalidade, tem, naturalmente, de provocar em todas as almas propensas apenas ao sentimento, e incapazes de penetrar no pensamento em profundidade, um entusiasmo sem par... A *superioridade da força sobre o direito...* A lei tem um valor secundário. É apenas a vontade do legislador que ela expressa, e não é mais uma manifestação do direito natural nem da justiça. O direito afasta-se do campo da Ética para integrar-se apenas na Política... *Valorização da horda, do tribalismo...* As multidões desenfreadas nas ruas, que são o caminho para as grandes brutalidades e injustiças, manifestação do primitivismo, mais um exemplo da horda, movidas por paixões, sobretudo o medo, aguçadas pelos exploradores eternos de suas fraquezas, pelos demagogos mais sórdidos, passam a ser exemplos de superioridade humana... *A valorização da memória mecânica.* Em um exame numa faculdade de filosofia, foram aprovados ou reprovados os candidatos consoante sabiam dizer o ano, o dia da semana em que nascera um filósofo, em que data fora lançado o seu primeiro livro, em que jornal escreveu um artigo em defesa de sua obra, e perguntas semelhantes quase todas. E se a resposta não condizia com os fatos, as reprovações eram inevitáveis, e o foram em massa. E tudo isso é apresentado como índice de alta cultura... *A exploração sobre a sensualidade.* O que caracteriza neste período de invasão vertical de bárbaros, que estamos vivendo, é uma exploração sem freios da sensualidade, que tem a seu favor a concupiscência do homem, e tem a estimulá-la certas facilidades de ordem moral... Literatos que não conseguem realizar qualquer coisa de valor encontrariam nessa subliteratura seu campo de ação e mostrariam as suas imensas possibilidades... tais obras podem e devem ser incluídas em obras de arte, de genuína arte, e que a estética nada tem que ver com a ética (frase famosa, tirada apenas do poço da ignorância de muitos literatos, que nunca estudaram nem ética nem estética, das quais falam constantemente, num *charivari* de palavras ocas, que ocultam apenas a vacuidade das ideias, pois a ética preside todos os atos da dramaticidade humana, toda a vida ativa e fática do homem, e não pode dela desligar-se)... *A disseminação do mau gosto*. A tendência para lutar contra o bom gosto toma as formas mais capciosas que se conhecem... No teatro exploram-se os temas mais mórbidos... heróis desajustados, neuróticos, loucos morais, angustiados de todos os graus, temperamentos em frangalhos, personalidades em decomposição, pessoas de caráter equívoco e mal formado... Intrigas que só a mente de um louco poderia criar... e tudo isso é apresentado como arte, como sublime arte... Essas peças equívocas em que personagens dizem asnices em alto tom e que uma plateia ignorante considera sentenças de "alta filosofia", em que o diálogo é um amontoado de lugares comuns, que mais deveriam fazer rir do que pensar, tudo isso recebe o louvor de uma crítica de mente estropiada, e é exaltado ao máximo... Livros que apenas falam a esses sentimentos inferiores são apresentados como documentos humanos de alta valia. Explora-se a vida de um ladrão, que descreve em suas memórias como ascendeu na escalada do crime. O que deveria ser entregue a estudiosos, sobretudo psiquiatras, psicólogos, juristas, moralistas e etólogos para estudos, é entregue ao público com as fanfarras da mais estrepitosa publicidade... *A influência do negativo*. O que se observa nos períodos de decadência dos ciclos culturais é o aumento desmedido da negatividade em relação aos principais valores. Tende-se a negar tudo quanto de superior o ciclo admirou e realizou. Há uma completa inversão da escala de valores... Os princípios religiosos, que constituem o fundamento do ciclo, são abalados pelas doutrinas negativistas, que não se contentam apenas em pôr em dúvida, mas em negar peremptoriamente o que até então era aceito, admitido e venerado... Queremos mostrar, assim, como o negativismo atua na sociedade invadida pelo barbarismo... Há grupos que orientam essa propaganda, mas subordinados a outros maiores. Estamos aqui em face de uma das mais criminosas organizações de exploração humana, verdadeira conspiração internacional, organizada por homens da pior espécie, criminosos natos e maliciosos, que chefiam a mais hedionda organização de exploração em todos os setores, incluindo o dos estupefacientes, dos narcóticos, do tráfico de brancas, do crime, etc., verdadeira internacional, que se liga em todos os setores da atividade humana e domina quase todos os meios de publicidade, influindo, ainda, indiretamente, nos que não domina, mas o suficiente para orientá-los segundo os seus interesses, que consistem em derruir a ordem cristã e estabelecer, outra vez, a ordem do *dente por dente, olho por olho*, que é a ordem genuinamente bárbara... *A valorização do criminoso*. Para o bárbaro, o criminoso é visualizado duplicemente: segundo o seu crime atinja a tribo ou alguém da tribo, ou se atinge quem não é da tribo ou se além disso é inimigo. No primeiro caso, há crime pleno; no segundo, atenua-se e, no terceiro, anula-se. O crime não é concebido enquanto em si mesmo, ou em relação com a coletividade, mas apenas em relação ao objeto da lesão criminosa, a vítima... Uma benevolência crescente vai cercando o criminoso, e há tendência para considerá-lo apenas como um doente mental... Hoje há uma tendência viciosa para tornar o criminoso mais numa vítima do que num responsável. E isso só tem servido para estimular o crime. O crime multiplicou-se e atingiu índices apavorantes... Impõe-se a abandonar a demagogia com os criminosos... O que é mister, do lado da sociedade, é que não estimulemos a sua multiplicação. Que adiantaria lutar para salvarmos os que sofrem de uma determinada doença, se nos afanarmos ainda em propagá-la... A figura do criminoso é acentuada de tal forma que se torna exemplar, e muitos desejam alcançar a notoriedade que tais criminosos conseguem. Abrem-se programas de rádio e de televisão para entrevistar criminosos... Os grandes gestos, os atos nobres recebem espaço mínimo, quando não são silenciados. Toda criminalidade é acentuada com um critério de exaltação desmedida e desmerecida. O criminoso, que revela habilidade, é exaltado como inteligente, e a astúcia é apresentada como virtude. A audácia desenfreada é índice de heroicidade. O fraudulento é visto como um habilidoso intelectual do crime. O contraventor é um acrobata que se desvia com requintes das malhas da lei. O corrupto é um hábil defensor dos seus direitos à participação dos bens sociais. A falcatrua, a falsificação, o golpe são exemplos de acuidade mental. A delinquência é o limite que alcança o mais hábil. Os honestos são deprimidos e ridicularizados. A vítima desses criminosos é apresentada como um ingênuo indesculpável, que parece bem merecer a lesão sofrida, por deixar-se embair em sua boa-fé.[...][352]

Foram na verdade muitos os que empreenderam destruir uma nação, um Estado ou um Império. Não há, porém, registro histórico de empresa militar ou não diri-

---

[352] SANTOS, Mário Ferreira dos. *Invasão vertical dos bárbaros*. São Paulo: É Realizações Editora, 2012, *passim*.

gida à destruição de uma cultura *tout court*; salvo algumas escaramuças de alguns povos de Canaã para corromper o povo judaico, é certo que se algumas culturas foram solapadas no curso da história, o foram fundamentalmente como consequência do derruimento da nação, do Estado ou do Império aos quais correspondiam. Houve também conquistadores que, levados pelo ímpeto da destruição, lamentaram profundamente, após consumá-la, a irremissível perda de bens e monumentos que testemunham a grandeza do espírito humano e sua incontornável tendência ao absoluto. Foi o caso, por exemplo, do mesmo Alarico que, após o saque de Roma, caiu em profunda tristeza, "a felicidade parecia tê-lo abandonado depois do dia em que, cedendo aos arrebatamentos da cólera, havia pilhado Roma".[353]

Com efeito, não há notícias de guerras semelhantes à que se vê hoje, pela qual se intenta prostrar a cultura e as tradições cristãs, sobre cujos fundamentos descansa uma civilização de dois mil anos. Que homem, que exército se atreve a tanto? Que tipo de civilização esses novos bárbaros têm em mente instaurar em substituição à anterior? Que insensatez! Querem pelejar com Aquele que sempre tem vencido e que vai batê-los com a arma que eles não sabem manejar: a verdade. Com ela, vai repeli-los antes que ponham em prática seu projeto diabólico que não é senão o que inspirou Stalin: esterilizar o coração dos homens para depois cortar-lhes a cabeça.

A certeza da vitória, porém, não exclui a cautela que se deve dispensar a qualquer confronto para que o custo da vitória do vencedor não equivalha à perda da derrota de seu oponente. À verdade impende recorrer para, em nome dela, impor silêncio ao que habilmente troçam-na com palavras, ora escamoteando a referência, ora distorcendo os significados, mas sempre com o idêntico propósito de mentir à credulidade da gente incauta.

---

[353] THIERRY, *op. cit.*, p. 462.

Mário Pimentel Albuquerque

A arte de metamorfosear qualquer coisa em seu oposto recebe o nome de *desconstrução*, termo bárbaro, cuja simples pronunciação já desperta desconfiança e suspeitas nas almas intemeratas. Dela se valem, em circunstâncias diversas, o prestidigitador, o falsário e o demagogo para convencer o interlocutor (plateia ou vítima) de que aquilo que ele vê não é aquilo que ele vê, de que a mentira e a verdade são conversíveis entre si, de que a causa não produz efeito, nem este decorre daquela, e outras muitas novidades, a cujo som um público ingênuo, esgazeando os olhos fascinados, sucumbe miseravelmente. Esses sofistas modernos, epígonos de Gramsci, Derrida e Laclau, apregoam que a realidade nada mais é que uma construção cultural, ou melhor, que ela é um texto escrito a ser interpretado, de tal modo que a interpretação não priorize a intenção do autor, mas ponha a ênfase nos desígnios e aspirações de quem o lê. A abordagem desconstrucionista de um *texto*, que pode ser qualquer ente, cultural, social ou biológico, se resume em desmontá-lo, sobrepondo o que é periférico ao que é central no texto, em ordem a suprimir toda proposição elitista, antifeminista e preconceituosa, nos precisos termos da recomendação basilar da filosofia desconstrutivista, segundo a qual a realidade acha-se indeterminada e vazia de sentido, até que se a descreva textualmente. Ela é incognoscível em si mesma; os grupos humanos e sua linguagem criam a sua realidade particular, esfumando-se, assim, os valores universais que são verdadeiros para todas as culturas e para todas as épocas; a verdade é o produto do consenso grupal, segundo os interesses do momento, a indicar que o saber é poder. Em suma, não há entidades nem referências; somente interpretações e significados.

Vivemos na época profetizada por Derrida, numa época em que a palavra escrita predomina sobre a fala, determinando a substituição da palavra viva, comunicada e centrada num sujeito que a articula, por textos em rede que se caracterizam pelo anonimato e pela adoção indis-

A TIRANIA DO SIGNIFICADO

criminada de significados sem a presença de autores ou de referências do que se textualiza. Derrida reconheceu essa época: "É o momento em que a linguagem se apodera do campo universal dos problemas. É o momento em que, como consequência da ausência de um centro ou de uma origem (*referência*), tudo se converte em discurso..., ou seja, em um sistema no qual o significado central nunca é um significado absoluto, original e transcendental, nunca está presente fora de um sistema de diferenças. A ausência de um significado transcendental amplia o campo e o jogo dos significados até o infinito".[354]

Heidegger, com o nome de *cibernética*, já havia detectado esse fenômeno da superabundância de significados, cujo principal efeito, na visão do autor alemão, é a ocultação do ser e a banalização da metafísica. Derrida também o detectou, mas "à diferença de Heidegger, descreve esse fenômeno com uma sorte de júbilo, na medida em que o reino da textualização revela... a própria possibilidade de uma liberação: liberar-se da presença (*referência*) pelo descentramento ou sujeito e o abandono de qualquer pretensão de fundamento".[355]

Por outras palavras, vivemos a época em que o homem desliza sobre uma superfície plana, sem raízes, sem valores, sem fundamento. Em suma: a evolução levou o homem ao mais elevado estágio de desenvolvimento moral e intelectual, jamais experimentado em qualquer outra etapa histórica da espécie humana, a saber: à supressão da verdade.

Para Derrida, do que se trata é de uma liberação: em oposição a uma "ciência (*antiga*) da escritura, compassada pela metáfora, pela metafísica e pela teologia, a ciência (*nova*) da escritura oferece os signos de sua liberação".[356] Cuida-se de "liberar o significante de sua dependência ou

---

[354] DERRIDA, Jacques. *L'ecriture et la difference*. Paris: Éditions ou Seuil, 1967, p. 14.

[355] AUBENQUE, Pierre. *Hay que desconstruir la metafísica?* Madri: Encuentro, 2012, p. 73.

[356] *Ibidem*, p. 13.

de sua derivação a respeito do logos e do conceito conexo de verdade ou de significado primeiro".[357]

Contra essa especulação conspiratória, que se quer filosófica, acometem essas linhas, em que se procurou demonstrar a vilania dessa concepção da linguagem como fator responsável pela abertura do mundo. Pela manipulação linguística, anulam-se os caracteres e pervertem-se os costumes; e cada dia vão se criando vícios e corrompendo-se com eles as consciências, a indicar que o veneno é resistente à terapia empregada e que a cura recomenda doses mais altas de antídoto.

Muitos exemplos de corrupção da linguagem poderiam ser dados, mas os ministrados aqui, conquanto apenas três, são suficientes para destacar a malignidade da guerra cultural que se move a uma tradição e a uma Igreja de vinte séculos, ameaçando maiores ruínas. Mostrou-se que a objetividade jornalística é uma quimera; que o abortismo se sustenta em falácias e outros vícios linguísticos; e que manipulações da linguagem incitam ou mantêm acesa a disputa e a desconfiança entre o homem e a mulher. Se as coisas não são bem assim na realidade, pode-se fazê--las tais, posto que, para os novos bárbaros, e na esteira de Derrida e Laclau, não existem fatos, verdades, lógica, racionalidade nem ciência; que os significados não têm referências; que não há nada no mundo exceto um construto cultural relativo a um momento e a um grupo.

É evidente que há uma conspiração em curso, ainda que não se possa afirmar que exista uma unidade de plano concertada entre os conspiradores. Sua própria unidade de ação permaneceu por muito tempo incógnita, em razão da cumplicidade dos meios de comunicação e da conivência

---

[357] *Ibidem*, p. 31-32.

do poder público.[358] Mas, como ensina Jules Romains, uma conspiração não precisa ser deliberada para ser temível. Urge, pois, que todos os cidadãos de bem tomem consciência do problema que os aflige, bem como da terrível ameaça que ele traz aparelhada, de modo que à vista da torpeza, da arrogância e do furor do inimigo se responda com a sabedoria, a serenidade e a coragem de quem legitimamente possui a Verdade. Se esse trabalho de algum modo contribuiu para esse desiderato, o autor reputa-se, desde já, satisfeito.

---

[358] "Isso jamais teria acontecido sem a proteção da mídia cúmplice, que por dezesseis anos se recusou a manchar a reputação dos seus queridinhos com alguma menção aos planos criminosos do Foro de São Paulo... Os "meios de difusão" tornaram-se "meios de ocultação numa escala tal que já não há nenhum exagero em dizer que a mídia popular tem hoje por missão principal ou única tornar a verdade inverossímil ou inalcançável. Qualquer pessoa que tenha os jornais e a TV como sua fonte principal de informações está excluída, *in limine*, da possibilidade de julgar razoavelmente a veracidade e a importância relativa das notícias. A política tornou-se um assunto esotérico, onde somente um reduzido círculo de estudiosos pode atinar com o que está acontecendo". (CARVALHO, *op. cit.*, p. 263.).

REFERÊNCIAS

ABELARDO, P. *Traité des intellections*. Paris: Vrin, 2002, *passim*.

Against the grammarians. Oxford: OUP, 2016.

AGUINAGA, Henrique de. Información veraz? *In:* AGUINAGA, Henrique de. Estudios sobre el mensaje periodístico n° 4, UCM, Madri, 1998.

ALBERTOS, J. L. Martinez. *La noticia y los comunicadores públicos*. Madri: Pirámide, 1978, p. 112-113.

ALEXY, R. Sistema jurídico y razón práctica. *In:* ALEXY, R. *El concepto y la validez del derecho*. Barcelona: Gedisa, 1994.

ALFÉRI, Pierre. *Guillaume d'Ockham le singulier*. Paris: Les Éditions de Minuit, 1989.

ALFIERI, Francesco. *A pessoa humana e singularidade em Edith Stein*. São Paulo: Perspectiva, 2014.

AMADO, Garcia. *Sobre la interpretación constitucional*. Bogotá: Theis, 2003.

AMADO, J. A. G. ¿Interpretación judicial con propósito de enmienda del legislador? *La Ley*, n. 5, p. 1674-1687, 2001.

AQUINO, São Tomás de. *Suma teológica*. Madri: B.A.C., 1954.

AQUINO, São Tomás. *Comentário a las sentencias de Pedro Lombarbo*. Pamplona: Eunsa, 2004.

ARCE, Victoriano Gallego. *Actividad informativa, conflictividad extrema y derecho*. Madri: Dykinson, 2013.

AREAL, Manuel Fernandez. *Criterios para medir la calidad de los contenidos dentro de la obra coletiva*. p. 204, Disponível em: www.fundaciocoso.org. Acesso em: 14 abr. 2017.

ARISTÓTELES. *De anima*, III.

ARISTÓTELES. *De interpretatione*. v. 1. Oxford: Clarendon Press, 1961.

ARREGUI, Jorge Vicente. *Acción y sentido en Wittgenstein*. Pamplona: EUNSA, 1984, p. 27.

ASCOMBE, G. E. *An introduction to Wittgenstein's tractatus*. Philadelphia: U.P.P., 1971.

AUBENQUE, Pierre. *Hay que desconstruir la metafísica?* Madri: Encuentro, 2012, p. 73.

AUSTIN, J. L. *Como hacer cosas con palabras.* Buenos Aires/Barcelona: Paidós, 1982.

BALTÉS, Carlos. *El mundo de hoy.* Madri: Vision Libros, 2011.

BARREIRO, Ignácio. *Manipulação verbal.* São Paulo: Lexicon, s.d.

BARROSO, Cícero Antônio Cavalcante. *O internalismo semântico de Chomsky.* Dissertatio, Ufpel.

BAY, Tatiana Aguilar-Álvarez. *El lenguaje en el primer Heidegger.* México: F.C.E., 2004.

BEUCHOT, Maurice. *Historia de la filosofía del lenguaje.* Fondo de Cultura Económica, México, 2011.

BLÁSQUEZ, N. *El desafio ético de la información.* Salamanca: Edibesa, 2000.

BONNECASE, J. *La escuela de la exegesis en derecho civil.* México: Porrua. s.d/

BURGUEÑO, José Manuel. *Los renglones torcidos del periodismo.* Barcelona: Advisory Board. s.d/

CALAMANDRE, Piero. *Eles, os juízes, vistos por um advogado.* Martins Fontes, São Paulo, 1996.

CARVALHO, L.G. Grandinetti Castanho de. *Liberdade de informação e o direito difuso à informação verdadeira.* Rio de Janeiro: Renovar, 2003.

CARVALHO, Olavo de. *A filosofia e seu inverso.* Campinas: Vide Editorial, 2012.

CARVALHO, Olavo de. *O mínimo que você precisa saber para não ser um idiota.* Rio de Janeiro: Record, 2017.

CARVALHO, Olavo. *O dever de insultar.* Campinas: Vide Editorial, 2016.

CASALS, Maria Jesús Carro. *Periodismo y sentido de la realidad.* Teoria y análisis de la narrativa periodística. Madri: Fragua, 2005.

CHESTERTON, G.K. *Ortodoxia,* Mundo Cristão, São Paulo, p. 95-96, 2017.

CHOMSKY, N. *Reflections on language.* Glasgow: Fontana/Collins, 1976.

CHOMSKY, Noam. *Novos horizontes no estudo da linguagem e da mente.* São Paulo: Unesp, 2002.

CIPRIANI, Giovanni. *O embrião humano*. São Paulo: Paulinas, 2007.

COMANDUCCI, P. *Formas de constitucionalismo.* Un análises metateórico. *In:* CARBONELL, M. *Neoconstitucionalismos*. Madri: Trotta, 2003.

CONILL, J. *El poder de la mentira. Nietzsche y la política de la transvaloración*. Madri: Tecnos, s.d.

CONTRERAS, Francisco José; POOLE, Diego. *Nueva izquierda y cristianismo*. Madri: Encuentro, 2011.

CONTRERAS, Francisco José; POOLE, Diego. *Nueva izquierda y cristianismo*. Madri: Encuentro, 2011.

CUNILL, Ramón. La veracidad en los medios de comunicación de masas. *In:* CUNILL, Ramón. *Los medios de comunicación de masas ante la moral*. Madri: C.E.S. del Valle de los Caídos, 1970.

DERRIDA, Jacques. *L'ecriture et la difference*. Paris: Éditions ou Seuil, 1967.

DUMMET, Michael. *Frege:* Philosophy of language. Londres: Duckworth, 1973.

DUMMET, Michael. *La teoria del significado*. México: FCE, 1976.

DWORKIN, Ronald. *The moral reading of the constitution*. New York: The New York Review of Books, 1996.

ECO, Umberto. *Entre a mentira e a ironia*. Rio de Janeiro-São Paulo: Record, 2006.

ESCARPIT, Robert. Responsabilidad social del lenguage periodístico. *In:* MARCH, Juan. *Lenguage en Periodismo Escrito*. 1977.

FINNIS, John. *Natural law and natural rights*. Oxford: Clarendon, 1988.

FOUCAULT, M. Verdad y poder. *In:* FOUCAULT, M. *Microfísica del Poder*. Madri: La Piqueta, 1980.

FRAILE, Guillermo. *Historia de la filosofia*. Madri: B.A.C., 1965, p. 270-271.

FRARY, Raoul. *Manuel du demagogue*. Paris: J.C. Gawsewitch Editeur, 2012.

FRESNEDA, Ruben. *Alfanumerics*. United States: Createspace Independent, 2015.

GADAMER, H. G. *Truth and method*. Nova York: Bloomsbury Academic, s.d.

GALDÓN, Gabriel L. *Desinformación*. Método, aspectos y soluciones. Pamplona: Eunsa, 1994.

GARSCHAGEN, Bruno. *Pare de acreditar no governo*. Rio de Janeiro: Record, 2017.

GEORGE, R. P. *The clash of orthodoxies:* law, religion, and morality. I.S.I., 2001.

GRIJELMO, Alex. *El estilo del periodista*. Madri: Santillana, 2003.
HÄBERLE, P. *Verdad y estado constitucional*. México: Universidad Nacional de México, 2006.

HABERMAS, J. *On the logic of the social sciences*. Londres: Polity, 1990.

HAMERMAS, J. *Teoria de la acción comunicativa*. Madri: Taurus, 1988.

HARTNACK, Justus. *Wittgenstein y la filosofia contemporanea*. Barcelona: Ariel, 1977.

HEIDEGGER, M. *Acheminement vers la parole*. Paris: Gallimard, 1976.

HEIDEGGER, M. *Hölderlin y la esencia de la poesia*. Barcelona: Anthropos, 1989.

HEIDEGGER, M. *Sendas perdidas*. Buenos Aires: Losada, 1969.

HEIDEGGER, Martin. *Ser y tiempo*. México: F.C.E., 1974.

HERNANDO, B. M. Manipulación y medios de comunicación social. *Sal Terrae*, n. 72, p. 517-518, 1984.

HIERRO, L. El imperio y la crisis de la ley. *Doxa*, 19, p. 303.

HINTIKKA, J. *Uma investigação sobre Wittgenstein*. Campinas: Papirus, 1994.

IBÁÑEZ, Francisco José R. M. *Introducción a la teoria cognitiva de la metonimia*. Granada: Granada Linguística, 1999.

KAPFERER, Jean-Noel. *Rumores*. El medio de difusión más antiguo del mundo. Barcelona: Plaza y Janés, 1989.

KELLER, Timothy. *The reason for God, Hodder e Stoughton*. Londres, 2008.

KENNY, Anthony. *Wittgenstein*. Madri: Alianza, 1974.

LAFONT, C. *La razón como lenguaje*. Madri: Visor, 1993.

LAFONT, Cristina. *La razón como lenguaje*. Madri: Visor, 1993.

LIPPMANN, Walter. *La opinión pública*. Madri: Cuadernos de Langre, 2003.

MACINTYRE, A. *Whose justice?* Which rationality Duckworth. Londres, 1988.

MARÍAS, Julian. *Problemas del cristianismo*. Madri: B.A.C., 1979.

MÁRQUEZ, Nicolás; LAJE, Agostin. *El libro negro de la nueva izquierda*. Madri: Unión Editorial, 2016.

MARTINEZ, Albertos. *La información, la desinformación y la realidad*. Barcelona: Paidós,1995.

MOBA, M. Naruavez. *Wittgenstein y la teoria del derecho*. Madri-Barcelona: Marcial Pons, 2004.

MOREIRA, Márcio Martins. *A teoria personalíssima do nascituro*. São Paulo: Livraria Paulista, 2003.

MORRISON, J. C. *Meaning and truth in Wittgenstein's tractatus*. Haia: Mouton, 1968.

MOUFFE, C.; LACLAU, E. *Hegemonia y estrategia socialista*. Hacia una radicalización de la democracia. Buenos Aires: F.C.E., 2011.

NIETZSCHE, F. *"Del origen del lenguaje"*, El libro del filósofo. Seguido de retórica y lenguaje. Madri: Taurus, 1974.

NIETZSCHE, F. *Escritos sobre retórica*. Madri: Trotta, 2000.

NIETZSCHE, Friedrich. *Más allá del bien y del mal*. México: E.M.U., 1993.

OCKHAM, G. de. Ockham's theory of terms. *In:* OCKHAM, G. *Summa Logicae*. University of Notre Dame Press, 1974.

PILAR DE SANTA MARIA DELGADO. *Introducción a Wittgenstein*. Barcelona: Herder, 1986.

PLATÃO. *Cratilo*. México: Unam, 1988, 383a.

PORTELLI, Hugues. *Gramsci e o bloco histórico*. Rio de Janeiro: Paz e Terra, 2002.

PUTNAM, H. Es posible la semántica? *Teorema*, v. 15, n. 1-2, 1985.

QUINTÁS, Alfonso López. *Las sinrazones del aborto*. Madri: Palabra, 2015.

RAMONET, I. *La golosina virtual*. Madri: Debate, 2000.

RAMONET, Ignacio. *La tirania de la comunicación*. Madri: Debate, 1998.

RAWLS, John. *El liberalismo político*. Barcelona: Grijalbo, 1996.

RAZZO, Francisco. *Contra o aborto*. Rio de Janeiro: Record, 2017.

ROMERO, María de La Paz Toldos. *Hombre víctimas y mujeres agresoras*. Alicante: El Árbol del Silencio, 2013.

S. AGOSTINHO. *De Trinitate*. Madri: B.A.C., 1956.

S. ANSELMO. *De Grammatico*. Madri: B.A.C. 1958.

SANCHÍS, L. Prieto. Neocostituzionalismo e ponderazione giudiziale. *Ragion Pratica*, v. 10, n. 18, p. 176, 2002.

SANCHÍS, P. *Sobre principios y normas. Problemas del razonamiento jurídico*. Madri: C.E.C., 1992.

SANTOS, Mário Ferreira dos. *Invasão vertical dos bárbaros*. São Paulo: É Realizações Editora, 2012.

SCRUTON, Roger. *Uma filosofia política. Argumentos para o conservadorismo*. São Paulo: É realizações, 2017.

SEARLE, John. *Actos de habla*. Madri: Cátedra, 1990.

SPAEMANN, Robert. *Etica, política y cristianismo*. Madri: Palabra, 2007.

STEIN, Edith. *L'être fini et l'être éternel*. Lovaina: Éditions Nauwelaerts, 1972STENDHAL. *Del amor*. Madri: Alianza, 1973.

TARUFFO, M. *La motivación de la sentencia civil*. Madri: Trotta, 2013.

THIEL, Christian. *Sentido y referência en la lógica de Gottlob Frege*. Madri: Tecnos, s. d.

THIERRY, Amédée. *Alaric. L'agonie de l'empire*. Paris: Didier et cie., 1880.

VALVERDE, José Maria. *Guillermo de Humboldt y la filosofia del lenguaje*. Madri: Gredos. s.d.

VIOLI, Patrizia. *Significato ed esperienza*. Milão: Bompiani, 2001.

VOYENNE, C. La objetividad en la información. *Nuestro Tiempo*, Pamplona, v. 30, n. 169-170, p. 22, 1968.

WITTGENSTEIN, L. *Investigaciones filosóficas*. Barcelona: Altaya, 1999.

WITTGENSTEIN, L. *Sobre la certidumbre*. Caracas: Tiempo Nuevo, 1973.

WITTGENSTEIN, Ludwig. *Tractatus logico-philosophicus*. Valencia: Universidade de Valencia, 1972.